PERFORMANCE IST KEIN SCHICKSAL

Werner G. Seifert ist seit 1993 Vorsitzender des Vorstands der Deutschen Börse AG. 1978 bis 1986 war er Unternehmensberater bei McKinsey & Company, seit 1982 als Partner. 1987 bis 1993 leitete er als Mitglied der Konzernleitung der Schweizerischen Rückversicherungs-Gesellschaft das Erstversicherungsgeschäft. Seifert lehrt an der European Business School Kapitalmarkt und Börse.

Markus Habbel ist Projektleiter bei McKinsey & Company, mit den Arbeitsschwerpunkten Corporate Finance und Wholesale Banking. Nach seinem Studium war er als Analyst in der Investment Banking Division bei Morgan Stanley tätig.

Frank Mattern ist Director bei McKinsey & Company und arbeitet für europäische Banken, Börsen und Technologieunternehmen. Von 1997 bis 2001 leitete er die deutsche Finanzdienstleistungsgruppe. Derzeit leitet er das weltweite Business Technology Office der Firma.

Clara C. Streit ist Principal bei McKinsey & Company und arbeitet für europäische Banken und Börsen. Sie leitet die deutsche Finanzdienstleistungsgruppe.

Hans-Joachim Voth ist Associate Professor am Economics Department, Universitat Pompeu Fabra, Barcelona, und Associate Director des Centre for History and Economics, King's College, Cambridge. Zuvor war er Research Fellow am Clare College, Cambridge, hat als Berater bei McKinsey & Company gearbeitet und hatte Gastprofessuren in Stanford und am Massachusetts Institute of Technology inne.

Werner G. Seifert, Markus Habbel, Frank Mattern,
Clara C. Streit, Hans-Joachim Voth

PERFORMANCE IST KEIN SCHICKSAL

**Ideale Investoren gewinnen –
den Kapitalmarkt erfolgreich managen**

Vorwort von Paul Achleitner

Campus Verlag
Frankfurt/New York

Die Deutsche Bibliothek – CIP-Einheitsaufnahme

Ein Titeldatensatz für diese Publikation ist bei
Der Deutschen Bibliothek erhältlich
ISBN 3-593-36930-3

Copyright © 2002 Campus Verlag GmbH, Frankfurt/Main
Umschlaggestaltung: Init, Bielefeld
Satz: Fotosatz L. Huhn, Maintal-Bischofsheim
Schaubilder: Peter Palm, Berlin
Druck und Bindung: Media-Print, Paderborn
Gedruckt auf säurefreiem und chlorfrei gebleichtem Papier.
Printed in Germany

Besuchen Sie uns im Internet: www.campus.de

Die Autoren widmen dieses Buch allen Unternehmern und Unternehmen, die sich offen den Herausforderungen des Kapitalmarkts stellen.

Inhalt

Teil 3:
Kapitalmarkt – Treffpunkt für Investoren
und Unternehmen 189

Vorbemerkung der Autoren

Unternehmenswertsteigerung: für Investoren wie auch für Unternehmen mittlerweile eine entscheidende Größe. Aber – was sind die Einflussfaktoren dahinter? Welcher Teil der Kursbewegungen ist durch das aktuelle allgemeine Marktgeschehen, durch volkswirtschaftliche Faktoren wie Zins-, Währungs- und Konjunkturentwicklungen determiniert? Was können Unternehmen demgegenüber selbst bestimmen?

Welche Veränderungen der Investorenlandschaft in Deutschland sind zu erwarten? Die Zusammensetzung internationaler Anlageportfolios ändert sich, Aktienindizes werden umgebaut. Was bedeuten sie für die Corporate Governance in Deutschland? Wie spielen diese Entwicklungen in das Thema »Auflösung der Deutschland AG« hinein? Wie wirkt sich die ab 2002 bestehende Möglichkeit der steuerfreien Vereinnahmung von Veräußerungsgewinnen aus Unternehmensbeteiligungen von Kapitalgesellschaften auf den Markt für Unternehmen aus? Was bedeutet die geplante Rentenreform für die Börse?

Was sind die Auswirkungen für Investoren und Unternehmen, und wie können beide Seiten die anstehenden Veränderungen nutzen, um eine bessere Performance zu erzeugen? Was können Unternehmen über Bewertungsmethoden des Kapitalmarkts lernen, um die eigene Performance aktiv zu verbessern? Wie spielen dabei »klassische« unternehmensstrategische Initiativen mit »modernen« Überlegungen zum Investorenmanagement zusammen? Und nicht zuletzt: Was muss ein effizienter Kapitalmarkt leisten, um Investoren und Unternehmen erfolgreich zusammenzubringen? Was ist hier speziell in Deutschland noch zu verbessern?

Diese Fragen, die sich uns immer wieder in unserer täglichen Arbeit stellen, haben uns dazu bewogen, das vorliegende Buch zu schreiben. Warum? Wir glauben, dass sich aus den zu erwartenden Veränderungen der

Investorenlandschaft Chancen für den deutschen Kapitalmarkt ergeben, die in ihrer Tragweite so bislang nur von wenigen gesehen werden. Wer den Wandel der Investorenlandschaft richtig erkennt, kann ihn sich zunutze machen.

Dadurch und durch die professionelle Anwendung des im vorliegenden Buch beschriebenen Handwerkszeugs für ein modernes Investorenmanagement können deutsche Unternehmen unserer Meinung nach in bedeutendem Umfang zusätzlichen Wert schaffen. Zu diesem Handwerkszeug gehören beispielsweise die Kriterien für eine wertorientierte Ausrichtung des Geschäftsportfolios. Hinzu kommen Orientierungspunkte für die aktive Steuerung der Aktionärsstruktur, ein Baukasten für die Schaffung attraktiver Kapitalmarktprodukte und Hinweise für ein wirkungsvolles Management der Erwartungen des Kapitalmarkts.

Unsere Argumentation ist dabei durchgängig getragen von der Überzeugung, dass Unternehmen ihre Wertentwicklung stärker in eigenen Händen halten als vielfach vermutet.

Diesem Buch liegt ein sehr breit angelegter Lern- und Diskussionsprozess zugrunde, von dem wir hoffen, dass er sich ebenso intensiv fortsetzen wird. Für den hier dokumentierten Zwischenstand dieses Prozesses gilt unser Dank allen, die uns bei unserer Arbeit inspiriert haben. Hier sind die vielen Gesprächspartner unter den Investoren und Kunden der Deutschen Börse AG sowie den Klienten von McKinsey & Company zu nennen. Insbesondere den Mitgliedern des Vorstands der Deutschen Börse AG danken wir an dieser Stelle. Sie alle halfen uns kraft ihrer Erfahrungen, Entwicklungslinien und Handlungsempfehlungen klarer zu identifizieren.

Dass das Buch zustande gekommen ist, haben die Autoren vielfältiger Unterstützung zu verdanken. An erster Stelle sei die Mitarbeit von Sandra Ruppel und Florian Holzapfel genannt, ohne die das Buch so nicht verwirklicht worden wäre: In unzähligen Diskussionen und mit hervorragenden Analysen haben beide einen unschätzbaren Beitrag zum Gelingen unseres Vorhabens geleistet. Zudem waren Hinweise und Anregungen von Thomas Mackenbrock und Dr. Philipp Härle sowie von Stefan Seip und Dr. Robert Herde hilfreich bei der Erstellung dieses Buchs. Dr. André Hülsbömer hat am Feinschliff des Textes und an der Arbeit an der Verständlichkeit entscheidenden und wertvollen Anteil gehabt. Besonderer Dank gebührt auch den Researchern, die dieses Buch unterstützt haben; vor allem Edda Brüggemann, die mit unermüdlichem Einsatz das Zahlenmaterial zu sichten und zu verarbeiten geholfen hat, sowie Ralf Schnellin-

ger seien hier stellvertretend genannt. Wesentlichen Anteil am Zustandekommen des Buchs hatten schließlich Gabriele Kandlin und Isabel Her-
brich beim Korrekturlesen sowie Dietmar Kutt, Rolf Scherer und Britta
Muxfeldt-Heintz beim Erstellen der Grafiken.

Jeder ist seines Wertes Schmied

von Dr. Paul Achleitner, Mitglied des Vorstands Allianz AG

»Performance ist kein Schicksal« – im ausgehenden Jahr 2001 ist das eine brisante Aussage. Vor allem auf den so genannten Wachstumsmärkten haben wir seit April 2000 eine anhaltende Baissephase erlebt, wie es sie in dieser Form sehr lange nicht gegeben hat. Verschobene Börsengänge, enttäuschte Erwartungen und dramatische Kurseinbrüche auf breiter Front haben die Faszination und Anziehungskraft der Aktienmärkte in Mitleidenschaft gezogen. Während Marktbeobachter von einem gesunden Entwicklungsprozess sprechen, fühlen sich die betroffenen Unternehmen »hilflos« den negativen Strömungen und Tendenzen des allgemeinen Marktgeschehens ausgesetzt. Enttäuschte Erwartungen und negative (Markt-)Prognosen schweben wie ein Damoklesschwert über ihrer aktuellen und künftigen Aktienkursentwicklung.

Die Autoren Werner Seifert, Markus Habbel, Frank Mattern, Clara Streit und Hans-Joachim Voth stellen die »Opferrolle« von Unternehmen – wie wir sehen werden, zu Recht – infrage. Mithilfe von aufschlussreichen Analysen zeigen sie, dass sich diese aktiv aus der Zwangsjacke der allgemeinen Marktbewegungen herauslösen können. Ihre Botschaft: Der Kapitalmarkt ist keine unbeeinflussbare, externe Größe. Als netzwerkartiges Dialogforum erlaubt er den Unternehmen vielmehr, über ein wirkungsvolles Kapitalmarktmanagement die eigene Aktienkursperformance positiv zu beeinflussen.

Das systematische Management der Kapitalmarkterwartungen avanciert damit zu einem zentralen Erfolgsfaktor für jedes auf den Kapitalmarkt ausgerichtete Unternehmen. Angetrieben von einer zunehmenden Professionalisierung des deutschen Kapitalmarkts rücken die Interessen und Erwartungen der Investoren in den Mittelpunkt der unternehmerischen Aktivitäten. Analog zur Terminologie und Rollenverteilung auf den

Produktmärkten müssen Aktien verstärkt als Produkte und Investoren als Kunden auf den Kapitalmärkten verstanden werden. Am Ende der häufig zitierten »Deutschland AG« steht der deutsche Kapitalmarkt hier in einer großen Umbruchphase. Gewinnen werden in diesem Transformationsprozess jene Unternehmen, welche über eine wertorientierte Unternehmensführung die international führenden institutionellen Anleger sowie die deutschen und europäischen Privataktionäre als neue, tonangebende Investorengruppen frühzeitig an sich binden können.

Das vorliegende Buch greift diese Vision auf. Es zeigt, dass Unternehmen durch Verwirklichung einer verantwortungsvollen, auf Wertschöpfung ausgerichteten Corporate Governance substanzielle Aktienkursprämien erreichen können. Gleichwohl wird nach Ansicht der Autoren der Veränderungsdruck, der sich aus der Emanzipation der Investoreninteressen ergibt, nicht von allen Kapitalmarktakteuren richtig verstanden und in der Folge nicht richtig umgesetzt. Viele Unternehmen schöpfen ihr finanzhandwerkliches Instrumentarium bislang noch nicht voll aus. Umso mehr ist der Vorstoß der Autoren zu würdigen, die neuen Gesetze des modernen Kapitalmarktmanagements zu systematisieren und auf den Punkt zu bringen.

Die fünf Autoren demonstrieren, dass Unternehmen ihr Börsenschicksal in die eigene Hand nehmen können. Unternehmen sind nicht Objekt des Kapitalmarkts, sondern handelndes Subjekt. Wenn Unternehmen als aktive Kapitalmarktakteure die herrschenden Spielregeln beachten, sind sie in der Lage, jenseits der makroökonomischen Marktbewegungen ihr individuelles Wertpotenzial zu realisieren. Über die wertorientierte Optimierung des Geschäftsportfolios hinaus identifizieren die Autoren dabei vor allem drei große Stellhebel, um die unternehmensindividuelle Wertperformance und den Erfolg an der Börse zu beeinflussen: den strategieadäquaten Aufbau der Investorenbasis, das investorenadäquate Kapitalmarktangebot durch die Bereitstellung geeigneter Kapitalmarktprodukte und die kapitalmarktadäquate Erwartungssteuerung.

Die Autoren zeigen in ihrem Buch auf sehr pragmatische Weise, wie die Interaktion von Investoren und Unternehmen am Kapitalmarkt für beide Seiten optimiert werden kann. Die laufende Professionalisierung des deutschen Kapitalmarkts katapultiert die Bedeutung dieser ehemals administrativ ausgerichteten Aufgabe auf eine strategische Ebene der Unternehmensführung. Die enorme Dichte der Argumentation hilft dem Leser dabei, das komplexe Thema greifbar zu machen und zu strukturieren. Im

Ergebnis wird den Unternehmen ein überzeugendes Instrumentarium an die Hand gegeben, um brachliegende Wertsteigerungspotenziale zu realisieren. In einem von Erwartungen geprägten und von Prognosen diktierten Marktgeschehen gilt es, ein effizientes Erwartungsmanagement der Marktteilnehmer in den Mittelpunkt der Aktivitäten zu stellen. Die Spielregeln dabei sind streng. Doch wer sie kennt und konsequent beachtet, hat mehr Möglichkeiten als je zuvor, seine Vision zu verwirklichen. In der neuen Kapitalmarktwelt ist jedes Unternehmen seines Wertes Schmied.

München, im August 2001

Ein Kapitalmarkt lernt laufen

Deutschland erfindet sich neu. Die deutsche Wirtschaft hat sich in den vergangenen fünf Jahren radikaler geändert als je zuvor in einem so kurzen Zeitraum. Zentral war für diesen Transformationsprozess der wachsende Einfluss der Kapitalmärkte – und dabei insbesondere die Rolle des Aktienmarkts.

Aus Millionen von Sparbuchbesitzern sind Aktionäre geworden. Auf Partys, bei denen noch vor wenigen Jahren vornehmlich die Vorzüge des letzten Urlaubsorts und die Hypothekenzinsen diskutiert wurden, wird heute über die Anlageperformance verschiedener Fonds und über die Transaktionsgebühren der Onlinebroker gefachsimpelt. Unternehmer, die noch vor kurzem nicht einmal über einen Börsengang nachgedacht haben, erwägen den Gang an die Börse oder sind inzwischen börsennotiert. Die Gewerkschaften denken darüber nach, Pensionsfonds aufzulegen und zu verwalten. Und nicht zuletzt die Politik – sie hat in den letzten 15 Jahren viel dazu beigetragen, das »Entwicklungsland« in Kapitalmarktfragen auf eine Spitzenposition zu bringen. Vor allem die Privatisierungen, regulatorische Reformen und eine kapitalmarktfreundliche Steuergesetzgebung waren dabei hilfreich.

Diese Entwicklung wird bisweilen als problematisch betrachtet. Die Kapitalmärkte – und hier besonders die Aktienmärkte – haben nicht nur relativ gegenüber der traditionellen Mittlerrolle der Banken an Bedeutung gewonnen. Auch gegenüber politischer Einflussnahme und demokratischer Kontrolle gelten Kapitalmärkte als zunehmend immun – eine Entwicklung, die vielen Beobachtern besorgniserregend erscheint. Kaum ein Bestseller über die Gefahren der »Globalisierung«, der nicht in den weltumspannenden Kapitalmärkten die Inkarnation des Bösen sieht.

Zeit für eine Zwischenbilanz, verbunden mit einer Analyse dessen, was sich grundlegend geändert hat – und was sich weiter ändern wird. **Unsere zentrale These: Der zunehmende Einfluss freier Kapitalmärkte ist unvermeidlich – und das ist gut so.** Denn nur so kann der Standort Deutschland seine Wettbewerbsfähigkeit erhalten und den Wohlstand seiner Bürger wie auch die Funktionsfähigkeit öffentlicher und privater Altersvorsorgesysteme sichern. Warum dies so ist, haben wir in einem früheren Buch mit dem Titel »Aktie, Arbeit, Aufschwung« darzulegen versucht. Die Angst, der Einfluss der Kapitalmärkte sei eine Gefahr für den Primat der Politik, ist unbegründet: Die meisten Länder können nur gewinnen – wenn sie Steuerungsfunktionen moderner Kapitalmärkte zu nutzen wissen.[1] Dies gilt natürlich nicht nur für Volkswirtschaften insgesamt, sondern vor allem auch für ihre Bausteine – die einzelnen Unternehmen.

Aber: Nur weil ein Weg nützlich und unvermeidlich ist, ist sein Beschreiten noch nicht problemlos. Der Transformationsprozess der Wirtschaft, des Anlageverhaltens, der Managementstrukturen sowie des Verhältnisses von Wirtschaft und Politik ist ein steiniger Weg – und nicht frei von Enttäuschungen, wie gerade der Kurseinbruch am Neuen Markt gezeigt hat. Dabei sind nicht nur kulturelle Vorbehalte zu überwinden. Den »Weg an den Markt« sollten Unternehmen und Anleger systematisch beschreiten. Um dabei erfolgreich zu sein, bedarf es auch eines analytischen Instrumentariums und einer strukturierten Vorgehensweise.

Unser Buch soll zeigen, wie sich Investoren und Unternehmen auf die neuen Regeln einer kapitalmarktgeprägten Wirtschaftswelt einstellen können. Dabei liefern wir keine goldenen Regeln für die schnelle Wertsteigerung des eigenen Unternehmens, auch nicht den Aktientipp für die erste Million – und könnten dies auch nicht. Stattdessen versuchen wir, einen systematischen, analytisch klaren und empirisch fundierten Zugang zu den wesentlichen Fragen zu vermitteln, die der Transformationsprozess aufwirft. Wir haben dafür zahlreiche empirische Studien gesichtet und unsere eigene langjährige praktische Erfahrung mit eingebracht.

Das folgende Schaubild beschreibt die Interaktionen zwischen den einzelnen Analyseebenen. Wir verdeutlichen zunächst die Interaktion zwischen Veränderungen der Kapitalmarktstruktur und der -rahmenbedingungen einerseits, der Investorenzusammensetzung und ihres Verhaltens andererseits. Teil 1 unseres Buchs hat dies zum Inhalt. Wir analysieren, wie sich das Profil der Investoren in Deutschland in den vergangenen Jahren verändert hat. Daraus leiten wir ab, welche Veränderungen hier noch zu erwarten sind.

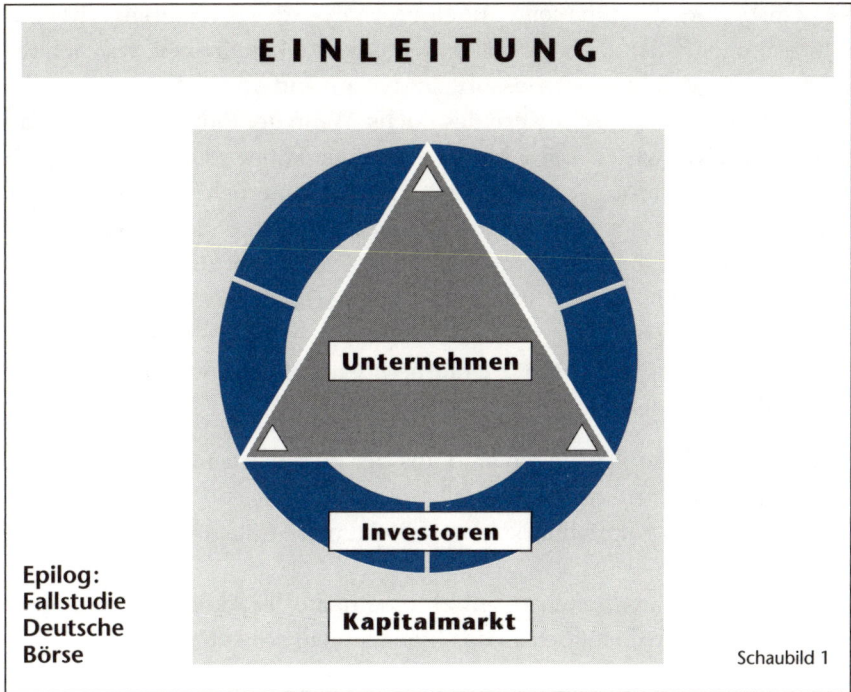

Schaubild 1

Dies ist aus drei Gründen bedeutsam:

Erstens müssen Investoren selbst ein Verständnis davon haben, was andere Aktionäre tun. Welche Veränderungen sind beispielsweise in einem Unternehmen zu erwarten, an dem amerikanische Pensionsfonds in erheblichem Ausmaß Anteile besitzen?

Zweitens müssen Unternehmen sich darauf einstellen, dass sich die Zusammensetzung der Anteilseigner deutlich ändern wird – und damit die Erwartung an das Management und an den Kommunikationsstil mit den Aktionären. Wie dies praktisch umgesetzt werden kann, beschreiben wir im folgenden Kapitel; die Grundparameter der Veränderungen aber sind Gegenstand von Teil 1.

Drittens wird die schon erkennbare Veränderung der Gesellschafterstruktur der »Deutschland AG« nicht ohne Folgen für die deutsche Wirtschaftskultur bleiben – und für das, was inzwischen mit »Corporate Governance« umschrieben wird.

Wir betrachten zunächst eine einfache Segmentierung der Investorengruppen und zeigen, wie sich deren Zusammensetzung bis zum Jahr 2005 verschieben wird. Aufbauend auf einer Analyse des Investorenverhaltens sowie einiger Fallstudien versuchen wir dann zu beschreiben, wie sich die deutsche Unternehmensverfassung insgesamt ändern wird.

Teil 2 ist der empirische Kern des Buchs. Wenn der Einfluss der Kapitalmärkte wächst, wie in Teil 1 beschrieben, wie können Unternehmen mit den Herausforderungen umgehen? Welche Unternehmen sollten den Gang an die Börse wagen und welche nicht? Nach welchen Spielregeln entscheidet der Kapitalmarkt? Diese Schnittstellen des Unternehmens mit seinen Investoren – wie in Schaubild 1 veranschaulicht – gilt es zu verstehen und zu nutzen.

Auch bereits börsennotierte Unternehmen stellt die neue Zeit vor eine Vielzahl von Fragen:

• Welche Schlussfolgerungen sind aus der zu erwartenden Veränderung der Aktionärsstruktur zu ziehen?
• Wie kann der Kapitalmarkt von der eigenen Strategie überzeugt werden?
• Wie sind die Botschaften zu entschlüsseln, die der Aktienmarkt in Form von Aktienkursen täglich an das Management schickt?

Zentral für die Unternehmen bleibt die Steuerung des eigenen »Portfolios« an Geschäftsfeldern und Projekten. Auch für die Auswahl und Bewertung desselben kann der Kapitalmarkt wichtige Impulse und Steuerungssignale geben.

Die vorgeschlagenen Maßnahmen und Ansätze zeigen auf, wie sich Unternehmen erfolgreich am Kapitalmarkt bewegen können: Firmen müssen sich nicht einem harschen und letztlich unverständlichen Diktat eines anonymen Markts beugen. Gleichzeitig ist es aber auch nicht möglich, die unabhängige Urteilsbildung des Markts zu umgehen oder gar den Markt nach den eigenen Vorstellungen zu steuern. Unsere Schlussfolgerung läuft vielmehr in folgende Richtung: **Modernes Management nutzt das Echo des Aktienmarkts, die stetige Beurteilung der eigenen Performance und der eigenen Pläne. Es versucht gleichzeitig, Unsicherheiten und Unklarheiten unter den Investoren zu verringern und sich und das eigene Unternehmen mit einem klaren Profil darzustellen.** Diese Chance des gegenseitigen Gebens und Nehmens, des fortdauernden Ringens um den für alle Seiten attraktiven höheren Unternehmenswert, kurz **der Wertdialog zwischen Kapitalmarkt und Management** macht den Börsengang wie auch das Leben auf dem Kapitalmarkt jenseits der Börsen für viele Firmen reizvoll.

In Teil 3 unseres Buchs diskutieren wir, wie die Funktionsweise des deutschen Kapitalmarkts in Zukunft weiter verbessert werden kann. Märkte bedürfen der Regulierung – auch wenn manche Beobachter allein auf die Steuerungskraft der Märkte vertrauen. In den Augen ordoliberaler Ökonomen entsteht aus der Nutzenmaximierung des Einzelnen tatsächlich »spontane Ordnung«. Dies aber nur dann, wenn der Staat klare, einfache und überprüfbare Regeln vorgibt, die den Eigennutz in die richtige Richtung lenken. Trotz der enormen Fortschritte bei der Entwicklung von Rahmenbedingungen für Märkte (Regularien der Börsen, nationaler gesetzgeberischer Rahmen, internationale Kapitalfreiheit und anderes mehr) bleibt noch Raum für Verbesserungen.

Nichts ist so einprägsam wie ein wohl gewähltes Beispiel. Der Epilog zu unserem Buch stellt einen Fall vor, der zwar nicht repräsentativ ist und auch nicht sein kann, dafür aber viele der zuvor genannten Argumente illustriert: die Entwicklung und der Börsengang der Deutschen Börse AG.

Als direkt Verantwortliche wie auch als Berater und Beobachter waren die Autoren an der Strategieentwicklung und der Vorbereitung des Börsengangs beteiligt. Die Lektionen aus Fehlern und Erfolgen sollen Wege aufzeigen, wie man mit dem richtigen Verständnis und den richtigen Instrumenten an der Börse erfolgreich agiert. Und: Das Verhältnis zwischen Unternehmensführung und Kapitalmarkt muss nicht gespannt oder gar chronisch konfliktbeladen sein. Im Gegenteil: Aus einem offenen, professionellen Dialog beider Parteien, also zwischen Management und Investoren, kann sich ein dauerhafter wechselseitiger Lernprozess ergeben – zum Nutzen aller.

Kapitalmärkte – Spiegel der Wirtschaftsentwicklung und Gradmesser des Erfolgs

In den vergangenen zwanzig Jahren haben die Aktienmärkte in nahezu allen entwickelten Ländern deutlich an Bedeutung für den Wirtschaftsprozess gewonnen. Die Auf- und Abwärtsbewegungen der Märkte dominieren den Wirtschaftsteil der Zeitungen und werden immer häufiger Gegenstand von Nachrichtensendungen. Manager und Unternehmer denken zunehmend darüber nach, wie die Kapitalmärkte auf ihre Unternehmensstrategie reagieren. Ließen sich in Deutschland Unternehmensführer noch vor wenigen Jahren durch einen plötzlichen Kursanstieg oder -verfall infolge einer Unternehmensentscheidung oder einer politischen Rich-tungsänderung nicht von ihrer einmal gewählten Strategie abbringen, wird heute der Wert einer strategischen Initiative unmittelbar an der Re-aktion der Aktienmärkte gemessen – wobei dies nicht immer nur positive Folgen hat.

Ähnliches ist auch auf der Makroebene der gesamten Volkswirtschaft zu beobachten. Der Stand der Börsenkurse gilt in den Augen vieler als In-dikator für den Gesundheitszustand einer Volkswirtschaft. Als die Bun-desregierung bekannt gab, auf die Besteuerung von Unternehmensgewin-nen aus Beteiligungsverkäufen verzichten zu wollen, explodierten Ende 1999 die Kurse. Damit aber war auch klar, welches Wertschöpfungspoten-zial hier jahrelang brachgelegen hatte; an eine Verwässerung oder Ver-schiebung der Reform war nicht mehr ernsthaft zu denken.[2]

Auch jenseits des Börsengeschehens haben die Kapitalmärkte an Ein-fluss gewonnen. Wo Kapital leicht über Grenzen hinweg fließen kann, werden Unterschiede in der Wettbewerbsfähigkeit der Staaten schneller sichtbar. Massive Kapitalzuflüsse aus aller Welt, getrieben von der Attrak-tivität amerikanischer Aktien und Anleihen, haben es den USA jahrelang ermöglicht, mit immer größeren Außenhandelsdefiziten und geringeren Sparquoten gut zu leben. Gleichzeitig offenbart die seit nunmehr fast ei-nem Jahrzehnt anhaltende katastrophale Börsensituation in Japan die tief-greifenden Strukturprobleme des Lands.

Die Aktienkurse eines Lands werden als allgemeiner Indikator nicht nur für die Ertragskraft der gelisteten Unternehmen, sondern als Zeichen für die Wirtschaftskraft und Wettbewerbsfähigkeit verstanden. Auch ge-ben langfristige Unterschiede der Wertentwicklung unterschiedlicher Märkte Auskunft darüber, ob einzelne Volkswirtschaften von ihren Rah-menbedingungen her »rentabler« sind als andere.

Doch mit der Indikatorfunktion erschöpft sich die Rolle der Kapital-märkte noch nicht. Zunehmend werden die Kapitalmärkte eines Lands selbst zu entscheidenden Faktoren für dessen Wohlstand. Damit aber sind auch die Struktur und Organisationsform der Kapitalmärkte, die Ausrich-tung der Pensions- und Finanzierungsinstitutionen, die Organisation von Wertpapieraufsicht und die steuerliche Behandlung von Kapitalmarkt-transaktionen bedeutsam für die nationale Wohlfahrt und Wettbewerbsfä-higkeit.

Wo die Kapitalaufnahme an effizienten, hoch liquiden Märkten schnell und kostengünstig zu bewerkstelligen ist, sinken die Kapitalkosten; je niedriger die Kapitalkosten, desto leichter und schneller gelingt der Strukturwandel. Die in einem Land verfügbaren Kapitalmarktinstitutionen werden so zum Schlüssel für wirtschaftliches Wachstum. Dies ist umso bemerkenswerter, als an den Aktienmärkten kaum mehr als etwa 10 bis 20 Prozent des Volkseinkommens gehandelt werden – so hoch ist in den meisten Ländern der Anteil der Unternehmensgewinne am Bruttosozialprodukt.

Wie ist dieser starke Einfluss funktionierender Kapitalmärkte auf das Produktivitätswachstum zu erklären? Vor allem dadurch, dass zwischen einzelnen Wirtschaftssektoren zum Teil erhebliche Unterschiede in der Wirtschaftsleistung pro Kopf bestehen. In Deutschland etwa betrug Mitte der Neunzigerjahre die durchschnittliche Wertschöpfung pro Beschäftigten in der chemischen Industrie knapp 123 000 DM pro Jahr. In der Bekleidungsindustrie lag der Vergleichswert bei lediglich 54 000 DM. Es ist ein natürlicher Teil des Entwicklungsprozesses, dass eine Umschichtung der Beschäftigung aus den Industriezweigen mit geringer Wertschöpfung in solche mit höherer Produktivität stattfindet.

Bedeutung effizienter Kapitalmärkte für moderne Volkswirtschaften

Volkswirtschaften mit effizienten Kapitalmärkten
- wachsen schneller,
- nutzen Kapital und Arbeit effizienter,
- modernisieren ihre Branchenstruktur schneller,
- gründen mehr Firmen, vor allem in Branchen mit hohem Value Added.

Diesen Teil des Wachstumsprozesses – die Reallokation von Arbeit und Kapital hin zu den vielversprechenderen Branchen – unterstützen funktionierende Kapitalmärkte besonders aktiv. Das zeigt zum Beispiel eine Analyse von 18 Industrien in 55 Ländern, bei der die Industrien nach ihrem »Kapitalhunger« sortiert wurden. Die Effizienz des Aktienmarkts wurde nach den Parametern Liquidität, Kapitalisierung und Rechnungslegungsstandards gemessen.

Vergleicht man das obere Viertel, also die Länder mit der höchsten Aktienmarkteffizienz, mit dem Rest, so zeigen sich eindrucksvolle Unterschiede. Die jährliche Wachstumsrate von Ländern des oberen Viertels ist um einen halben Prozentpunkt höher als bei den restlichen drei Vierteln. Wichtiger noch ist der Einfluss auf das Tempo der Firmenneugründungen:

Nach zehn Jahren sind in einem Land mit funktionstüchtigem Aktienmarkt mehr als 11 Prozent mehr Firmen hinzugekommen als in einem Land der Nachzüglergruppe. Noch größer ist der Vorsprung bei Umsatz und Beschäftigung.

Eine weitere Beobachtung: Die Bedeutung effizienter Kapitalmärkte nimmt im Laufe der Wirtschaftsentwicklung zu. Während Investitionen in Industrien mit nur geringem Kapitalbedarf überwiegend aus dem Cashflow finanziert werden, bedarf es in den Zukunftsbranchen einer Menge zusätzlicher Mittel. So musste beispielsweise die amerikanische Getränkeindustrie zwischen 1980 und 1990 lediglich 8 Prozent der Investitionsmittel extern beschaffen. In der Computerindustrie, wo viele junge Firmen anfangs Verluste einfuhren, mussten nahezu sämtliche Investitionen extern finanziert werden.

So verwundert es nicht, dass sich in den Zukunftssektoren die unterschiedliche Effizienz der Kapitalmärkte besonders stark bemerkbar macht: In den Ländern mit der höchsten Kapitalmarkteffizienz wuchs die Computerindustrie um 5,7 Prozentpunkte pro Jahr schneller als in der Nachzüglergruppe. Nach zehn Jahren ist die Computerindustrie somit in den Spitzenländern um durchschnittlich 74 Prozent größer als in solchen mit unterentwickelten Aktienmärkten. Dieser Effekt ist nicht, wie man glauben könnte, durch die Spekulationsblase in Technologiewerten während der späten Neunzigerjahre verzerrt – die Datenbasis für diese Studie endet im Jahr 1990, lange bevor beispielsweise die Nasdaq exponenziell in die Höhe schnellte.

Überall, wo Risiko getragen werden muss, um den Strukturwandel zu bewältigen, ist der Aktienmarkt als Finanzierungsquelle und Steuerungsinstrument ohne Alternative. Große, liquide Aktienmärkte tragen nicht nur dadurch zum Wachstum bei, dass sie den Strukturwandel mit frischem Kapital für neue Unternehmen begleiten. Zugleich stellen sie auch effiziente Märkte für Verfügungsrechte bereit. Wo institutionelle Anleger auftreten, die wirksam die Interessen der Aktionäre wahrnehmen, steigen Unternehmenswert und Wirtschaftsleistung. Damit aber ist klar, dass in Zukunft Unternehmen in zunehmendem Ausmaß auf hoch effiziente Kapitalmärkte angewiesen sein werden, wenn sie an den internationalen Märkten wettbewerbsfähig sein wollen – und dass Staaten durch die Förderung der Aktienmärkte ein wichtiges Instrument in der Hand haben, um der eigenen Industrie einen Startvorteil verschaffen zu können. Doch damit nicht genug. Wissenschaftler wie Robert Shiller von der Yale University haben Pläne vorgestellt, wie der größte Teil der Risiken in modernen Volkswirtschaften – und nicht nur die Unternehmensgewinne – handelbar gemacht werden kann. So sich diese Überlegungen praktisch umsetzen lassen und es zur Schaffung von »Macro Markets« kommt, ist mit noch deutlich höheren positiven Effekten zu rechnen.[3]

Der lange Marsch der »Deutschland AG« an die Börse

Jahrzehntelang galt Deutschland in Kapitalmarktfragen als Entwicklungsland. Die Aktienkapitalisierung relativ zum Bruttosozialprodukt war in etwa auf dem Niveau von Entwicklungs- oder Schwellenländern wie Brasilien. Aktienbesitz von Privatleuten war relativ selten und galt eher als Privileg der Wohlhabenden. Unternehmen erklärten stolz, nicht dem »kurzfristigen Diktat« der Märkte zu unterliegen. Ähnlich wie in anderen kontinentaleuropäischen Ländern beschworen Politiker, Unternehmer und Arbeitnehmervertreter in Deutschland die Chancen eines »alternativen Modells« (nämlich alternativ zur angelsächsischen Tradition), das sozialen Ausgleich, langfristiges Wachstum und internationale Wettbewerbsfähigkeit miteinander verbinden sollte. Bemerkenswert war dabei, wie konstant sowohl Selbstverständnis als auch zugrunde liegende Wirtschaftsstruktur über Jahrzehnte hinweg vielen Beobachtern erschienen.

Seit fünf Jahren erlebt Deutschland eine revolutionäre Umwälzung seiner Wirtschaftsordnung. Jahrzehntelang galt die enge Verflechtung von Großbanken, Versicherungen und Unternehmen – die so genannte »Deutschland AG« – als Herzstück der bundesrepublikanischen Wirtschaft. Statt unter dem Diktat der Börse auf kurzfristige Profitmaximierung zu zielen, konnten Management und Kapitalgeber im Aufsichtsrat die Entwicklung langfristiger Strategien begleiten und deren Umsetzung schrittweise verfolgen.

Das Ergebnis dieses Zusammenwirkens waren hochqualitative Produkte, die ständig steigende Anteile an den Weltmärkten eroberten. Der rasante Aufstieg Japans und Deutschlands zur weltweit zweit- bzw. drittgrößten Industrienation wurde auch als Erfolgsbeweis dieses Industrie- und Finanzierungsmodells gedeutet. Als in den späten Achtziger- und frühen Neunzigerjahren die USA und Großbritannien eine (relativ milde) Rezession erlebten, verkündeten viele Beobachter von *Business Week* bis *Guardian*, dass das angelsächsische Modell vor dem Aus stehe. Firmen wurden durch *Corporate Raider* wie Carl Icahn aufgekauft und zerschlagen, und trotz allen hektischen Aktionismus fielen immer höhere Marktanteile – sei es in der Automobilindustrie, der Chipherstellung oder dem Werkzeugmaschinenbau – in die Hände deutscher und japanischer Firmen.

Der Kontrast zur Stimmungslage im Jahr 2001, in dem sich erstmals seit knapp zehn Jahren in den USA wieder ein Abschwung anzukündigen scheint, verdeutlicht den Wandel im Urteil der Öffentlichkeit. Der in der industrialisierten Welt ansonsten unerreichte wirtschaftliche Erfolg der Vereinigten Staaten wird inzwischen überall zur Nachahmung empfohlen. Am angelsächsischen Modell der Unternehmensverfassung und Wirtschaftsorganisation, das auf der zentralen Rolle großer, liquider, freier Märkte aufbaut, führt nach allgemeiner Auffassung kein Weg mehr vorbei. Das japanische »Modell« ist durch die konjunkturelle Dauerkrise, die auch die Börsenkurse am Boden hält, nachhaltig diskreditiert. Gleichzeitig hat in Deutschland die Abkehr vom Traditionsmodell der bankenfinanzierten Expansion begonnen.

In den vergangenen fünf Jahren hat ein tiefgreifender Transformationsprozess stattgefunden. Deutschland spielt heute – dank des Neuen Markts – beim Wachstumskapital für junge Unternehmen eine Vorreiterrolle in Europa und stellt damit selbst Großbritannien in den Schatten. Auch die Kurseinbrüche an den Technologiebörsen haben dies nicht geändert. Die jahrzehntelang zersplitterten, überregulierten, durch Transaktionssteuern gehemmten Märkte haben heute in Bezug auf Transaktionskosten, Liquidität, Effizienz und Zuverlässigkeit häufig Vorbildfunktion für Europa. Der regulatorische Rahmen ist radikal verändert worden. Wo vor kaum zehn Jahren noch der Handel mit Derivaten verboten war, steht heute mit der Eurex die weltweit größte Derivatebörse.

Was für die Börsenorganisationen und die -regulierung gilt, trifft auch auf die Investoren zu. Noch vor wenigen Jahren sprachen Politiker, Forscher und Manager von der »Aktienkultur« in Deutschland wie von einem zarten Pflänzchen, das nur durch stete Pflege gedeihen könne und beim ersten Frost einzugehen drohe. Inzwischen hat dieses Pflänzchen kräftige Wurzeln geschlagen. Zwischen 1988 und 2000 stieg die Zahl der Aktionäre um nahezu 100 Prozent. Hinzu kommen Millionen von Anlegern, die indirekt über Fonds in Aktien investiert haben. Während es 1988 in Deutschland gerade einmal 3,2 Millionen und immerhin acht Jahre später lediglich 3,7 Millionen Aktionäre gab, wurde im Jahr 1999 erstmals die

Fünfmillionenmarke überschritten. Mittlerweile ist rund jeder achte Bundesbürger über 14 Jahre Aktionär. Und zählt man jene Börsianer hinzu, die ausschließlich Fonds halten, sowie jene Aktionäre, die sowohl in Fonds als auch in Aktien investieren, kommt man auf eine Quote von direkten und indirekten Aktienbesitzern in Höhe von schätzungsweise 20 Prozent der erwachsenen Bevölkerung.

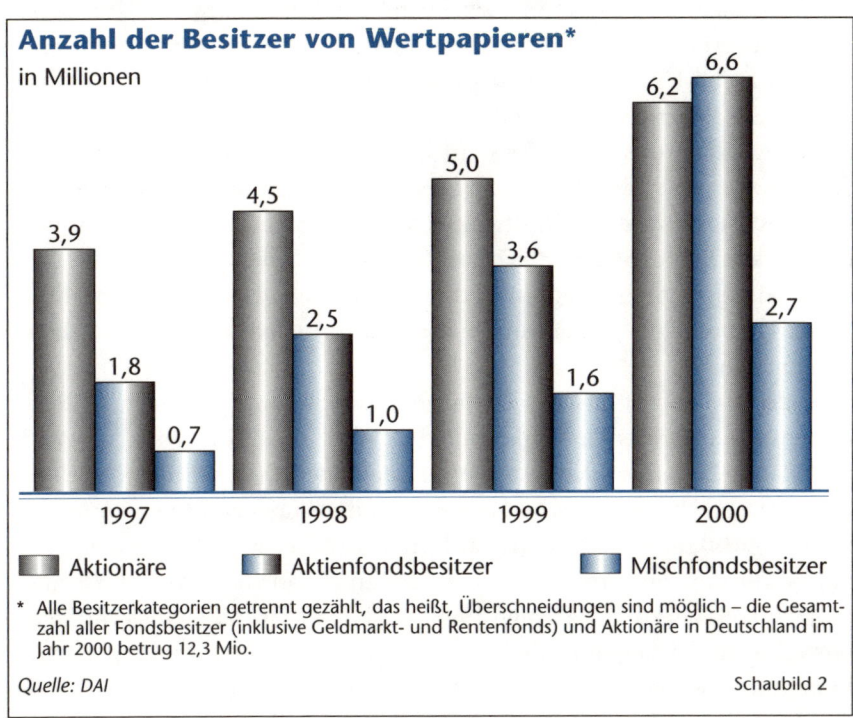

Anzahl der Besitzer von Wertpapieren*
in Millionen

Aktionäre — Aktienfondsbesitzer — Mischfondsbesitzer

* Alle Besitzerkategorien getrennt gezählt, das heißt, Überschneidungen sind möglich – die Gesamtzahl aller Fondsbesitzer (inklusive Geldmarkt- und Rentenfonds) und Aktionäre in Deutschland im Jahr 2000 betrug 12,3 Mio.

Quelle: DAI   Schaubild 2

Mit dem Börsengang der Telekommunikationssparte der ehemaligen Deutschen Bundespost setzte das Umdenken in der Bevölkerung ein: Die »T-Aktie« war in aller Munde. Die Emission brachte frischen Wind in den deutschen Kapitalmarkt: Rund eine halbe Million Privatanleger kamen im Zuge der Telekom-Emission zum ersten Mal mit dem Thema »Aktien« in Berührung.

Seit dem Börsengang der Deutschen Telekom – getragen vom weltweiten Boom an den Börsen, insbesondere denen für junge Technologiewerte – schnellte die Zahl der IPOs (Initial Public Offerings = Börsengänge) exponenziell in die Höhe. Lag die Zahl 1997 noch bei 25, beschafften sich 1998 bereits 67 junge Firmen durch ein IPO frisches Eigenkapital. 1999 waren es dann schon 168. Im Jahr 2000 verzeichneten die deutschen Börsen 152 Neuzugänge. Auch wenn die Schwächephase an den Technologiebörsen für ein vorübergehendes Nachlassen des Neuemissionsbooms im Jahr 2001 sorgt, so rechnen nur wenige Marktbeobachter damit, dass es zur dauerhaften Rückkehr auf das Niveau der 80er und frühen 90er Jahre kommen wird.

Wie radikal ist der Wandel wirklich? Die Veränderungen der Unternehmensverfassung und der Bedeutungsgewinn der Kapitalmärkte werden häufig zu Unrecht als Ausdruck einer tiefgreifenden »Amerikanisierung« der Wirtschaft verstanden. Eine genauere Betrachtung zeigt allerdings, dass das Ende des deutschen (und kontinentaleuropäischen) Sonderwegs eher eine Rückkehr zu den Verhältnissen darstellt, wie sie während der letzten Ära weltweiten Wachstums und immer enger werdender internationaler Verflechtung geherrscht haben. Als 1914 die erste Phase zunehmender Integration der Weltwirtschaft endete, waren Kapitalmärkte von einer Bedeutung, wie sie sie zum Teil erst heute wiedererlangt haben.

In der zweiten Hälfte des 20. Jahrhunderts konnte man sich zu Recht fragen, wie veränderbar strukturelle Eckwerte einer Volkswirtschaft (z. B. die relative Bedeutung von Kapitalmärkten oder die Kreditvergabe durch Banken) überhaupt sind. Die Zahl der an der Börse gelisteten Unternehmen pro Million Einwohner ist in Deutschland beispielsweise lange Zeit relativ konstant geblieben – von 10,9 Firmen im Jahr 1938 über 11,3 Firmen im Jahr 1960 bis zu 11,1 Firmen 1998. Auch die Marktkapitalisierung ist – wie schon in der Vergangenheit – trotz des Börsenbooms der vergangenen Jahre nur unwesentlich höher als das Gesamtvolumen der Kreditvergabe. Der Gesamtanteil der Außenfinanzierung durch den Aktienmarkt ist damit auf demselben Niveau wie schon 1929 und 1960.

Allerdings haben in den vergangenen 20 Jahren die Aktienmärkte erheblich an Bedeutung gewonnen. Verstärkt wurde dieser Trend durch

- die nachlassende Neigung zum »Deficit Spending« (öffentliche Nachfragefinanzierung durch zusätzliche Staatsschulden),
- die damit eng verbundene nachlassende Inflationsdynamik,
- die tendenziell abnehmenden Unternehmenssteuern und
- den Anstieg des Anteils der Unternehmensgewinne am Volkseinkommen.

Damit sind die Kosten für Aktienfinanzierung tendenziell gesunken, wäh-

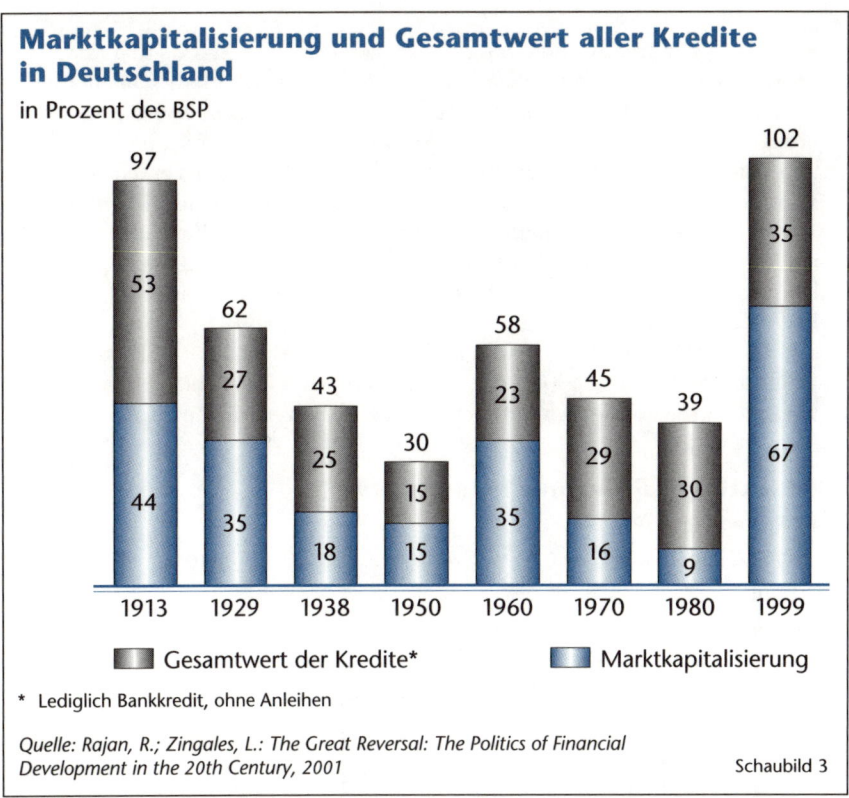

Marktkapitalisierung und Gesamtwert aller Kredite in Deutschland

in Prozent des BSP

Gesamtwert der Kredite*   Marktkapitalisierung

* Lediglich Bankkredit, ohne Anleihen

Quelle: Rajan, R.; Zingales, L.: The Great Reversal: The Politics of Financial Development in the 20th Century, 2001

Schaubild 3

rend die Realzinsen für Kredite in vielen Fällen (insbesondere seit den 70er Jahren) gestiegen sind.

Historischer Exkurs: Das große Ein- und Ausatmen der Freiheit

Betrachtet man die Entwicklungslinien der europäischen Wirtschafts- und Gesellschaftsgeschichte, erscheint die in den vergangenen zwanzig Jahren zu beobachtende zunehmende Bedeutung der Kapitalmärkte eher als eine Normalisierung denn als eine übertriebene »Amerikanisierung«.

Zu Beginn des 20. Jahrhunderts, in den Jahren vor Ausbruch des Ersten Weltkriegs, erreichten Globalisierung und Liberalisierung einen ersten Höhepunkt. Im Zuge der beiden Weltkriege und der Weltwirtschaftskrise sank jedoch anschließend der Stern der (Wirtschafts-)Freiheit. Rund um den Globus besann man sich auf die Nation als Wirtschaftseinheit und auf die ordnende Hand des Staats.

Erst mit dem Ende des Nachkriegsbooms in den späten 60er und 70er Jah-

ren kam es zur Trendwende. Mit dem Ende von Bretton Woods und der zunehmenden Einsicht, dass die Staatsausgaben nicht dauerhaft schneller als
die Einnahmen (oder das BSP) wachsen können und dass übermäßige Regulierung auf Dauer die Dynamik der Wirtschaft unterminiert, kamen Freiheit
und Offenheit im Binnen- wie im internationalen Wirtschaftsverkehr erneut
zu ihrem Recht. Zeitgleich gewannen die Kapitalmärkte wieder an Einfluss.

Wie wandelbar die Funktionsverteilung zwischen Krediten und Aktien
ist, führt der internationale Vergleich vor Augen. Noch 1913 war Deutschland ein deutlich »aktienfreundlicheres« Land als beispielsweise die USA. So
lag die Marktkapitalisierung aller deutschen börsennotierten Unternehmen
mit 44 Prozent des Volkseinkommens (Bruttosozialprodukt, BSP) vor den
USA mit 39 Prozent. Pro Kopf der Bevölkerung wies Deutschland viermal so
viele an Börsen gelistete Unternehmen auf wie die Vereinigten Staaten.

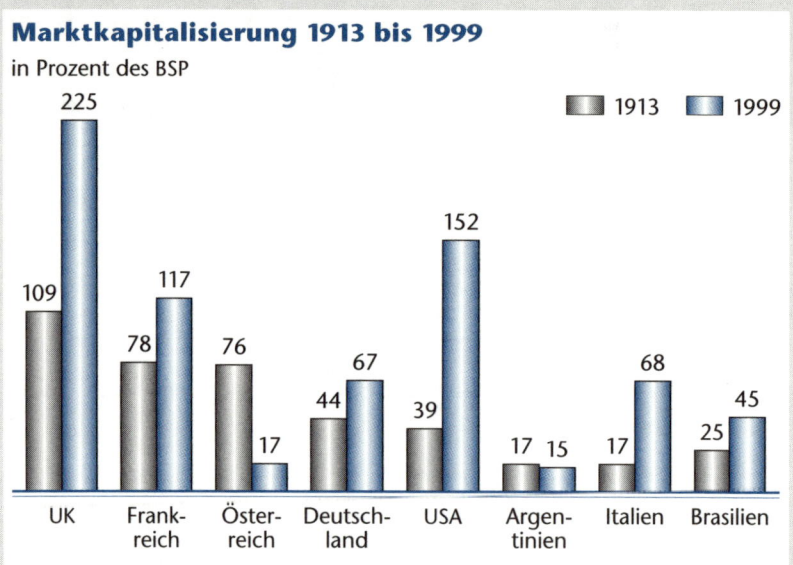

Marktkapitalisierung 1913 bis 1999
in Prozent des BSP

Quelle: Rajan, R.; Zingales, L.: The Great Reversal: The Politics of Financial
Development in the 20th Century, 2001   Schaubild 4

Auch für die Finanzierung neuer Investitionen war in Deutschland die Akti-
enausgabe bedeutsamer als in den USA. So wurden insgesamt 7 Prozent der
Neuinvestitionen über die Börsen finanziert, während es in Amerika lediglich 4 Prozent waren. Schaubild 4 verdeutlicht, wie sehr die Entwicklungs-
pfade in verschiedenen Ländern auseinander gelaufen sind. Das Verhältnis
von Marktkapitalisierung zu Bruttosozialprodukt nahm in einigen Ländern
stark zu – so in den USA, Großbritannien und Italien. Dagegen erlebte Öster-

reich, noch 1913 fast gleichauf mit Frankreich, einen Absturz. Auch in Deutschland war das Verhältnis von Marktkapitalisierung zu Bruttosozialprodukt 1980 bis auf knapp 10 Prozent gesunken. Die Entwicklung solcher volkswirtschaftlichen Strukturdaten ist stark geprägt von der wirtschaftlichen, politischen und sozialen Dynamik eines Lands.

Die Ursache für den Bedeutungsverlust der Aktien- und Kapitalmärkte in den Jahren nach 1913 ist offensichtlich. Der Erste Weltkrieg war der erste so genannte »totale Krieg« – ein Krieg, der vor allem durch die Wirtschaftsleistung der Staaten entschieden wurde. Dabei stieg die Bedeutung des Staats im Wirtschaftsprozess überall in Europa steil an. In den Zwischenkriegsjahren kam es nur teilweise zu einer Umkehr dieser Entwicklung, die durch die Große Depression der Dreißigerjahre unterbrochen wurde. Mit dem Zweiten Weltkrieg und den umfassenden Nationalisierungsmaßnahmen in vielen Staaten schwand die Bedeutung von Märkten als Organisationsform der gesamtwirtschaftlichen Arbeits-, Kapital- und Materialverteilung immer mehr. Verschiedenste Zentralpläne traten an die Stelle der Märkte. Eine jüngst erschienene Studie zweier Ökonomen der Universität Chicago beschreibt die Jahre nach 1914 als »Aufstand gegen den Markt«, der vor allem aus Risikoerwägungen infolge der Großen Depression alternative Wirtschaftsformen (Allokationsmechanismen) favorisiert hat. Die Spielregeln für die Wirtschaftsordnung der Nachkriegszeit, 1944 in Bretton Woods von den Alliierten zu Papier gebracht, sahen keine Rolle für den freien Kapitalverkehr vor. Mit dieser Regelung wollte man Lehren aus den negativen Erfahrungen der Zwischenkriegszeit ziehen. So schrieb John M. Keynes, »dass nichts klarer ist, als dass der internationale Kapitalverkehr eng reguliert werden muss.« Nur der Güterhandel sollte weitgehend von Kontrollen verschont bleiben. Der amerikanische Finanzminister Morgenthau erklärte den Erfolg der Konferenz von Bretton Woods mit den Worten, man habe erfolgreich die »internationalen Spekulanten aus dem Tempel vertrieben«.

Die Jahrzehnte seit dem Ende des Bretton-Woods-Systems 1973 zeigen eine allmähliche Erholung von diesen Verzerrungen. Die freie Konvertibilität der Währungen wurde in Europa 1959 zwar wieder erreicht; bis zur Rückkehr zum freien Kapitalverkehr dauerte es aber in fast allen europäischen Ländern noch bis in die Achtzigerjahre hinein. Staaten wie Frankreich und Italien haben sogar erst im Vorfeld der Währungsunion die letzten Verzerrungen beseitigt.

Damit aber erscheint die radikale Veränderung der Finanzierungsstruktur deutscher Unternehmen und die zunehmende Bedeutung der Kapitalmärkte allgemein eher als Rückkehr zur Normalität in Zeiten freien Handels, politischer Stabilität und geringer Regulierungsdichte – und nicht als eine im Kern fremde Anpassung an das amerikanische Modell. Allerdings bedurfte der Transformationsprozess spezifischer Innovationen und Strukturveränderungen, ohne die es nicht zur »Normalisierung« gekommen wäre.

Drei Faktoren waren dafür ausschlaggebend, dass auch hierzulande »der Kapitalmarkt laufen lernte« und es in Zukunft noch besser können wird.

- **Der Neue Markt als Instrument des Strukturwandels**
  Trotz des Katzenjammers, der sich nach dem Platzen der Spekulationsblase breit gemacht hat, ist mit dem Neuen Markt eine systemverändernde Institution ins Leben gerufen worden. Während bis Mitte der Neunzigerjahre das Durchschnittsalter von Börsenneulingen bei 55 Jahren lag, gibt es jetzt auch für junge Unternehmer die Möglichkeit, sich an der Börse Kapital zu holen. Dadurch steigen indirekt die Investitionen der Venture-Capital- und Private-Equity-Gesellschaften. Eine Vielzahl von Firmenneugründungen, besonders in kapitalintensiven jungen Branchen, wird hierdurch überhaupt erst möglich. Der Kapitalmarkt kann seine Schlüsselrolle als Entdecker der besten Geschäftsideen spielen.
- **Reform der Unternehmensverfassung und Durchsetzung des Shareholder-Value-Gedankens**
  Durch die Steuerbefreiung für Gewinne aus Beteiligungsverkäufen von Kapitalgesellschaften steht das enge Netz von wechselseitigen Beteiligungen, das die »Deutschland AG« bisher zusammengehalten hat, vor der allmählichen Auflösung. Damit sind die Interessen der traditionell im Aufsichtsrat vertretenen Gruppen nicht mehr allein ausschlaggebend. Unternehmensübernahmen werden einfacher, weil steuerlich günstiger. Der Performancedruck auf das Management wird steigen. Verstärkt wird diese Entwicklung durch den zunehmenden Druck auf die Großbanken, höhere Renditen mit ihrem Kapital zu erzielen. Sollte es in Zukunft zu einer Übernahmedirektive der EU kommen, so wird diese ebenfalls zu diesen Trends beitragen. Sinnfälligstes Zeichen des Wandels ist der neue Umgang mit dem Thema »Shareholder Value«. Noch bis vor kurzem wirkte der Begriff wie ein rotes Tuch für Gewerkschaften und Politiker; heute ist daraus ein weitgehend akzeptiertes Ziel guter Unternehmensführung geworden. Gleichzeitig zeigt aber die Rolle der deutschen Politik bei der Verhinderung der EU-Übernahmedirektive im Sommer 2000 klar auf, dass die Rolle des Kapitalmarkts als Markt für Verfügungsrechte immer noch infrage gestellt wird.
- **Internationalisierung der Anleger und Krise der Rentenversicherungssysteme**
  Noch sind die meisten Portfolios von institutionellen und privaten Anlegern nur zu einem geringen Teil international diversifiziert. Damit

bleiben die Möglichkeiten, die Rendite bei gleichbleibendem Risiko deutlich zu erhöhen oder bei konstanter Rendite die Wertschwankungen zu vermindern, großenteils ungenutzt. Wenn in Zukunft auch nur ein kleiner Teil der in Aktien angelegten Mittel über die Grenzen fließt, wird in Deutschland eine Investorengruppe den Ton angeben, die mit ganz anderen Erwartungen an das Management herantritt. Verstärkt wird der Wandel der Investorenzusammensetzung noch durch die seit langem absehbare Krise des »Generationenvertrags«. Durch den Aufbau eines kapitalgedeckten Rentenversicherungssystems und die verstärkte individuelle Vorsorge der zukünftigen Rentner verändern sich Anlageverhalten und -struktur. Trotz zu Beginn relativ geringer Mittel muss es das Ziel der mit der Verwaltung betrauten Fondsgesellschaften sein, im Wettbewerb der besten Konzepte die besten langfristigen Renditeergebnisse zu erzielen. Investitionen in Aktien werden damit zum Schlüssel für den Erfolg.

Der Neue Markt und die Folgen – Casino oder Instrument des Strukturwandels?

So eng können Aufstieg und Absturz, Glanz und Elend an den Kapitalmärkten beieinander liegen: Noch im März 2000 wurde der Neue Markt allenthalben als Vorbild für Europa und als Erfolgsgeschichte ohnegleichen dargestellt. Zehntausende von Arbeitsplätzen und Milliarden an Kursgewinnen für Aktionäre entstanden scheinbar über Nacht. Erst im März 1997 hatte der deutsche Markt für junge Wachstumswerte – inspiriert von den Erfolgen der amerikanischen Nasdaq – mit Mobilcom und Bertrandt seine ersten Unternehmen gelistet. Ende 2000 waren es bereits 345. Damit fanden in den vier Jahren seit Gründung des Neuen Markts mehr als doppelt so viele Börsengänge statt wie in den zehn Jahren zuvor zusammengenommen.

Der Absturz, der den Hochständen der Indizes im März 2000 an allen Wachstumsbörsen der Welt folgte, war nicht weniger spektakulär als der vorangegangene Aufstieg. Der Performanceindex NEMAX 50 als Kursbarometer des Neuen Markts brach zwischen März 2000 und Frühsommer 2001 um 81 Prozent ein. Auch die Nasdaq erlebte einen drastischen Kursverfall. Eine Vielzahl von Unternehmen, vor allem aus der Internetbranche, musste Konkurs anmelden. Viele der Arbeitsplätze, die diese Firmen mit ihrem neuen Börsengeld geschaffen hatten, gingen wieder verloren. Und Kursgewinne, die vor kurzem noch viele Anleger frohlocken ließen, schmolzen dahin wie Eis in der Sonne.

Eine Studie von Merrill Lynch und Cap Gemini Ernst & Young zählte 80 000 so genannte »Minute Millionaires« – Anleger, deren Vermögen dank des kometenhaften Aufstiegs der Technologiewerte für ein knappes Jahr über der magischen Grenze von 1 Million USD lag, um dann wieder zusammenzuschrumpfen.[4]

Die Enttäuschung vieler Anleger und der Verlust des Vertrauens in den Aktienmarkt sind gewaltig. Die Schuldzuweisungen der Anleger konzentrieren sich auf die Analysten, die viele Internettitel häufig noch nahe der Allzeithochs zum Kauf empfohlen haben, sowie auf die Firmengründer, die mitunter durch »Flipping« (den schnellen Börsengang noch sehr junger und oft unreifer Unternehmen) reich geworden sind, ohne als Gegenleistung nachhaltig wettbewerbsfähige Firmen aufgebaut zu haben. Zeitungen und Magazine berichten immer wieder von unprofessionellen Fondsmanagern und der zu schnellen und unkritischen Arbeit einiger Emissionshäuser, die die Börsengänge begleitet haben.

Tatsächlich haben Analysten Kaufempfehlungen für viele Firmen ausgesprochen, die vom eigenen Arbeitgeber an den Markt gebracht wurden oder von denen man zukünftige Aufträge für Kapitalmarkttransaktionen erwartete. Allerdings handelt es sich dabei nicht um eine Besonderheit des Neuen Markts in Deutschland – oder auch nur um eine Eigenheit von Wachstumsmärkten. Empirische Studien belegen, dass Bankanalysten regelmäßig die von der eigenen Firma beim IPO begleiteten Unternehmen positiver einschätzen als andere Beobachter.[5] Das Verhalten der Analysten war also eher »normal« – unnormal und übertrieben war dagegen der »Enthusiasmus« der Investoren. Viele relativ unerfahrene Anleger, die dank des Booms an den Wachstumsbörsen zwischen 1996 und 2000 mit wachsendem Selbstvertrauen auf ihre Anlageerfolge blickten, verloren in der Hochphase des Internetfiebers das Gespür für die Risiken einer jeden Aktienanlage. Sie übersahen die Tatsache, dass hohe Renditen üblicherweise nur da winken, wo auch die Risiken entsprechend groß sind. So genannte »Momentuminvestoren« traten auf den Plan, die, von den Kurssteigerungen in der ersten Phase beeindruckt, auf den schon schnell fahrenden Zug aufsprangen.

Ökonomen und Wirtschaftsjournalisten beeilten sich, von einer heraufdämmernden Revolution in der Wirtschaft zu sprechen. In der »New Economy« sollte dauerhaft inflationsfreies Wachstum auf deutlich höherem

Niveau als in der Vergangenheit möglich sein. Ermuntert durch die Begeisterung der Investoren wie durch die Prognosen der Analysten, Journalisten und ökonomischen Beobachter, investierten Unternehmen – vor allem in der »New Economy«, aber auch in traditionelleren Branchen – massiv in die Informationstechnologie. Dies war umso einfacher, als für junge Wachstumsunternehmen die Kapitalkosten nahezu bei null lagen. In der Hochphase des New-Economy-Hypes waren weder konkrete Gewinnaussichten noch klare Businesspläne nötig, um Kapitalgeber zum Aktienkauf zu bewegen. Die häufig erheblichen Zeichnungsgewinne bei vielen Börseneinführungen verstärkten den Eindruck, dass der Neue Markt für smarte Investoren gleichsam eine gefahrenfreie Gelddruckmaschine darstellte. Hinzu kam, dass bei den meisten Übernahmen und Firmenzusammenschlüssen Kurse gezahlt wurden, die deutlich über den Marktkursen vor der Fusionsankündigung lagen.

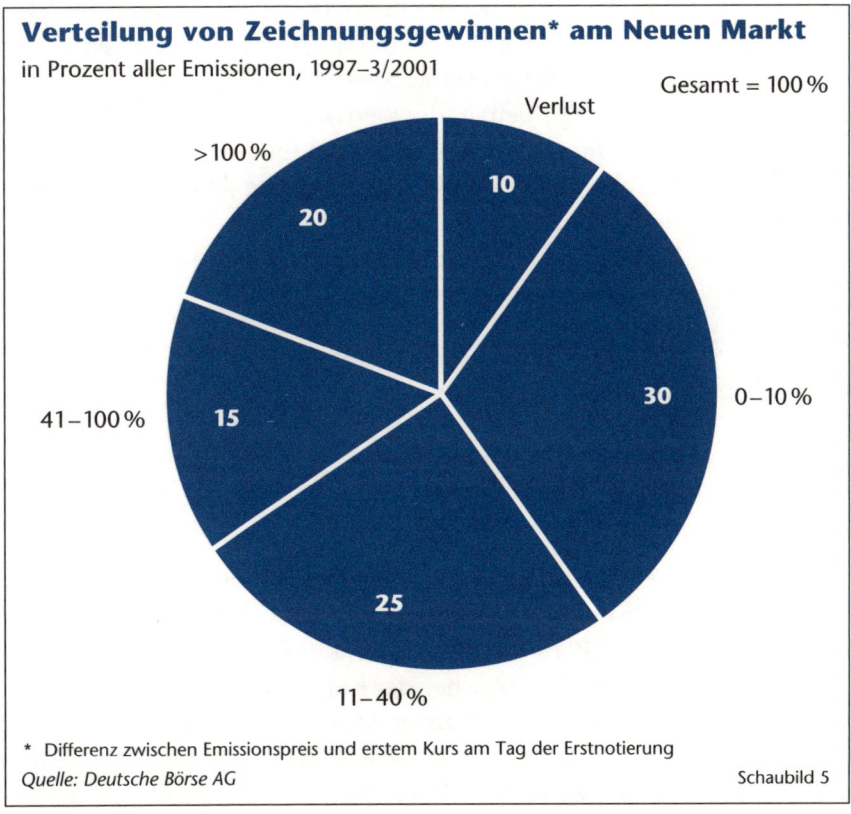

Verteilung von Zeichnungsgewinnen* am Neuen Markt

in Prozent aller Emissionen, 1997–3/2001

Gesamt = 100 %

Verlust

>100 %

20

10

41–100 %

15

0–10 %

30

25

11–40 %

* Differenz zwischen Emissionspreis und erstem Kurs am Tag der Erstnotierung

Quelle: Deutsche Börse AG   Schaubild 5

Allerdings waren märchenhafte Gewinne für diejenigen, die bei der Aktienzuteilung berücksichtigt wurden, die Ausnahme von der Regel. Schaubild 5 zeigt die Verteilung der Zeichnungsgewinne am ersten Tag (das heißt die Differenz zwischen Emissionspreis und erstem Kurs) von 320 Neue-Markt-Unternehmen, die zwischen 1997 und März 2001 ihre Aktien platziert haben.

Trotz des mittlerweile zweifelhaften Rufs von Neuemissionspraktiken in der Hochphase der Spekulation am Neuen Markt kamen extreme Zeichnungsgewinne nur in Ausnahmefällen zustande. Ein Beispiel dafür ist die Biodata AG, die am 22. Februar 2000 mit einem Gewinn von 433 Prozent an den Markt ging. Ein Gegenbeispiel ist die Neue Sentimental AG, die am ersten Tag 25 Prozent an Wert verlor. Die Extreme waren jedoch eher selten. Das typische Neue-Markt-Unternehmen ging mit einem Anfangsgewinn von 19 Prozent an die Börse.[6]

Auch der Wertverlust von Unternehmen am Neuen Markt wird oft übertrieben dargestellt. Zwar hat der NEMAX-All-Share-Kursindex zwischen März 2000 und Ende Mai 2001 insgesamt 81 Prozent verloren. Wählt man aber einen anderen Bezugszeitraum, sieht das Bild schon anders aus: Von Mai 1999 bis Mai 2001 beträgt die Wertveränderung nur mehr minus 37 Prozent. Anleger, die seit der Auflegung des Index im April 1997 dabei waren, erzielten trotz der Verluste des vergangenen Jahrs einen Gesamtwertzuwachs von 223 Prozent.

Damit aber bestätigt auch die Kursentwicklung am Neuen Markt nur, was jeder börsenkundige Laie wissen muss:

- Erstens sind bei der Aktienanlage vor allem kurzfristig Kursverluste möglich.
- Zweitens gilt: je höher das Risiko, desto höher die erwartete Rendite. Wo innerhalb von vier Jahren das Kapital mehr als verdreifacht werden kann, sind größere Kurseinbrüche nicht nur möglich, sondern wahrscheinlich.

Was letztlich die Krisenstimmung an den Wachstumsmärkten der Welt vor allem ausgelöst hat, war das Platzen der Spekulationsblase rund um die Internettitel. Diese Blase erreichte Anfang 2000 ihren Höhepunkt.

Dabei war weder der steile Anstieg der Kurse noch der extreme Zusammenbruch durch sinnvolle Erwartungen über die zukünftige Profitabilität der Unternehmen zu rechtfertigen. Dass es in der Geschichte der Aktienanlage immer wieder zu solchen Übertreibungen gekommen ist, ist bekannt. Entsprechende Phänomene rechtfertigen allerdings nicht ein stärkeres Eingreifen des Staats – und schon gar nicht den Ruf nach dem Staatsanwalt. Die (Über-)Reaktion in manchen Medien nach den Kursverlusten seit März 2000 zeigt allerdings auf, dass es bis zu einer »erwachsenen« Aktienkultur noch ein weiter Weg ist. Sowohl der extreme Aufschwung als auch der Zusammenbruch waren in Deutschland stärker als an anderen Märkten für junge Wachstumsunternehmen – ein klares Indiz dafür, dass sowohl den Investoren als auch den Medien die langjährige Erfahrung fehlt, die es erlaubt, Kursbewegungen richtig einzuordnen.

So schmerzhaft diese Lektion für viele unerfahrene Anleger war – langfristig ist es für die Entwicklung der deutschen Aktienkultur zu begrüßen, dass der Einbruch erfolgte, als der Neue Markt relativ zur Gesamtmarktkapitalisierung noch klein war. In den USA, wo die Nasdaq zur Hoch-Zeit der Internetblase zeitweise höher kapitalisiert war als die New York Stock Exchange, sind die Wertverluste absolut betrachtet deutlich höher. Dennoch haben sich die Privatanleger nicht vom Geschäft mit Aktien abschrecken lassen. Sie werden vermutlich berechtigterweise vorsichtiger sein – und zwar so lange, bis eine neue Generation von Anlegern, die diese extremen Erfahrungen noch nicht gemacht hat, sich abermals hinreißen lässt.

Wichtiger noch als die auf mittlere Sicht durchaus akzeptablen Renditen ist die volkswirtschaftliche Wirkung des Neuen Markts, die vom Platzen der Spekulationsblase unbeeinflusst bleibt. Trotz einiger Pleiten und Firmenverkäufe sind viele Neue-Markt-Unternehmen auf gutem Wege zur Profitabilität. Sie schaffen Arbeitsplätze für hoch qualifizierte Mitarbeiter. In keiner Region ist die Zahl der Firmenpleiten so hoch wie im kalifornischen Silicon Valley. Dennoch ist diese Region seit vielen Jahren eine der erfolgreichsten Wirtschaftsregionen weltweit. Noch ist es zu früh, um zu diskutieren, ob unter den vielen Neue-Markt-Unternehmen »ein neues Microsoft« ist. Genau darin aber liegt die wichtigste Rolle von Kapitalmärkten für Wachstumsunternehmen: in der Chance, neue Produktideen, Organisationsformen, Verfahrensweisen oder Dienstleistungen umzusetzen, um sie vom Markt auf ihre Renditetauglichkeit hin prüfen zu lassen. Der Neue Markt wirkt hier wie eine Überholspur entlang der Planungsprozesse innerhalb großer Firmen.

Dass einige der neuen Firmen scheitern und dass nicht jeder Anleger regelmäßig sehr hohe Renditen erzielt, ist kein Fehler im System, sondern vielmehr unmittelbare Folge der zentralen Aufgabe dieses Risikokapitalmarkts: Er wirkt als Entdeckungsmechanismus. Dabei kann er nicht nur

Sieger ausmachen, er wird immer auch Verlierer benennen, die zu Beginn ihrer Entwicklungsgeschichte vielleicht durchaus vielversprechend waren. Der Weg zu einer innovativen, flexiblen, schnell wachsenden Wirtschaft, wie er vom Silicon Valley und dem Erfolg der Nasdaq symbolisiert wird, führt notwendigerweise auch über Pleiten und massive Kursverluste bei einigen der Firmen, die das Neue wagen.

Shareholder Value – vom Tabu zum akzeptierten Managementprinzip

Dass Unternehmen vor allem auf eine Steigerung des eigenen Börsenkurses zielen und diese Überlegungen in alle wesentlichen Entscheidungen einbezogen werden sollten, war bis vor kurzem kein Thema oder allenfalls eines am Rande. Deutsche Unternehmen lebten stattdessen mit Renditen, die, wie Peter von Siemens es ausdrückte, »keinen Gemüsehändler zur Eröffnung eines Ladens« hätten verlocken können. Dafür wurden die Steigerung von Marktanteilen, das Umsatzwachstum oder die technische Qualität der eigenen Produkte als Unternehmensziel in den Vordergrund gerückt. Der ideale Manager zeichnete sich durch einen hohen Grad an technischem Verständnis sowie gute Führungsqualitäten aus. Eine gute Kenntnis des Kapitalmarkts sowie die Betonung von Aktionärsinteressen waren demgegenüber selten; der Einfluss des Finanzvorstands war in vielen Unternehmen entsprechend gering. Zufriedene Kunden, stolze und wohl versorgte Mitarbeiter gehörten zum allgemein akzeptierten Zielkanon deutscher Unternehmen. Schon eine möglichst gleichartige Behandlung aller »Stakeholder« inklusive der Aktionäre galt vielen als zu großer Kompromiss gegenüber den Forderungen des Kapitalmarkts.

Doch in den vergangenen fünf Jahren ist der Begriff »Shareholder Value« salonfähig geworden. Wer schlecht geführte Unternehmen kritisiert, spricht selbstverständlich auch über den Börsenkurs. Der Gegensatz von »Shareholder Value« und »Stakeholder Fairness« war immer ein Missverständnis, wie wir in Teil 2 noch näher zeigen werden.

Für den Bewusstseinswandel der Öffentlichkeit war entscheidend, dass sich eine Reihe angeschlagener deutscher Großunternehmen Anfang der Neunzigerjahre vor allem deshalb erholen konnte, weil der Shareholder Value zum zentralen Managementziel avancierte.

So gelang Siemens mithilfe des so genannten »10-Punkte-Programms«

eine beeindruckende Wende beim Börsenkurs. Gleichzeitig wurde die Wettbewerbsfähigkeit an den Produktmärkten insgesamt deutlich gesteigert. Der erfolgreiche Wechsel hin zur bewusst gemanagten Kapitalallokation und zu Entscheidungsprozessen, die auf Economic Value Added basieren, hat aus dem einst als eher schwerfällig geltenden Konglomerat einen schlagkräftigen Konzern gemacht. Auch das Abstoßen von Einheiten, die bei der Bewertung eines Konglomerats zu Abschlägen (»Discounts«) geführt haben (und die nicht von den Kernkompetenzen des Unternehmens profitieren konnten oder kulturell zu verschieden waren), wurde plötzlich diskussionsfähig.

Die Börsengänge von Epcos und Infineon brachten nicht nur zusätzliche Investitionsmittel in die Kassen; Siemens übertrug seinen Tochterunternehmen durch den Börsengang auch eigenständige operative Verantwortung.

Nicht anders bei Daimler-Benz. Die Abkehr vom Konzept des »integrierten Technologiekonzerns«, das der frühere Vorstandsvorsitzende Edzard Reuter verfolgt hatte, und die Wendung hin zum Shareholder-Value-Gedanken gelten als ausschlaggebend für den Erfolg des Unternehmens. Die alte Vision zielte darauf ab, mit einer Vielzahl von Verkehrstechnologieunternehmen und den Synergien in Forschung und Entwicklung immer bessere Produkte zu entwickeln, denen letztlich auch der Erfolg an den Märkten nicht versagt bleiben würde.

Die neue Strategie bestand aus einer Konzentration auf das Kerngeschäft, aus dem Verkauf nicht essenzieller Unternehmensteile und aus der radikalen Umformung der Geschäftstätigkeit mit dem Ziel, den Unternehmenswert zu steigern. In den wichtigsten Bereichen gelang die schnelle Kehrtwende – allerdings auch dank des Rückenwinds einer wieder anziehenden Konjunktur. Mercedes-Benz wurde, aufgrund jahrelanger Restrukturierungsmaßnahmen, zu einem der profitabelsten Autobauer der Welt. Mithilfe einer umfassenden Produktoffensive wurden neue Zielgruppen erschlossen. Mit dem Einbruch der amerikanischen Konjunktur im Herbst 2000 und der weltweit schwachen Nachfrage nach Automobilen geriet der Konzern in eine Krise, aus der er sich jetzt durch einschneidende Restrukturierungsmaßnahmen zu befreien versucht.

Die Erfolgsbeispiele des Shareholder-Value-Ansatzes waren letztlich ausschlaggebend für seine allmähliche Akzeptanz. Wurde Jürgen Schrempp wegen seines Bekenntnisses zum Shareholder Value anfangs noch als »Rambo« unter den deutschen Managern geschmäht, so setzte sich spätestens nach der erfolgreichen Trendwende mehr und mehr das Image vom »Herrn der Sterne« durch. Hinzu kam aber auch, dass immer mehr Bürger selbst zu Aktionären wurden. Eine Unternehmensstrategie, die lediglich Gewinne für »die da oben« bedeutete, war nicht länger akzeptabel. Entscheidend war die Wertsteigerung des eigenen Portfolios. Dazu hat der Börsengang der Deutschen Telekom im November 1996 wie kein zweites Ereignis beigetragen. Ähnlich wie seinerzeit bei der Teilprivatisierung der Volkswagen AG in den 60er Jahren entstand eine Schicht von »Volksaktionären«. Dank der zunächst positiven Erfahrungen mit den neuen Aktien trauten sich immer mehr Bürger, ihr Erspartes an der Börse zu investieren, statt es in Pfandbriefe, Kommunalobligationen und Sparbücher zu stecken. Die Initialzündung »Deutsche Telekom« verkörpert einen der wesentlichen Gründe für die Entwicklung einer neuen Aktienkultur in Deutschland.

Aus »Shareholder Value«, einst fast Synonym für Massenentlassungen im Dienste steigender Aktienkurse für die »Reichen«, wurde schrittweise ein pragmatisches Managementprinzip, das durch die Betonung von Wertsteigerungen sinnvolle Entscheidungen herbeiführt. Zum allgemeinen Erfahrungsschatz gehört seither, dass eine wertorientierte Strategie beide Seiten begünstigt – sowohl die große Gruppe der Volksaktionäre wie auch die restlichen »Stakeholder«.

Die Politik hat entscheidend zur Entwicklung der Aktienkultur beigetragen – nicht nur dank der Privatisierungen. Auch die Finanzmarktförderungsgesetze, die allmähliche Einsicht, dass die Anlage von Rentenersparnissen in Kapitalmarkttitel steuerlich begünstigt werden müsse, sowie mutige Einzelentscheidungen (wie beispielsweise bei der Besteuerung von Kursgewinnen) haben die Bundesbürger an den Gedanken gewöhnt, dass nicht alles für Otto Normalverbraucher schlecht sein muss, was für den Aktienkurs gut ist.

Rentenkrise und der neue Mut zum Risiko – Veränderungen des Anlageverhaltens

Wie kam es zum plötzlichen »Halali«, das auf Opas Sparbuch geblasen wurde (Werbeslogan der Dresdner Bank für den Verkauf von Investmentzertifikaten)?

Drei Faktoren waren dafür ausschlaggebend. Erstens war die deutsche

Abneigung gegenüber Aktien durchaus begründet und nicht bloß Ausdruck einer irrationalen Scheu vor Risiken. Denn während Anleihen in Deutschland eine – im internationalen Vergleich – ungewöhnlich gute Anlage waren, zeigten Aktien eine nur mittelmäßige Wertentwicklung. Dies hat sich in den vergangenen zehn Jahren radikal geändert.

Zweitens wächst das Bewusstsein vieler Anleger, dass sie nur dann ein akzeptables Rentenniveau erreichen können, wenn sie mit einem höheren Risiko langfristig höhere Renditen erzielen können. Und drittens führt der zunehmende Wohlstand dank jahrzehntelanger Kapitalakkumulation dazu, dass Anleger mittlerweile ein höheres Risiko zu akzeptieren bereit sind. Dieser Effekt wird noch dadurch verstärkt, dass Erben häufig anders mit ihren Mitteln umgehen als die so genannte »Gründergeneration«.

Die Renditen, die durch die Anlage in Aktien erzielt werden können, werden häufig allein aufgrund von Daten aus der Nachkriegszeit oder unter Verweis auf amerikanische Ziffern berechnet. Beides führt in die Irre; insbesondere die ungewöhnlich hohen Renditen der unmittelbaren Nachkriegszeit (also in den Fünfzigerjahren) verzerren den Durchschnitt. Nur in der Schweiz und in den USA haben Aktien seit den Zwanzigerjahren relativ kontinuierlich außergewöhnlich hohe Renditen abgeworfen.

In vielen anderen Ländern war die durchschnittliche jährliche Realrendite seit 1922 eher bescheiden – zwischen 0,8 Prozent in Frankreich und 2,4 Prozent in Großbritannien. Deutschland lag mit einem Wert von 1,9 Prozent ebenfalls weit hinter den USA (4,5 Prozent) und der Schweiz (3,3 Prozent).[7] Extrem hohe Kursgewinne kommen mithin nur in einigen Ländern vor, und dort auch nur in relativ kurzen Perioden.

Allerdings müssen dazu noch Dividenden addiert werden, die beispielsweise in den USA knapp 3 Prozent zur Realrendite beisteuern. Viele Anleger im Deutschland der Nachkriegszeit konnten sich noch an drei Phasen erinnern, in denen der Wert deutscher Aktien nachhaltig und auf längere Zeit zusammenschrumpfte: die deutsche Hyperinflation, die Große Depression und die unmittelbare Nachkriegszeit zwischen 1945 und 1949. Amerikanische Investoren hatten demgegenüber nur eine wirkliche Schwächeperiode in den Dreißigerjahren erlebt.

Auch der Renditevorsprung von Aktien gegenüber Rententiteln war in Deutschland lange Zeit kleiner als in anderen Ländern (alle Werte zur besseren Vergleichbarkeit vor Steuern). So erzielten Anleger in den USA zwischen 1950 und 1980 eine nominale Gesamtrendite (inklusive Dividenden) von 10,5 Prozent, wenn sie in den S&P 500 investierten, aber nur eine Rendite von 2,8 Prozent – und somit weniger als die Inflation – bei einer Anlage in US-Staatsanleihen. In Deutschland erhielten Investoren 10,8 Prozent bei einer Anlage in den DAX 100. Gleichzeitig aber winkte bei einer Investition in Rententitel eine Rendite von immerhin 5,9 Prozent. Der Renditevorsprung betrug in den USA also stattliche 7,7 Prozentpunkte, in Deutschland »lediglich« 4,9 Prozentpunkte – immer noch ein hoher Wert, aber deutlich geringer als der Renditeabstand in den USA.

Blüte der Aktienkultur

Einige Faktoren haben in Deutschland in der zweiten Hälfte der Neunzigerjahre die Zahl der Aktionäre und die allgemeine Einstellung zum Thema »Aktieninvestitionen« positiv beeinflusst:

- Die reale Rendite (Erträge nach Inflation) von Staatsanleihen und anderen Zinspapieren hat über einen längeren Zeitraum hinweg deutlich abgenommen.
- Der Renditevorsprung von Aktien gegenüber Anleihen und geschlossenen Fonds hat zugenommen.
- Das Vertrauen in eine nachhaltig hohe Ergiebigkeit der »Rentenkasse« sinkt seit Jahren. Das Thema »Private Altersvorsorge« gewinnt im selben Maße an Bedeutung.
- Die Einkommens- und Vermögenssituation hat sich auf breiter Basis verbessert. Dadurch wird es mehr Investoren möglich, die höheren Risiken einer Anlage in Aktien einzugehen.

Während Anleihenkäufer in den USA wegen der relativ hohen Inflationsraten in den Siebzigerjahren real Geld verloren, blieb der Geldwert in Deutschland relativ stabil. US-Investoren verloren in Staatsanleihen (bereinigt um den Preisanstieg) 1,1 Prozent pro Jahr zwischen 1950 und 1980, während sie mit Aktien real 6,6 Prozent verdienen konnten. In Deutschland erzielten Anleihenkäufer immer noch eine Realrendite von 2,9 Prozent.

Der geringere Renditevorsprung aber machte den Kauf heimischer Aktientitel weniger attraktiv – zumal die Volatilität in Deutschland keinesfalls geringer war als in den USA. Dass Investoren auf niedrigere Renditesteigerungen mit einer relativ geringeren Präferenz für Aktien reagieren, überrascht nicht. Die deutsche »Abneigung« gegenüber Aktien ist also nur zum Teil durch Risikoscheu sowie kulturelle und institutionelle Eigenheiten zu erklären.

In Zukunft ist allerdings nicht damit zu rechnen, dass Anlagen in festverzinsliche Titel weiterhin so attraktiv bleiben. In den meisten Industrieländern ist mittlerweile die Inflation ähnlich gut unter Kontrolle, wie dies jahrzehntelang nur für Deutschland behauptet werden konnte. Der Trend hin zu niedrigeren Inflationsraten weltweit scheint gebrochen – durch eine Kombination aus höheren Ölpreisen und einer Geldpolitik, die sich (namentlich in den USA) verstärkt in den Dienst der Konjunktursteuerung stellen lässt.

In den Jahren seit 1980 haben sich deshalb auch die deutschen Aktienrenditen denen anderer Länder angeglichen. Das Wachstum der »Aktienkultur« in Deutschland ist somit nicht nur Ausdruck einer kulturellen Änderung, sondern auch ein Stück Normalisierung des Wirtschaftsprozesses im Vergleich zu anderen Ländern. Die ungewöhnlich guten Renditen, die an fast allen Aktienmärkten in den Jahren 1995 bis 2000 erzielt wurden, haben die Umorientierung der Investoren noch beschleunigt.

Hinzu kommt ein Faktor, der zwar in vielen Ländern eine Rolle spielt, aber in Deutschland besonders nachhaltig wirkt – die Krise des Rentensystems. Dass die »Rente sicher« sei, glauben heute zu Recht nur noch wenige. Wer heute zwischen 20 und 50 Jahre alt ist, weiß, dass er aller Wahrscheinlichkeit nach nur mit einer kärglichen Rente rechnen kann – trotz der mittlerweile erheblichen Einzahlungen in die so genannte »Rentenkasse«. Der Generationenvertrag, von keinem Arbeitnehmer je unterschrieben, legitimiert angeblich den Griff in die Tasche der heutigen Arbeitnehmer, ohne dass ihnen eine angemessene Gegenleistung in Aussicht gestellt werden kann. Die Fakten sind mittlerweile so bekannt, dass das einzig Überraschende die immer noch viel zu langsame Reaktion der Politik ist.[8]

Die Arbeitnehmer müssen sich also auf anderen Wegen um die Sicherung ihres Lebensstandards im Alter bemühen. Weil aber bereits knapp 20 Prozent des Lohns für den »Generationenvertrag« verbraucht werden, bleibt ihnen nur die Wahl zwischen erheblicher Konsumbeschränkung und der Investition in Anlagen mit einer voraussichtlich relativ hohen Rendite. Da das Sparen für die Altersversorgung seiner Natur nach langfristig angelegt ist, kann dabei auch ein etwas höheres Risiko eingegangen werden.[9]

Die folgende Grafik stellt die Zusammensetzung des privaten Geldvermögens in Deutschland dar. Rechts sind die durchschnittlichen jährlichen Wachstumsraten des Vermögenswerts in den einzelnen Kategorien darge-

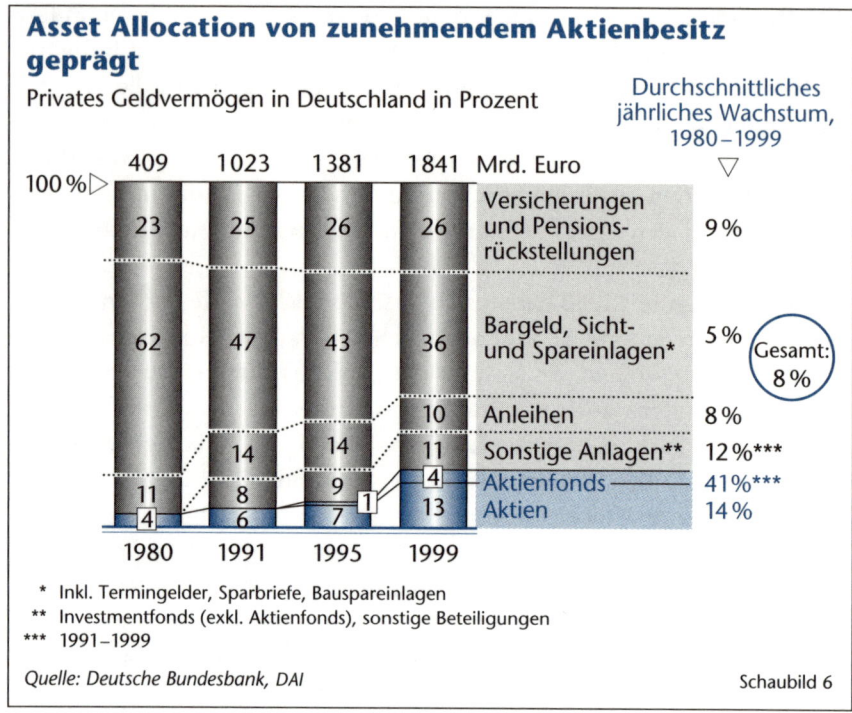

Asset Allocation von zunehmendem Aktienbesitz geprägt

Privates Geldvermögen in Deutschland in Prozent

Durchschnittliches jährliches Wachstum, 1980–1999 ▽

	409	1023	1381	1841 Mrd. Euro		
100%▷	23	25	26	26	Versicherungen und Pensionsrückstellungen	9%
	62	47	43	36	Bargeld, Sicht- und Spareinlagen*	5%
				10	Anleihen	8%
		14	14	11	Sonstige Anlagen**	12%***
				4	Aktienfonds	41%***
	11	8	9 1	13	Aktien	14%
	4	6	7			
	1980	1991	1995	1999		

Gesamt: 8%

* Inkl. Termingelder, Sparbriefe, Bausparanlagen
** Investmentfonds (exkl. Aktienfonds), sonstige Beteiligungen
*** 1991–1999

Quelle: Deutsche Bundesbank, DAI   Schaubild 6

stellt. Aktien und Aktienfonds gehörten zu den am schnellsten wachsenden Anlageformen in Deutschland. Aktienfonds lagen mit einer Zuwachsrate von 41 Prozent an der Spitze, und auch Aktien gehörten zu den am schnellsten wachsenden Anlagetypen.

Aufbruch ohne Umkehr – Vermögen für alle

Es bleibt zu fragen, ob sich der Trend hin zu mehr Shareholder-Value-Orientierung, zu Wachstumsmärkten und zu einem insgesamt größeren Anteil von Aktien in den Anlageportfolios fortsetzen wird. Eine alte Börsenweisheit besagt: Lineare Extrapolationen auf der Grundlage kurzfristiger Trends können leicht falsch liegen.

Die heutige Bedeutung der Kapitalmärkte wird unserer Ansicht nach erhalten bleiben – ein »Rollback« ist nicht zu befürchten. Wie unser kurzer Ausflug in die Geschichte der Aktien- und Anleihenmärkte belegt, bedarf es ungewöhnlicher politischer und sozialer Konstellationen, damit es zu einem »Aufstand gegen den Markt« kommen kann. Den einzigen massiven sozialen Sprengsatz, der derzeit in OECD-Ländern neben der Arbeitslosigkeit erkennbar ist, stellt das Rentenproblem dar. Allerdings gibt es keinen Grund, warum die Schieflage der staatlichen Versicherungsprogramme dazu führen sollte. Auch die immer wieder militant auftretenden und publikumswirksam agitierenden Globalisierungsgegner werden in pluralistischen Gesellschaften (hoffentlich) keine Chance haben, die Uhr zurückzudrehen – nicht zuletzt deshalb, weil damit nicht nur den reichen Ländern geschadet, sondern vor allem den ärmsten Staaten nicht genützt würde.

In Deutschland ist ebenfalls keine Trendumkehr zu erwarten. Auch wenn die Traumrenditen der vergangenen Jahre eine Ausnahme bleiben, werden Anleger zunehmend in Aktien investieren. Weltweit hat die Kombination aus starken Mittelzuflüssen sowie aus im Vergleich zu den Siebziger- und Achtzigerjahren tendenziell fallender Inflation und größerer Stabilität des politischen Umfelds die Bewertungsniveaus ansteigen lassen.

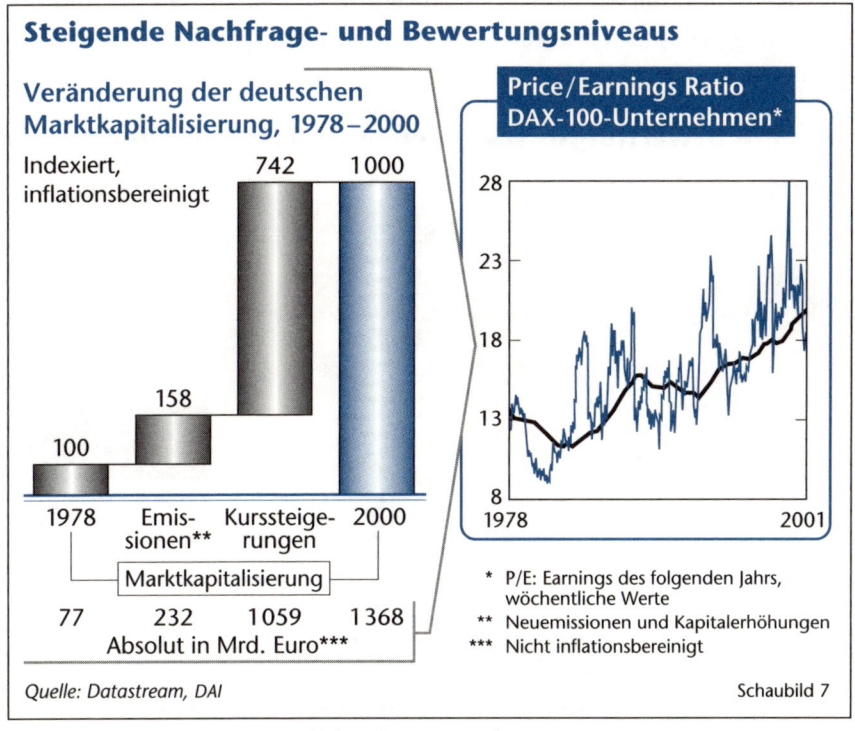

Steigende Nachfrage- und Bewertungsniveaus

Veränderung der deutschen Marktkapitalisierung, 1978–2000

Indexiert, inflationsbereinigt

742   1000

158

100

1978   Emis-   Kurssteige-   2000
        sionen**   rungen

Marktkapitalisierung

77   232   1059   1368

Absolut in Mrd. Euro***

Price/Earnings Ratio DAX-100-Unternehmen*

28
23
18
13
8

1978   2001

* P/E: Earnings des folgenden Jahrs, wöchentliche Werte
** Neuemissionen und Kapitalerhöhungen
*** Nicht inflationsbereinigt

Quelle: Datastream, DAI   Schaubild 7

In Deutschland war der größte Teil der Zunahme der Marktkapitalisierung in den Jahren seit 1978 getrieben durch eine höhere Bewertung etablierter Unternehmen und nicht etwa durch die Neuemissionen. Die höhere Bewertung etablierter Unternehmen wiederum war nur teilweise Ausdruck steigender Gewinne – seit den Siebzigerjahren hat sich die Price/Earnings Ratio (P/E) (Kurs-Gewinn-Verhältnis oder KGV) mehr als verdoppelt.

Die hohe Nachfrage nach Aktienanlagen wird sich fortsetzen. Gleichzeitig werden gerade in Deutschland mehr Unternehmen damit beginnen, ihre Aktien zurückzukaufen, nachdem nunmehr die rechtlichen Voraussetzungen dafür gegeben sind. Ähnlich wie in Großbritannien und den USA wird damit das Aktienangebot vonseiten bereits börsennotierter Unternehmen zum Teil verringert werden.

Die Gefahr einer nachfrageinduzierten Spekulationsblase besteht jedoch nicht. Sie wird schon dadurch verringert, dass höhere Bewertungsniveaus gemeinhin zu einer Vielzahl von Börsengängen anregen. Den Zusammenhang stellt das folgende Schaubild dar. Die Korrelation ist allerdings nicht perfekt: Während seit 1993/94 der DAX deutlich anzog, verzögerte sich die Zunahme der Börsengänge. Erst ab 1996/97, mit der Gründung des Neuen Markts (1997) also, wurde die gestiegene Nachfrage mit einem höheren Angebot befriedigt.

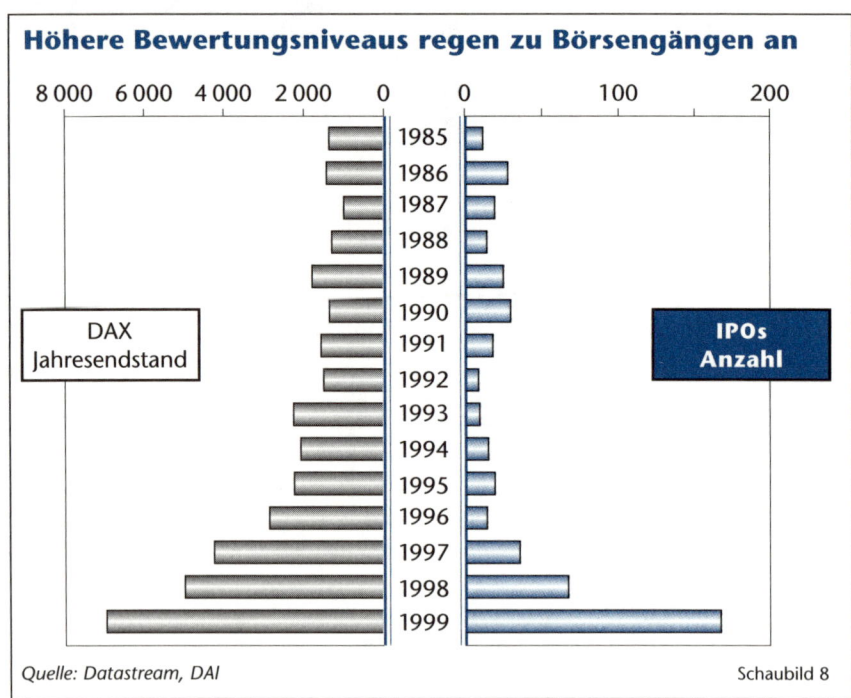

Höhere Bewertungsniveaus regen zu Börsengängen an

DAX Jahresendstand

IPOs Anzahl

Quelle: Datastream, DAI   Schaubild 8

Auch fortgesetzte Privatisierungen können zum Angebotsschub beitragen. Und schließlich gibt es eine Reihe von Großkonzernen, deren Kapitalkosten nur durch den Gang an die Börse optimiert werden können. Zu denken ist hier an Unternehmen wie Bertelsmann und Bosch. Als einen weiteren Angebotstreiber sollten wir auch die ausstehenden »Aufräumarbeiten« in den Portfolios der großen Banken und großer Familienvermögen nicht vergessen. Mit anderen Worten: Die Gefahr einer nachhaltigen Überbewertung ist nicht zu erkennen.

Kurzum: Angebots- und nachfrageseitig wird in den kommenden Jahren zusätzliche Bewegung in den Markt kommen. Keine der bisher analysierten Entwicklungen lässt eine dramatische Richtungsänderung oder eine Kehrtwende zurück zum Traditionsmodell »Deutschland AG« vermuten.

Der Aufbruch ohne Umkehr hat gesamtwirtschaftliche Folgen. Der alte Gegensatz von Arbeit und Kapital hat sich überlebt. Die Begriffe sind nicht mehr widersprüchlich: Auch Arbeitseinsatz und Fachwissen werden inzwischen wie Kapital (»Human Capital«) behandelt. Sowohl Kapitalgeber als auch Arbeitnehmer investieren in »ihre« Firmen – in Form von Finanzen wie auch in Form von Aus- und Weiterbildung, beide werden zu »Stakeholdern«. Sie sitzen mehr und mehr auf derselben Seite des Tisches und verkörpern im wahrsten Sinne des Wortes gemeinsam den Unternehmenswert.

Dieser **Marsch in die Stakeholder Society,** ausgerufen von Lord Dahrendorf, einem Wanderer zwischen den kontinentaleuropäischen und den angelsächsischen Welten, ist in vollem Gange. Er wird getragen von einer neuen gemeinsamen Zielfunktion aller Stakeholder – vom Aktionär über den Mitarbeiter und den Kunden bis hin zum letzten Lieferanten.

Dabei geht es um das Schaffen von Wert. Eine gesamtgesellschaftliche Stakeholder-Value-Strategie wäre von daher ein zeitgemäßer Ersatz für das traditionelle Links-rechts-Schema.

Die »Deutschland AG« geht an die Börse. Und alle gehen mit.

Teil 1:

Deutschlands neue Eigentümer und das Ende des Sonderwegs

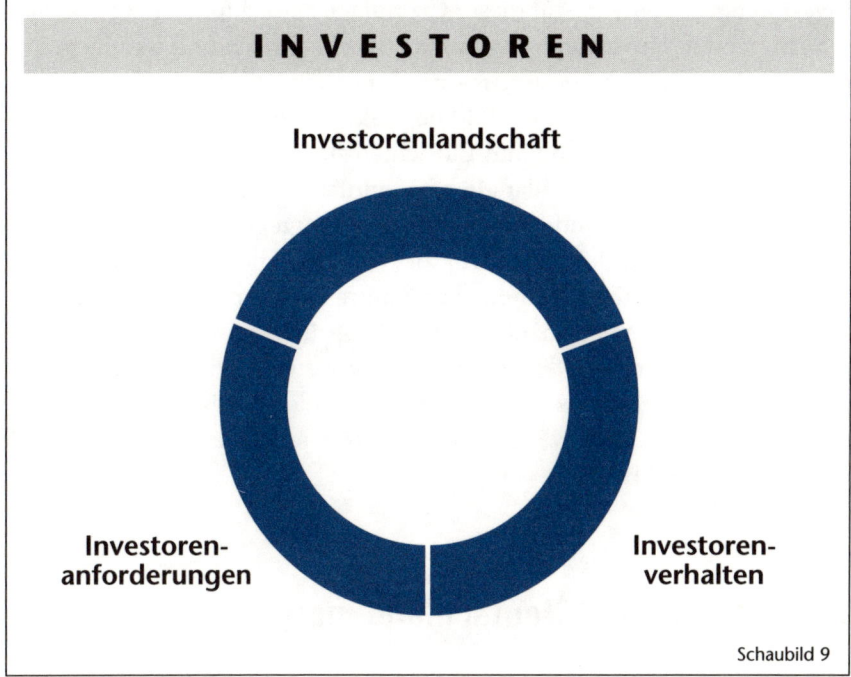

Schaubild 9

Wenn die Welt früher auf Deutschlands Unternehmen blickte und über das Land des Wirtschaftswunders berichtete, fielen meist zwei Worte: Stabilität und Konsens. Damit waren nicht zuletzt die politische Organisation der Bundesrepublik, die weitreichenden Mitbestimmungsrechte für Arbeitnehmer und die vielen »konzertierten Aktionen« und runden Tische gemeint, sondern vor allem auch die – im internationalen Vergleich – ungewöhnliche Besitzstruktur vieler deutscher Unternehmen. Das Vorurteil im Ausland war: Statt wie ihre angelsächsischen Kollegen hektisch von Quartalsergebnis zu Quartalsergebnis zu hetzen, konnten deutsche Führungskräfte in Ruhe langfristig planen, unterstützt von mächtigen Banken, beraten von vielen Kollegen aus verwandten Branchen, die im Aufsichtsrat saßen.

Wenn es diese vertraute Welt jemals gegeben haben sollte, so löst sie sich jetzt allmählich auf. Besitzstrukturen verändern sich, die Corporate Governance wird unter dem Einfluss internationaler Investoren neu geformt.

Um die Konsequenzen dieses Wandels besser einordnen zu können, stellen wir zunächst eine verhaltensbasierte Einteilung der verschiedenen Investorengruppen vor. Auf dieser Grundlage betrachten wir, welche Verschiebungen der Investorenstruktur bereits eingetreten und welche in den kommenden Jahren zu erwarten sind. Im ersten Teil dieses Kapitels entwerfen wir auf diese Weise ein Bild der zukünftigen Aktionärszusammensetzung. Unsere Ergebnisse und Einsichten stellen eine Reihe lieb gewonnener, aus den Medien hinlänglich bekannter »Mythen« infrage. Diesen setzen wir empirisch fundierte »Wahrheiten« entgegen.

Die Verschiebung der Besitzstruktur wird die Unternehmenslandschaft und die Investitionsbedingungen verändern. Dies vor allem deshalb, weil die neuen Eigentümer gänzlich andere Ansprüche an ihre Unternehmen stellen. Dem Thema »Investorenverhalten« wenden wir uns im zweiten Abschnitt dieses Kapitels zu. Am Ende diskutieren wir die Auswirkungen, die der Wandel der Eigentümerstruktur auf Investoren, Unternehmen und die Politik hat.

1.1   Wer besitzt Deutschland morgen?

Thyssen, BMW und Boehringer – das sind klangvolle Namen, die international für deutsches Unternehmertum stehen, nicht anders als die großen Kapitalsammelstellen Allianz und Deutsche Bank, Münchner Rück und HypoVereinsbank sowie ehemalige bzw. teilweise noch im Staatsbesitz stehende Unternehmen wie die Deutsche Telekom, Volkswagen, die Post oder Lufthansa. Wie sich diese Unternehmen in Zukunft entwickeln, ist mit entscheidend für das wirtschaftliche Wohl und Wehe Deutschlands. Neben dem Management, den Mitarbeitern und den politischen Rahmenbedingungen sind dafür die Eigentümer und ihre Ziele ausschlaggebend. Wer aber wird Deutschland morgen besitzen? Welche Implikationen wird dies haben?

Als typisch für die Besitzverhältnisse in Deutschland galt vor allem ein System vielfacher Beteiligungen. So sind in Deutschland viele Unternehmen miteinander verflochten.

Deutliche Veränderung der deutschen Aktionärs-struktur bis 2005

in Prozent der Marktkapitalisierung · Schätzung

Quelle: Deutsche Bundesbank · Schaubild 10

Besondere Aufmerksamkeit galt und gilt bei Unternehmensverflechtungen von Banken und Versicherungen, obwohl Beteiligungen von diesen nur 37 Prozent der gesamten Unternehmensbeteiligungen der DAX-30-Unternehmen ausmachen. Da die Großbanken und Versicherungen häufig Geschäftsbeziehungen mit den Unternehmen unterhalten, an denen sie beteiligt sind (beispielsweise durch den Verkauf von Versicherungsdienstleistungen, durch Kreditvergabe oder Investmentbanking-Dienstleistungen), ist die Aktienrendite nur eines von vielen Kriterien, nach denen der Erfolg eines Engagements beurteilt wird. Darin gleichen die Unternehmen als Eigentümer von Unternehmen einem zweiten Besitzer von Aktientiteln, der entscheidend für die langjährige Stabilität der Verhältnisse in Deutschland war – dem Staat.

- Um »strategisch entscheidende« Industrien nicht in die Hand von Ausländern fallen zu lassen, wurden »goldene« Aktien geschaffen, die dafür sorgen, dass stets eine Mehrheit der Stimmrechte bei inländischen Anteilseignern liegt. Die komplexe Besitzstruktur einiger großer deutscher Firmen wurde zu einem guten Teil in den Siebziger- und Achtzigerjahren aus Furcht vor Übernahmen durch einige OPEC-Staaten konstruiert; in Frankreich und Spanien wurde das Instrument der goldenen Aktie häufig bei Privatisierungen eingesetzt. Solcherart »strategisch entscheidende« Industrien sind vor allem Fluggesellschaften und andere Verkehrsbetriebe sowie die Automobil- und die Rüstungsindustrie.

- Auch in Industrien ohne nationale Bedeutung wurde häufig aus Beschäftigungsgründen sowie aus Gründen der regionalen Wirtschaftsförderung der Staatsbesitz verteidigt. Zu den typischen Beispielen gehören die umfangreiche Beteiligung des Lands Niedersachsen an Volkswagen, des französischen Staats an der nationalen Automobilindustrie und ehemals der Bundesrepublik an Tank & Rast, dem Betreiber der Raststätten entlang der Bundesautobahnen.

Beteiligungen von Unternehmen an Unternehmen sind einerseits historisch gewachsen, andererseits strategisch motiviert, z. B. durch eine möglichst vollständige Abdeckung der Wertschöpfungskette.

Beide Besitzergruppen, sowohl Unternehmen als auch der Staat, sind auf dem Rückzug. Noch Mitte der Neunzigerjahre gehörte mehr als jede 10. Aktie der öffentlichen Hand, und mehr als jede 3. Aktie war in den Händen eines anderen Unternehmens. Unsere Modellrechnungen zeigen, dass aller Wahrscheinlichkeit nach bis zum Jahr 2005 eine tiefgreifende Wandlung zu erwarten ist. Der Staatsanteil – heute noch bei knapp 10 Prozent – wird sich halbieren, und die Unternehmen werden ebenfalls fast die Hälfte ihres Anteils an den Aktien der »Deutschland AG« veräußern.

Stattdessen werden in- und ausländische Fondsgesellschaften und andere Vermögensverwalter wie Pensionsfonds an Einfluss gewinnen. Und auch der Anteil der inländischen Privatanleger dürfte nach oben schnellen.

Wenn unsere Berechnungen tendenziell richtig sind, dann wird die »relative Mehrheit« der deutschen Aktien nicht mehr in der Hand von Unternehmen sein. Stattdessen dürften inländische Privatanleger, ausländische Vermögensverwalter und deutsche institutionelle Fondsmanager in etwa gleichauf liegen und sich damit tendenziell Eigentümerstrukturen im Ausland annähern.

Damit aber werden Unternehmen selbst auch anders über ihre Eigentümer und deren Ziele und Bedürfnisse nachdenken müssen. Die öffentliche Hand erwartete häufig Steuereinnahmen, Beschäftigung und Prestige; andere Unternehmen erwarben nicht selten Beteiligungen in der Hoffnung, indirekt zum Vertrieb eigener Produkte beitragen zu können. Demgegenüber sind die Ziele der neuen Investorengruppen leichter in eine Risiko-Rendite-Matrix einzuordnen. Das »Wie« der Unternehmensführung (welche Fabrik wird wo gebaut, welches Produkt wird wann eingeführt etc.) tritt zurück gegenüber der Bedeutung handfester Ergebnisse, vor allem in der Form angemessener Wertschaffung. Systeme der Unternehmensführung lassen sich danach klassifizieren, wie bedeutsam die Ergebniskontrolle (vor allem durch Anreize für das Management) relativ zur Bedeutung der direkten und indirekten Einflussnahme (etwa durch den Aufsichtsrat) ist.

Der englische Begriff *Corporate Governance* bezieht sich auf die Anreiz-, Sanktionierungs- und Kontrollmechanismen, die eingesetzt werden, um potenzielle Interessenkonflikte zwischen Management und Eigentümern zu minimieren. Zwei Arten der Interaktion zwischen Aktionären und Management sind dabei grundsätzlich zu unterscheiden. Im so genannten *»Arm's-Length-Modell«* agieren die Aktionäre nur aus der Ferne; das Management trifft eigenverantwortlich alle wesentlichen Entscheidungen und wird allein auf der Grundlage der Ergebnisse kontrolliert. Strategische Entscheidungen von großer Tragweite wie Übernahmen benötigen zwar die Zustimmung der Anteilseigner, aber in die Mehrzahl der Entscheidungen sind sie nicht involviert.

Für die Interessenidentität von Management und Eigentümern sorgen kräftige Anreize – positive und negative. Gutes Management wird hervorragend entlohnt, die Bezahlung dabei häufig an den Aktienkurs gekoppelt. Schlechtes Management wird schnell ausgetauscht. Wo die Unternehmensverfassung – etwa wegen der Eigentümerstruktur – solcherlei Eingriffe nicht ermöglicht, können Übernahmen disziplinierend wirken.

Die andere Form der Corporate Governance besteht in einer sehr weitgehenden Einbindung der Anteilseigner und Kreditgeber in den Managementprozess. Dieses Modell zeichnet sich durch *»Hands-on-Kontrolle«* der Eigentümer aus. Es schließt die regelmäßige, zeitnahe Überprüfung aller wesentlichen Entscheidungen durch den Aufsichtsrat ein sowie eine von den Eignern mitgestaltete Personalpolitik. Die Freiräume des Managements sind dementsprechend relativ beschränkt. Kreditgeber sind häufig im Aufsichtsrat vertreten; dank ihres privilegierten Zugangs zu relevanten Unternehmensinformationen können die Kreditkosten sinken.

Beide Formen der Unternehmensverfassung haben Vor- und Nachteile. Entscheidend ist, dass in Deutschland das vor allem aus angelsächsischen Ländern bekannte »Arm's-Length-Modell« an Bedeutung gewinnen wird, weil die traditionellen Eckpfeiler »korporatistischer« Systeme – Kreuzbeteiligungen, Einfluss der Banken im Aufsichtsrat, großes Gewicht des Staats – im Schwinden begriffen sind. Betrachten wir deshalb also zunächst die institutionellen und die privaten Investoren etwas näher, bevor wir weitere Schlüsselfaktoren für die zu erwartenden Veränderungen analysieren.

Investoren gestern – heute – morgen

Die relative Bedeutung der einzelnen Investorengruppen am Aktienmarkt schwankt mit dem Markt- und Konjunkturzyklus. Während in den Aufschwungphasen des Aktienmarkts die Wachstumsinvestoren an Bedeutung gewinnen, sind Phasen der Seitwärtsbewegung oder des Abschwungs häufig von einer Rückkehr zu den traditionellen Methoden des Value Investing und der Anlage nach Einkommensgesichtspunkten bestimmt. Manche Investorengruppen wie beispielsweise so genannte »Daytrader« treten gewöhnlich nur in der letzten, fieberhaften Phase eines Bullenmarkts, kurz bevor die Kurse einbrechen, auf den Plan. Daytrader versuchen, durch extrem häufiges Handeln innerhalb kürzester Zeit viele kleine Arbitragegewinne zu erzielen.

Grundsätzlich lassen sich *aktive* und *passive Investoren* unterscheiden. Aktive Investoren versuchen, durch gezielte Auswahl von und Investition in Einzeltitel die höchste Wertschaffung zu erzielen.

Passive Investoren sind Investoren, die nicht in Einzeltitel investieren, sondern Märkte und deren Entwicklung nachvollziehen. Solche Indexfonds investieren die Mittel einfach entsprechend der Indexgewichtung, und die Performance entspricht – sieht man von den Transaktionskosten ab – nahezu exakt derjenigen der Indizes selbst.

Aktive Investoren sind beispielsweise institutionelle Investoren, die sich auf das so genannte »Growth Investing« spezialisieren und besonders an der langfristigen Wertentwicklung der gehaltenen Titel interessiert sind. Die Dividendenrendite spielt demgegenüber eine deutlich geringere Rolle. Den hohen Renditeerwartungen entspricht eine relativ hohe Risikotoleranz; auch erhebliche Kursschwankungen innerhalb eines Jahrs werden in Kauf genommen. Ein Beispiel für eine typische Anlage von Growth-Investoren stellen Technologiewerte dar.

Demgegenüber sind **Value-Investoren** stärker an einer stetigen Rendite in Form hoher Dividendenzahlungen interessiert. Das Wachstum des Anlage- oder Unternehmenswerts ist zwar deshalb noch lange nicht uninteressant, und auch die Risikobereitschaft ist nicht gleich null. Doch im Vergleich mit Growth-Investoren ist die Risikoneigung deutlich geringer, die Bedeutung regelmäßiger Einnahmen entsprechend höher. Value-Investoren legen zum Beispiel ihre Mittel in Automobilunternehmen an.

Noch stärker ausgeprägt ist dies bei den so genannten »**Einkommens- bzw. Income-Investoren**«, bei denen die Titel nach der Höhe der zu erwartenden Dividendenrendite ausgewählt werden. Fast die gesamte erwartete Rendite wird hier in Form von Auszahlungen erreicht; da nur ein kleiner Teil der für den Aktienwert relevanten Erträge in der (fernen) Zukunft anfällt, ist der Wert der Titel, in denen Einkommensinvestoren anlegen, auch weit weniger schwankungsanfällig als beispielsweise bei Growth-Investoren. Income-Investoren legen zum Beispiel ihre Mittel in Energieversorgungsunternehmen an.

Daneben gibt es noch eine Reihe von (häufig sehr kurzfristig orientierten) Investoren, die nicht eindeutig nach Risikobereitschaft und Renditeerwartung zu klassifizieren ist. Hedge-Fonds und Eigenhändler versuchen, durch besonders handelsintensive Strategien überdurchschnittlich lukrative Engagements mit vergleichsweise kleinem Risiko zu kombinieren. Die Verwendung komplizierter quantitativer Modelle sowie die Ausnutzung auch relativ kleiner Informationsvorteile (zum Beispiel durch Beobachtung des Kundenverhaltens) gehören ebenso dazu wie die Nutzung von Derivaten, die auch ohne deutliche Bewegungen des Markts einen Gewinn versprechen (so genannte »marktneutrale Strategien«).

Die oben angesprochenen **Hedge-Fonds** lassen sich wiederum in Untersegmente unterteilen. Da ist zum einen die so genannte »*Equity-Hedge-Strategie*«, die durch Long- oder Short-Positionen Über- bzw. Unterbewertungen von Aktien auszunutzen versucht. Daneben verfolgen manche Hedge-Fonds den so genannten »Relative-Value-Ansatz«, der Arbitragemöglichkeiten (oder »Bewertungsunterschiede«) zwischen Wertpapieren (Aktien, Anleihen oder Derivaten) mit derselben Basis nutzt. Die »Global-Macro-Strategie« spekuliert mit Käufen/(Leer-)Verkäufen auf allgemeine Marktentwicklungen (Aktien-, Anleihen-, Derivate-, Währungsmärkte). Zusätzlich lässt sich die so genannte »Event-Driven-Strategie« unterscheiden, die auf bestimmte Ereignisse wie Fusionen und Übernahmen oder Insolvenzen setzt.

Zunehmend gesellen sich in Deutschland zu den institutionellen Vermögensverwaltern auch Privatinvestoren. Direkter Besitz von Aktientiteln war lange Zeit wenig verbreitet, da die Investoren vor allem auf Anleihen fixiert waren. Wie im einleitenden Kapitel beschrieben, sind in Deutschland mittlerweile viele private Anleger auf den Aktiengeschmack gekommen. Nach Risiko-Rendite-Gesichtspunkten denken Privatanleger ähnlich wie die großen institutionellen Anleger. Lange Zeit waren die privaten Haushalte relativ vorsichtig bei der Aktienanlage und bevorzugten vornehmlich die großen, liquiden Titel, die auch wertorientierte institutionelle Investoren im Portfolio hatten.

In den vergangenen fünf Jahren hat in Deutschland die Entwicklung des Neuen Markts eine Gruppe von Privatinvestoren hervorgebracht, die deutliche Ähnlichkeiten mit institutionellen Growth-Investoren aufweist. Allerdings ist zurzeit fraglich, inwieweit diese Gruppe den Kurseinbruch am Neuen Markt »überlebt« hat.

Aus für die »Deutschland AG« – ein Abschied auf Raten?

Bis heute sind die Besitzverhältnisse vieler deutscher Unternehmen hochgradig komplex, wie im folgenden Schaubild demonstriert wird. Dabei deutet ein Pfeil von der besitzenden Firma auf das Unternehmen, an dem Anteile gehalten werden. Der Anteil an der Gesamtzahl der Aktien ist daneben in Prozent angegeben.

So bedeutend die oft komplizierte Verflechtung von Unternehmen untereinander derzeit noch ist, so deutlich wird die Bereinigung in den kommenden Jahren ausfallen. Keine Investorengruppe wird einen so starken Bedeutungsverlust hinnehmen müssen – und wollen – wie die der Unternehmen selbst.

Ausschlaggebend dafür ist eine Gesetzesänderung, wonach Gewinne aus Beteiligungsverkäufen von Kapitalgesellschaften ab dem 1.1.2002

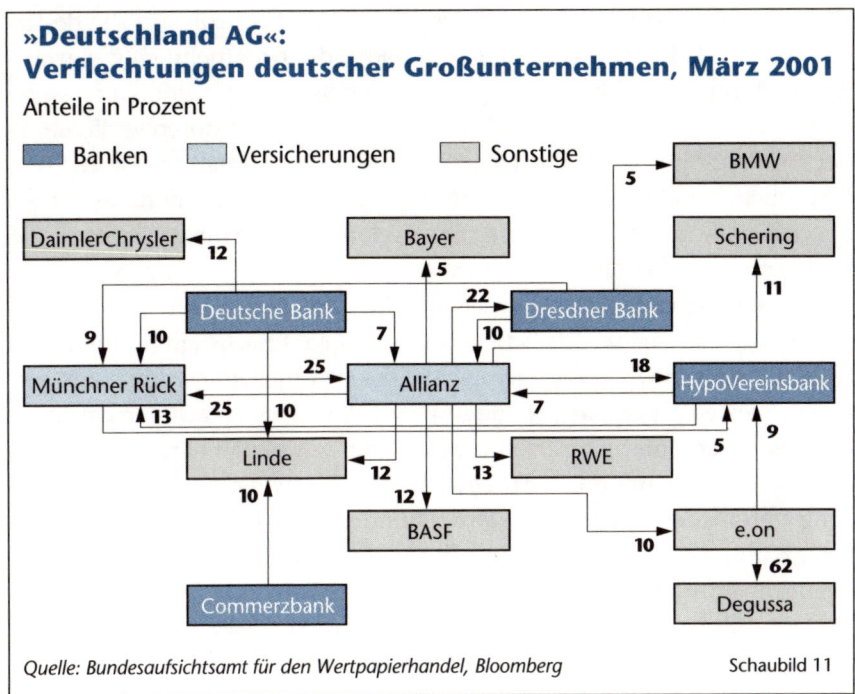

»Deutschland AG«:
Verflechtungen deutscher Großunternehmen, März 2001

Anteile in Prozent

Banken   Versicherungen   Sonstige

Quelle: Bundesaufsichtsamt für den Wertpapierhandel, Bloomberg   Schaubild 11

nicht mehr versteuert werden müssen. Bislang wurden realisierte Gewinne aus der Wertsteigerung von Unternehmensbeteiligungen direkt den normal zu besteuernden Gewinnen zugerechnet. Damit kam es in der Spitze zu einer Steuerlast von 56 Prozent. Kaum ein Unternehmen wollte es sich unter diesen Umständen leisten, die häufig über Jahrzehnte angesammelten Beteiligungspakete zu veräußern.

Künftig jedoch können Firmen ihre Anteile an anderen Unternehmen verkaufen, ohne auf den Gewinn direkt Steuern zahlen zu müssen, sofern er im Unternehmen verbleibt. Die Besteuerung von ausgeschütteten Gewinnen wird allerdings unverändert gehandhabt.

Durch diese Neuregelung kann das Kapital, das derzeit in den Bilanzen deutscher Firmen schlummert, mobilisiert werden. Damit wird der bereits seit einigen Jahren einsetzende Trend hin zu einem geringeren Anteil der Unternehmen am Aktienbesitz massiv beschleunigt. Bereits zwischen 1996 und 1999 nahm der Anteil der Unternehmen am Gesamtaktienbesitz von 38 auf 35 Prozent ab. Welche Folgen sind zu erwarten?

Selbst wenn im Zuge der Neuregelung der Besteuerung nur die Hälfte aller Unternehmensbeteiligungen verkauft würde, würde sich die Besitz-struktur radikal verändern. Sind heute noch die Unternehmen die größte Einzelgruppe der Aktienbesitzer, so werden sie nach unserer Auffassung diese Position bis zum Jahr 2005 an institutionelle Investoren verlieren. In der Größenordnung werden sie dann mit internationalen Investoren und deutschen Privatanlegern gleichauf liegen. Allerdings bleibt damit ein im internationalen Vergleich immer noch relativ hoher Unternehmens- und Staatsanteil am Aktienbesitz bestehen.

Die Auflösung des als »Deutschland AG« bekannten Netzwerks an Be-teiligungen hat vier wesentliche Auswirkungen: Erstens ein kräftiger **An-stieg des Free Float,** also desjenigen Teils der Aktien, die sich nicht in we-nigen »festen Händen« befinden. Zweitens eine Machtverschiebung innerhalb der Unternehmen und eine damit zusammenhängende **Verän-derung der Corporate Governance.** Dadurch sowie durch die Mobilisie-rung von bisher in Beteiligungen gebundenen Kapitals ist drittens eine **Steigerung der Kapitalproduktivität** in der Breite sowie viertens ein **In-vestitionsschub** zu erwarten.

Die größere Zahl frei handelbarer Aktien wird zusätzlich die Finanzie-rungskosten der Unternehmen verringern. Das Bewertungsniveau – und damit die Kapitalkosten von Unternehmen – korreliert mit der Liquidität ihrer Aktien. Geringe Liquidität wird insbesondere von institutionellen In-vestoren ungern gesehen. Der Streubesitz oder **Free Float,** der in Deutsch-land mit durchschnittlich rund 60 Prozent unter dem internationalen Mit-telwert und weit unter den rund 90 Prozent in den Vereinigten Staaten und Großbritannien liegt, wird deutlich ansteigen.

Der höhere Free Float macht für die Anleger eine Investition in die je-weiligen Titel attraktiver, und die Unternehmen erzielen bei der Ausgabe neuer Aktien einen höheren Preis in Relation zum künftigen Gewinn. Tat-sächlich korreliert im internationalen Vergleich die P/E Ratio mit dem Free Float. Wenn die Steuerbefreiung im erwarteten Umfang zu einer Auf-lösung der Beteiligungen deutscher Unternehmen führt, sollte die P/E Ra-tio der Aktien durchschnittlich um etwa 14 Prozent zunehmen, wenn man diesen rechnerischen Effekt zugrunde legt; die Kapitalkosten müssten ent-sprechend sinken.

Die Veränderung der Aktionärsstruktur wird nicht ohne **Auswirkun-gen auf die Corporate-Governance-Struktur** bleiben, wobei Art und Aus-maß der Veränderungen sehr unterschiedlich sein werden, wie im folgen-den Schaubild dargestellt.

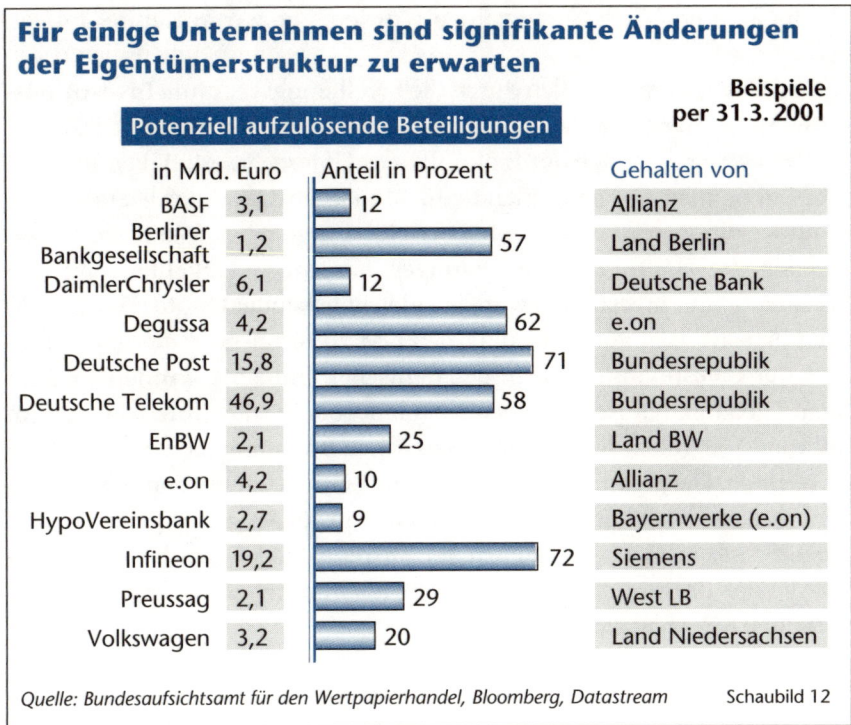

Für einige Unternehmen sind signifikante Änderungen der Eigentümerstruktur zu erwarten

Beispiele per 31.3. 2001

Potenziell aufzulösende Beteiligungen

	in Mrd. Euro	Anteil in Prozent	Gehalten von
BASF	3,1	12	Allianz
Berliner Bankgesellschaft	1,2	57	Land Berlin
DaimlerChrysler	6,1	12	Deutsche Bank
Degussa	4,2	62	e.on
Deutsche Post	15,8	71	Bundesrepublik
Deutsche Telekom	46,9	58	Bundesrepublik
EnBW	2,1	25	Land BW
e.on	4,2	10	Allianz
HypoVereinsbank	2,7	9	Bayernwerke (e.on)
Infineon	19,2	72	Siemens
Preussag	2,1	29	West LB
Volkswagen	3,2	20	Land Niedersachsen

Quelle: Bundesaufsichtsamt für den Wertpapierhandel, Bloomberg, Datastream   Schaubild 12

Für deutsche Unternehmen ergibt sich damit eine Reihe von Veränderungen:

- Die lange Zeit gesicherten Mehrheiten zur Entlastung des Vorstands und Aufsichtsrats werden verschwinden.
- Statt eines Systems, bei dem Manager im Aufsichtsrat ihre Kollegen im Vorstand kontrollieren, werden deutlich mehr unabhängige Kontrolleure gewählt werden.
- Der Anteil an Ausländern in deutschen Aufsichtsräten wird sich erhöhen, sobald der Einfluss internationaler Investoren auf deutsche Unternehmen zunimmt.

Damit sind Veränderungen der Corporate Governance deutscher Unternehmen verbunden: Das deutsche Modell wird sich mehr und mehr dem angloamerikanischen Unternehmensverfassungsmodell annähern. Dies wird nicht ohne Veränderungen des Bewertungsniveaus bleiben: Eine McKinsey-Untersuchung zur Corporate Governance zeigt, dass Investoren in deutsche Unternehmen über 20 Prozent Prämie für eine

»Well-Governed Company« zahlen würden, wie wir in Kapitel 1.4 zeigen werden.

Den Unternehmen fließen durch die Beteiligungsverkäufe **Investitionsmittel in Milliardenhöhe** zu. Wo werden diese Mittel landen? 1999 betrug die Höhe der Einkünfte aus Unternehmertätigkeit und Kapitaleinkommen in Deutschland 818 Milliarden DM. Dem standen Gesamtinvestitionen in nahezu gleicher Höhe gegenüber. Wenn die Unternehmen die Hälfte aller Beteiligungen tatsächlich verkaufen und den Erlös im Inland investieren, wäre bei gleichbleibender Quote mit zusätzlichen Investitionen von 175 Milliarden DM zu rechnen. Immerhin 85 Prozent der Investitionsausgaben der deutschen Industrie wurden 1999 im Inland getätigt. Bei gleichbleibender Inlandsquote wäre durch die Reform mit rund 150 Milliarden DM an zusätzlichen Investitionen in Deutschland zu rechnen. Die gesamtwirtschaftliche Investitionsquote könnte um 6 Prozent steigen, was dem Wirtschaftswachstum für eine Übergangsperiode einen Schub in Höhe von bis zu 1,3 Prozentpunkten pro Jahr verleihen würde; das Bruttosozialprodukt würde allein durch diesen Effekt dauerhaft um 0,6 Prozent steigen.

Renten-Pensionsfonds und die Revolution, die keine war

In den Medien macht ein neuer Aktionärstyp von sich reden – der zukünftige Rentner. Seit immer deutlicher wird, dass der Generationenvertrag den rapiden demografischen Veränderungen in den nächsten 20 Jahren nicht gewachsen sein wird, führt an der kapitalgedeckten Rente kein Weg mehr vorbei.

Nach dem Reformstau in den vergangenen 20 Jahren ist Bewegung in die Rentenfrage gekommen. Eine steuerlich begünstigte Form der privaten Altersvorsorge, die die sinkende Leistungsfähigkeit des staatlichen Systems kompensiert, wird diskutiert. Dass ein erheblicher Anteil dieser neuen Mittel in Aktien fließen wird, scheint nahezu sicher.

Warum wird die Rentenreform der Anlageform Aktie zugute kommen? Je länger der Anlagehorizont, desto geringer das Risiko von Aktien. Vorübergehende Auf- und Abwärtsbewegungen wurden in der Vergangenheit immer noch durch den kräftig nach oben zeigenden Trend relativiert – spätestens nach ein paar Jahren. Seit 1950 gab es am deutschen Aktienmarkt nur eine Fünfjahresperiode, in der Aktionäre (wenn sie in den DAX

investiert hatten) Verluste hinnehmen mussten. Ab einer Haltedauer von
15 Jahren aufwärts gab es am deutschen Aktienmarkt der Nachkriegszeit
keine einzige Gesamtverlustperiode mehr. Da Rentensparen seiner Art
nach langfristig angelegt ist, ist die Aktienanlage in diesem Zusammenhang attraktiv.

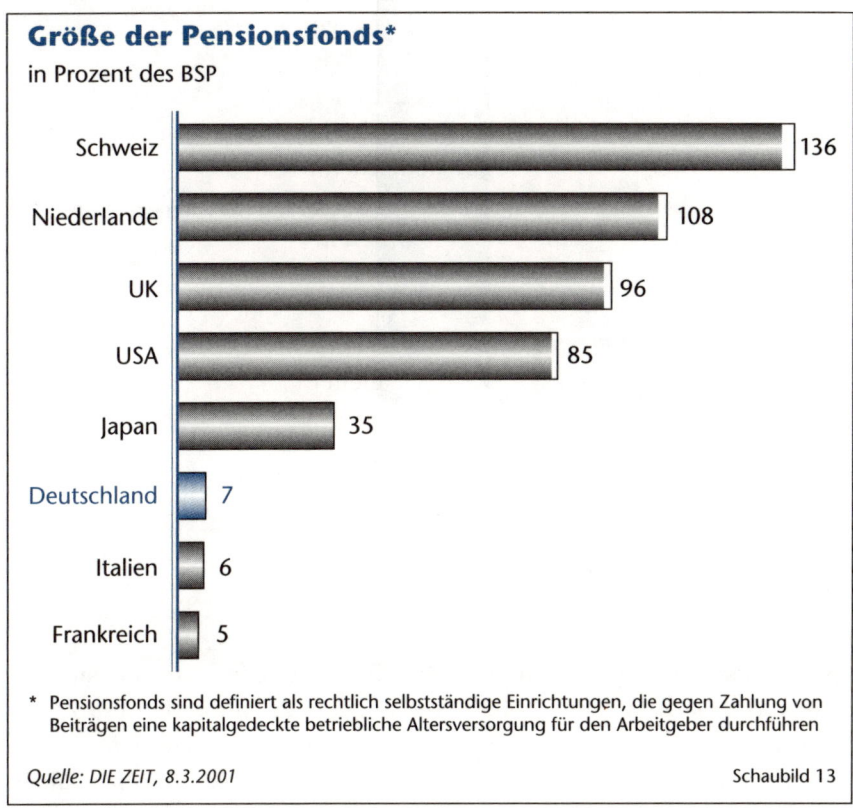

Größe der Pensionsfonds*
in Prozent des BSP

Schweiz	136
Niederlande	108
UK	96
USA	85
Japan	35
Deutschland	7
Italien	6
Frankreich	5

* Pensionsfonds sind definiert als rechtlich selbstständige Einrichtungen, die gegen Zahlung von
Beiträgen eine kapitalgedeckte betriebliche Altersversorgung für den Arbeitgeber durchführen

Quelle: DIE ZEIT, 8.3.2001   Schaubild 13

Gegenwärtig sind die deutschen Pensionsfonds im internationalen Vergleich relativ klein. Während in der Schweiz, den USA, in Großbritannien
sowie in den Niederlanden die Rücklagen der Pensionskassen in etwa der
Höhe des jährlichen Bruttosozialprodukts entsprechen, betragen in
Deutschland die angesparten Mittel lediglich ca. 7 Prozent des BSP. In absoluten Beträgen liegen die Amerikaner mit 7 765 Milliarden USD vorn.
Deutschland liegt mit einem Gesamtvolumen von 139 Milliarden USD international auf Platz 6.
    Bis zum Jahr 2008 werden die staatlich geförderten Mittelzuflüsse un-

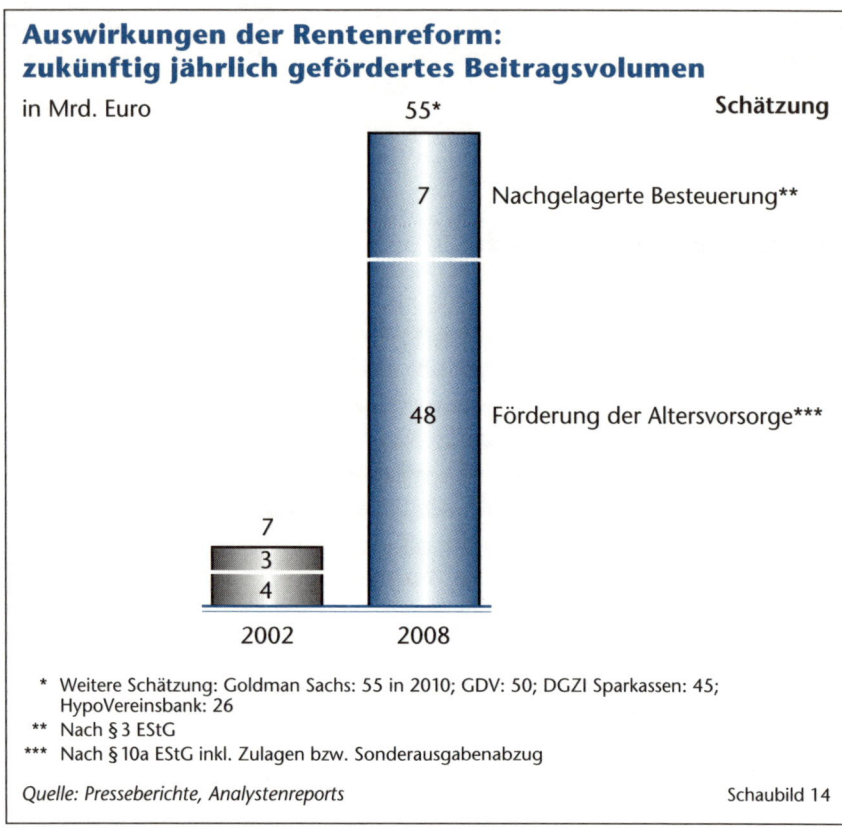

Auswirkungen der Rentenreform:
zukünftig jährlich gefördertes Beitragsvolumen

in Mrd. Euro   55*   Schätzung

7   Nachgelagerte Besteuerung**

48   Förderung der Altersvorsorge***

7
3
4

2002   2008

   * Weitere Schätzung: Goldman Sachs: 55 in 2010; GDV: 50; DGZI Sparkassen: 45;
     HypoVereinsbank: 26
  ** Nach § 3 EStG
*** Nach § 10a EStG inkl. Zulagen bzw. Sonderausgabenabzug

Quelle: Presseberichte, Analystenreports   Schaubild 14

ter optimistischen Annahmen auf etwa 55 Milliarden Euro pro Jahr ansteigen (einige Beobachter gehen von lediglich 26 Milliarden Euro aus).
Wenn davon 50 bis 60 Prozent in Aktien investiert werden und der größte
Teil (vermutlich 60 Prozent) in heimische Titel fließt, ergeben sich jährliche Zuflüsse von 19,8 Milliarden Euro in den deutschen Aktienmarkt ab
2008. Dies ist keine marginale Größe, stellt aber im Vergleich zur Marktkapitalisierung eine eher geringe Summe dar. Der Gesamtwert der zu erwartenden Investitionen beträgt damit 1,6 Prozent der heutigen Marktkapitalisierung p.a. Steigt die Marktkapitalisierung zwischen 2001 und 2008
auch nur um 9 Prozent pro Jahr (was eine eher konservative Schätzung
ist, da sowohl mit einer Wertsteigerung der existierenden Titel sowie mit
Neuemissionen zu rechnen ist), so sind aufgrund der Riester-Reform lediglich Zuflüsse in Höhe von 0,9 Prozent der Marktkapitalisierung zu erwarten.

Langfristig wird dies zu einer deutlichen Veränderung der Besitzstrukturen beitragen. Allerdings wird es bis in das zweite Jahrzehnt des 21. Jahrhunderts dauern, bis die deutschen Pensionsfonds – ähnlich wie ihre amerikanischen Vorbilder – erheblichen Einfluss auf einer Vielzahl von Hauptversammlungen geltend machen können.

US-Pensionsfonds verfügten 1999 über Assets in Höhe von 7 765 Milliarden USD, während die US-Marktkapitalisierung 12 800 Milliarden USD betrug. Dank des relativ hohen Anteils an heimischen Aktien war somit fast jede dritte US-Aktie in den Händen der Pensionsfonds; mit ähnlichen Größenordnungen ist in Deutschland, bei gleichbleibenden Zuflüssen ab 2008, erst ab 2040 zu rechnen.

Allerdings wird dann bereits ein erheblicher Teil der rapide alternden Bevölkerung in Rente gegangen sein, sodass die Nettozuflüsse aller Wahrscheinlichkeit bereits deutlich früher abnehmen werden. Weil sich die Kehrtwende hin zur kapitalgedeckten Rente in Deutschland relativ spät – und bisher immer noch sehr zaghaft – vollzogen hat und Pensionskassen bisher relativ klein waren, wird der Einfluss einheimischer Pensionskassen vermutlich nicht die Ausmaße wie in den USA annehmen. Es ist also auch mit keinen dramatischen Veränderungen der kurzfristigen Besitzstruktur durch die Rentenreform zu rechnen.[10]

Dies bedeutet aber nicht, dass das bevorstehende Aus für den »Generationenvertrag« nicht Spuren in der deutschen Investorenschaft hinterlassen würde. Doch zusätzlich zum Aufstieg institutioneller Fonds, steuerbegünstigt dank der Riester-Rente, ist mit einer wichtigeren Rolle der Privatanleger zu rechnen: Der demografische Wandel treibt vor allem aufgrund zweier Faktoren zusätzliche Mittel der Privaten in den deutschen Aktienmarkt.

* Erstens nimmt das Bewusstsein zu, dass die staatliche »Pay-as-you-go-Rente« aufgrund des steigenden Rentneranteils nicht für einen angenehmen Lebensabend sorgen wird.
* Zweitens steigt der Anteil derjenigen, die einerseits in ihrem Beruf fortgeschritten genug sind, um ein mehr als ausreichendes Einkommen zu erzielen, andererseits aber noch jung genug sind, um langfristig in die eigene Rente investieren zu können.

In den USA befand sich in den vergangenen zehn Jahren fast die gesamte so genannte »Babyboomer-Generation« (die geburtenstarken Jahrgänge, die nach dem Zweiten Weltkrieg geboren wurden) in einer solchen Situation. Sie hatten ihre einkommensstärksten Jahre erreicht, aber bis zur Pensionierung waren noch mindestens zehn Jahre Zeit. Der Anteil der 45- bis 54-Jährigen an der US-Bevölkerung nahm zwischen 1985 und 2000 von 9 auf 13,5 Prozent zu. Die Zuflüsse in den amerikanischen Aktienmarkt waren auch wegen dieser so genannten »Age Wave« besonders stark.

Wenn diese Erklärung für die Vereinigten Staaten gilt, was ist dann in Deutschland zu erwarten?

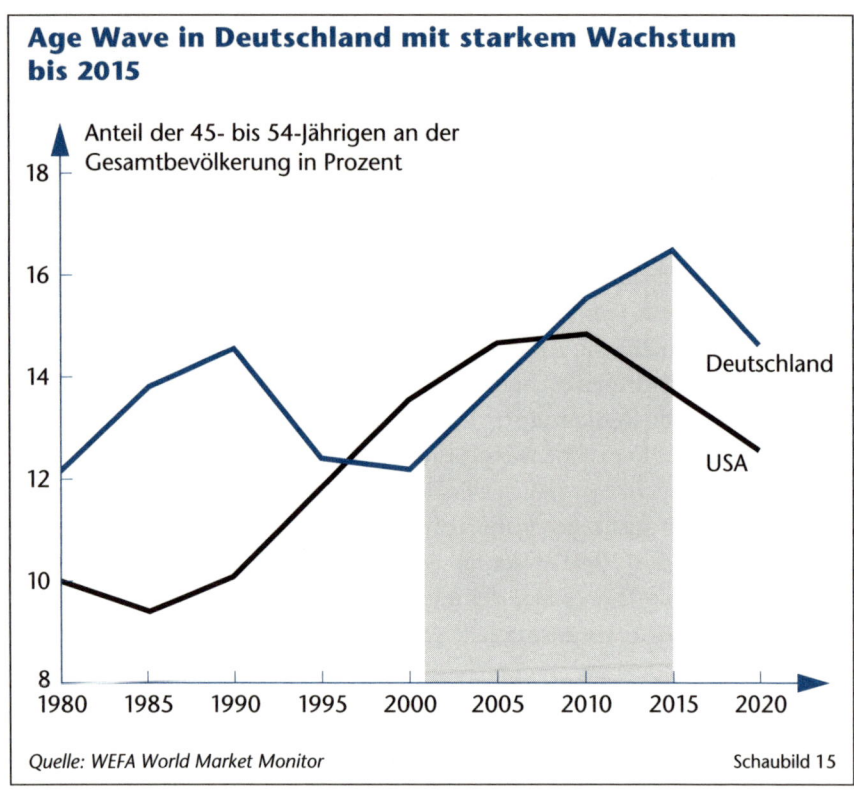

Age Wave in Deutschland mit starkem Wachstum bis 2015

Anteil der 45- bis 54-Jährigen an der Gesamtbevölkerung in Prozent

Deutschland

USA

Quelle: WEFA World Market Monitor   Schaubild 15

Eine ähnlich starke Zunahme ist in Deutschland bis zum Jahr 2015 zu erwarten. Hier wird der Anteil der idealen Aktieninvestoren von 13 auf 17 Prozent hochschnellen. Diese Jahrgänge wissen bereits, dass ihre Renten spätestens ab 2030 nicht mehr »sicher« sein werden. Nur Aktien versprechen nach herrschender Auffassung ausreichend hohe Renditen, um einen vernünftigen Lebensstandard im Alter finanzieren zu können, ohne heute zu große Konsumbeschränkungen in Kauf nehmen zu müssen.

Insgesamt gesehen ist also der mittelfristige direkte Effekt der Rentenreform auf den deutschen Kapitalmarkt geringer als von einigen erwartet. Langfristig wird die Reform aber dazu führen, dass der Anteil Aktien in Händen deutscher Privatinvestoren steigen wird – sei es über Anlagen direkt in Aktien oder mittels Aktienfonds. Aber auch mittelfristig sind, allen kurzfristigen Schwankungen der Kapitalmärkte zum Trotz, durch *indirekte* Effekte wie das wachsende Vorsorgebewusstsein der Bevölkerung einerseits sowie den Altersstruktureffekt andererseits signifikante Mittelzuflüsse deutscher Privatinvestoren in Aktien zu erwarten.

Sozialismus der etwas anderen Art

Mit dem Übergang der Produktionsmittel auf die Arbeiter sollte eine neue Phase der Menschheitsgeschichte eingeläutet werden – so die kommunistische Vision. Statt den »Mehrwert« ihrer Arbeit weiterhin in die Hände der Kapitalisten fallen zu lassen, sollte durch den gesellschaftlichen Besitz der Produktionsmittel der fundamentale Gegensatz »kapitalistischer« Produktionsverhältnisse aufgehoben werden. In genau diese Richtung bewegen sich heute die Besitzverhältnisse in vielen OECD-Ländern.

Vor allem in den USA, und dort insbesondere im High-Tech-Sektor, gehört mittlerweile die Arbeitnehmerschaft zu den wichtigsten Aktionärsgruppen. Dies hat sich auch nach dem Platzen der Spekulationsblase nicht geändert. So wird mittlerweile mehr als jede fünfte Aktie von Technologiefirmen von den Mitarbeitern selbst gehalten. Selbst in relativ traditionellen Branchen wie der Chemie- und Pharmaindustrie oder dem Bankwesen liegt der Anteil bei 14 bis 16 Prozent. Insgesamt ist in den USA ein Siebtel der Aktien in den Händen der eigenen Arbeiter und Angestellten.

Demgegenüber liegt Deutschland bei der Mitarbeiterbeteiligung noch vergleichsweise stark zurück. Lediglich ca. 3 Prozent der Aktien eines Unternehmens werden von den eigenen Arbeitern und Angestellten gehalten. Auch bei Hochtechnologiefirmen wie SAP liegt diese Quote nicht höher, und selbst der Spitzenreiter Lufthansa bringt es auf magere 5 Prozent. Dabei sind die Vorteile von Mitarbeiterbeteiligungsprogrammen beachtlich:

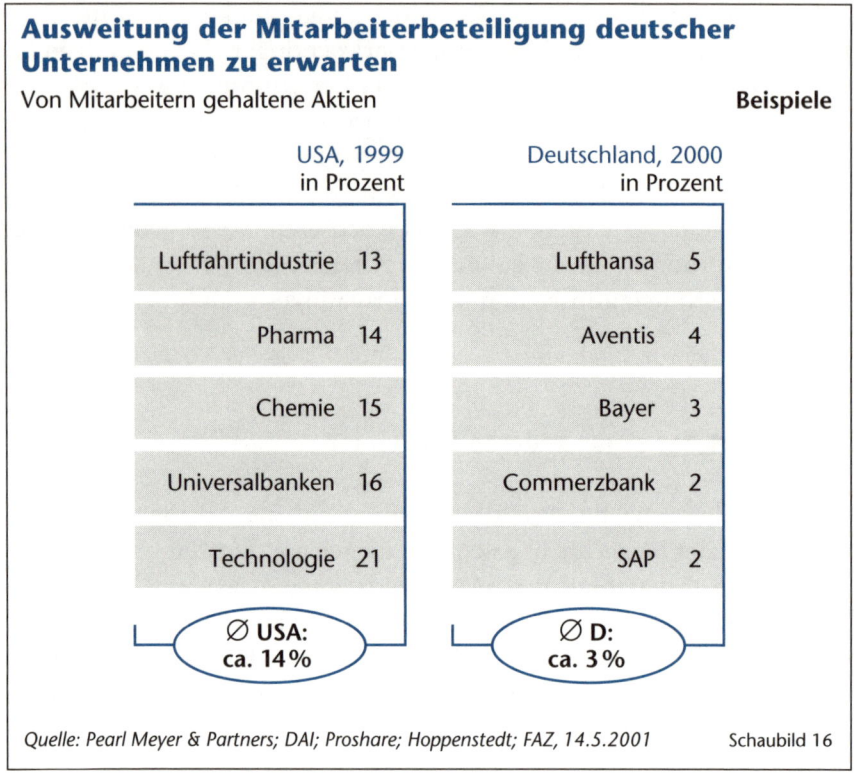

Ausweitung der Mitarbeiterbeteiligung deutscher Unternehmen zu erwarten

Von Mitarbeitern gehaltene Aktien   **Beispiele**

USA, 1999
in Prozent

Deutschland, 2000
in Prozent

Luftfahrtindustrie	13
Pharma	14
Chemie	15
Universalbanken	16
Technologie	21

Ø USA:
ca. 14%

Lufthansa	5
Aventis	4
Bayer	3
Commerzbank	2
SAP	2

Ø D:
ca. 3%

Quelle: Pearl Meyer & Partners; DAI; Proshare; Hoppenstedt; FAZ, 14.5.2001   Schaubild 16

- Mitarbeiter halten Aktien im Durchschnitt länger als jede andere Investorengruppe, die Besitzstruktur bleibt also durch Mitarbeiterbeteiligungsprogramme stabil.
- Die Motivation der Mitarbeiter steigt. Die Identifikation mit dem Unternehmen nimmt zu, wenn aus Arbeitern und Angestellten Aktionäre werden.
- Der Konflikt zwischen Arbeitnehmern und Kapitaleignern wird tendenziell gemindert. Höhere Gewinne nutzen durch steigende Aktienkurse auch den eigenen Beschäftigten direkt.

Daneben gibt es Argumente für Mitarbeiterbeteiligungsprogramme, die nur auf den ersten Blick nachvollziehbar sind. So werden in den USA Besonderheiten der dortigen Bilanzierungsmethode für die Entlohnung von Mitarbeitern in Form von Unternehmensaktien für die Auflegung von Mitarbeiterbeteiligungsprogrammen angeführt, da die Kosten hierfür nicht in der gleichen Form ausgewiesen werden müssen wie normale Gehaltszahlungen. Dies ist kein besonders gutes Argument. Denn kapitalverwässernde Maßnahmen wie die Ausgabe von Belegschaftsaktien zu Vorzugskonditionen haben am Ende dieselbe Wirkung auf relative Ertragskennzahlen wie »normale« Lohnkosten.

So oder so: Der Weg zu US-amerikanischen Verhältnissen ist noch weit. Auch ist mit einer ähnlichen Bilanzierungsrichtlinie nicht zu rechnen, und sie wäre – siehe oben – auch nicht wünschenswert. Dennoch ist von einer deutlichen Zunahme der Mitarbeiterbeteiligung in den nächsten Jahren auszugehen. Die zu erzielenden Vorteile sind einfach zu groß, als dass sie dauerhaft ungenutzt bleiben könnten.

Alle Macht den Indizes

Was sind die oft hoch bezahlten »Anlageprofis« bei den Fondsgesellschaften wert? Wie gut gelingt es ihnen, dank ausgeklügelter Analyseverfahren, langjähriger Erfahrung und detaillierter Interviews den Wert der investierten Mittel zu steigern?

Die Antwort, nach einer Vielzahl wissenschaftlicher Untersuchungen zu urteilen, ist wenig eindrucksvoll.[11] Der Durchschnitt der aktiv gemanagten Fonds schlägt den Index nicht.

Schaubild 17 zeigt die Ergebnisse einer von vielen Studien zu diesem Thema. Unabhängig von der Fondskategorie gibt es keine Hinweise darauf, dass Investmentfondsmanager den Index schlagen. Der durchschnittliche Fonds bleibt nach der Untersuchung von B. Malkiel von der Princeton University um 1,8 Prozent hinter dem S&P-500-Index zurück. Berücksichtigt man die etwas höhere Volatilität der Fonds, so steigt der Performanceunterschied entsprechend der Untersuchung auf 2,03 Prozent an. Dies gilt für den durchschnittlichen Fonds. Es gilt aber auch für jeden einzelnen Fonds. Von den 239 diesbezüglich von Malkiel analysierten Fonds schlug in den zehn Jahren des Untersuchungszeitraums nicht ein einziger Fonds den Index. Noch schlechter sieht es für die Anlageprofis aus, wenn man die Kosten für die Verwaltung der angelegten Mittel einrechnet. Aufgrund von Ausgabeaufschlägen und Verwaltungsgebühren steigt der Rückstand gegenüber dem Index auf 3,2 Prozent pro Jahr an. Da die billigsten Indexfonds Kosten von 0,22 Prozent verursachen, wird durch die Investition in einen durchschnittlichen gemanagten Investmentfonds pro Jahr Wert in Höhe von 2,98 Prozent zer-

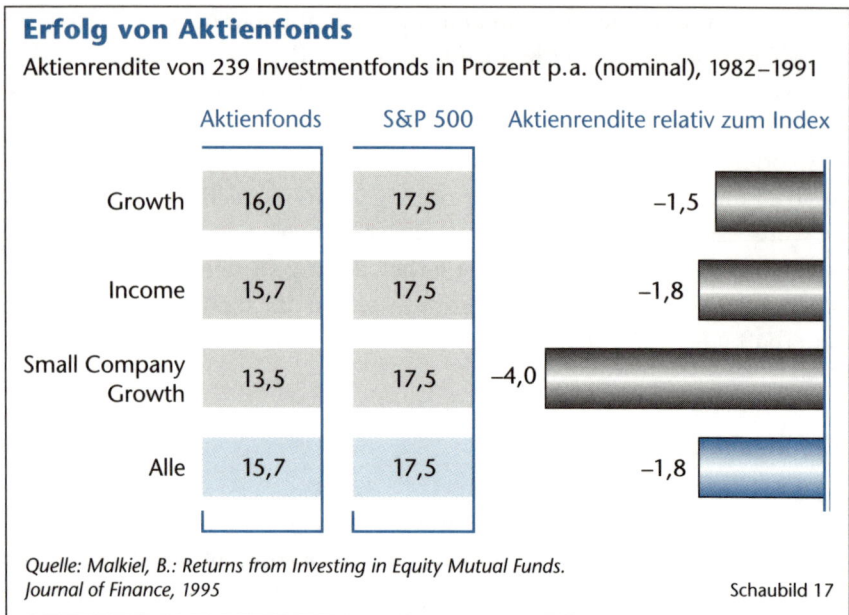

Erfolg von Aktienfonds

Aktienrendite von 239 Investmentfonds in Prozent p.a. (nominal), 1982–1991

	Aktienfonds	S&P 500	Aktienrendite relativ zum Index
Growth	16,0	17,5	–1,5
Income	15,7	17,5	–1,8
Small Company Growth	13,5	17,5	–4,0
Alle	15,7	17,5	–1,8

Quelle: Malkiel, B.: Returns from Investing in Equity Mutual Funds.
Journal of Finance, 1995   Schaubild 17

stört. Kein Wunder also, dass seit Jahren der Trend hin zu Indexfonds anhält.

In den USA ist das Volumen der Indexfonds in den vergangenen zehn Jahren durchschnittlich um 53 Prozent pro Jahr gestiegen; in Deutschland waren es sogar 100 Prozent. Dabei sind nicht nur die traditionell von Fondsgesellschaften aufgelegten Indexfonds stark gewachsen. Zum Boom des Indexinvestierens trägt auch bei, dass viele große Vermögensverwalter ein passives Tracking von Indizes praktizieren. Weltweit führt die wachsende Skepsis gegenüber aktiv gemanagten Fonds zu einer Zunahme gleichsam automatischer Anlageentscheidungen. Damit aber gewinnen zwei Faktoren an Bedeutung:

- Der Einfluss der aktiven Investoren sinkt.
- Gleichzeitig werden Entscheidungen über die Indexzusammensetzung und -gewichtung für die Unternehmen (sowie für ganze Länder) immer wichtiger.

Wie stark wirken sich Veränderungen der Indexzusammensetzung auf die Bewertung von Unternehmen aus? Bevor neue Titel in einen Index aufgenommen werden (oder alte herausfallen), gibt es üblicherweise eine öffentliche Ankündigung. Fast immer kommt es vor, dass die neu in einen

Index aufgenommenen Titel an den Tagen unmittelbar nach der Ankündigung deutliche Kurszuwächse aufweisen.

Es scheint, als ob die Aufnahme in den Index selbst die Wertveränderung treibt. So stieg der Kurs neuer Indextitel zwischen der Ankündigung und der Aufnahme in den Index in der Vergangenheit durchschnittlich um 4,4 Prozent.[12] Die Stärke des Effekts nimmt dabei im Zeitablauf immer mehr zu.

Durch die Aufnahme in die großen Indizes wird regelmäßig eine positive Wertveränderung durch die zusätzliche Nachfrage der Indexfonds ausgelöst. Und es gibt keine Hinweise darauf, dass sich der Effekt wieder verflüchtigt, sobald die Indexfonds ihre Portfolioumschichtung abgeschlossen haben: 60 Tage nach der Indexänderung ist die Wertsteigerung der neuen Titel auf 5,9 Prozent gestiegen.[13]

Wesentlich für die Wertsteigerung ist der Anstieg der Liquidität. Während der Änderung in der Indexzusammensetzung schnellt das Handelsvolumen nach oben und liegt am Tag der Änderung um das Siebenfache über dem normalen Wert. Allerdings verschwindet dieser Effekt nicht vollständig. Auch 60 Tage nach Änderung der Indexzusammensetzung sind die Handelsvolumina für neu aufgenommene Titel um 32 Prozent höher als zuvor.

Die Implikationen, die das »Indexspiel« für Unternehmen hat, werden wir in Kapitel 2 analysieren. Für Deutschland ist die Zunahme der Indexfonds derzeit noch eine schlechte Nachricht. Viele Indizes werden mittlerweile nach so genannten »Free-Float-Regeln« gewichtet, und da in Deutschland derzeit noch viele Querverflechtungen den Anteil der frei handelbaren Aktien mindern, entspricht Deutschlands Gewicht in den Indizes nicht der Größe des Aktienmarkts oder der Volkswirtschaft. So hat beispielsweise der Morgan Stanley Capital Index (MSCI) im Mai 2001 die Zusammensetzung des »All Country World Index« auf der Grundlage neuer »Free-Float-Regeln« angepasst. Der Anteil der USA und Großbritanniens nahm deutlich zu. Englische Titel machen nun mehr als zehn Prozent des Weltindex aus, während Deutschland mit nur noch 2,8 Prozent beteiligt ist. Vor der Indexänderung entsprach der Unterschied in etwa der Differenz bei der Marktkapitalisierung (1:2,4), während er jetzt deutlich höher ausfällt (1:3,7).

Die Reform der Besteuerung von Unternehmensbeteiligungen wird allerdings den Free Float in Deutschland deutlich erhöhen. Bereits bis zum Jahr 2005 ist mit einer Umschichtung von 17 bis 20 Prozent des Unternehmensbesitzes zu rechnen; der Free Float dürfte damit deutlich zunehmen.

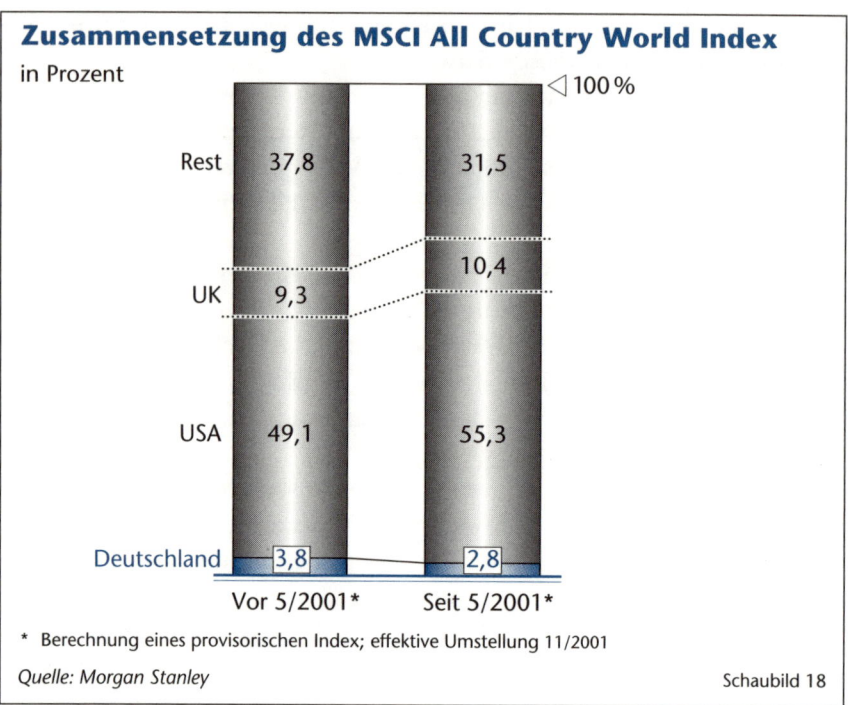

Zusammensetzung des MSCI All Country World Index

in Prozent   ◁ 100 %

	Vor 5/2001*	Seit 5/2001*
Rest	37,8	31,5
UK	9,3	10,4
USA	49,1	55,3
Deutschland	3,8	2,8

* Berechnung eines provisorischen Index; effektive Umstellung 11/2001

Quelle: Morgan Stanley   Schaubild 18

Deutschland würde dadurch wieder näher an seine frühere Bedeutung in den Welt-Aktienindizes herankommen; kombiniert mit den Nettomittelzuflüssen aus der zunehmenden Internationalisierung der Portfolios sollte dies zu einer Senkung der Finanzierungskosten der Unternehmen durch höhere P/E Ratios führen.

In Deutschland werden sich die Gewichte infolge der neuen Indexregeln ebenfalls deutlich verschieben. Schaubild 19 stellt am Beispiel des DAX die Auswirkungen der Umstellung auf die Free-Float-Regeln vor, die Juni 2002 vorgenommen wird. Die Anteile der Deutschen Bank, von SAP und Siemens werden deutlich ansteigen, da der größte Teil ihrer Aktien handelbar ist. Demgegenüber verlieren voraussichtlich vor allem die ehemaligen Staatsunternehmen Telekom und Post, da hier die Bundesrepublik immer noch erhebliche Anteile hält, sowie die Siemens-Tochter Infineon aufgrund des umfangreichen Anteils des Mutterkonzerns.

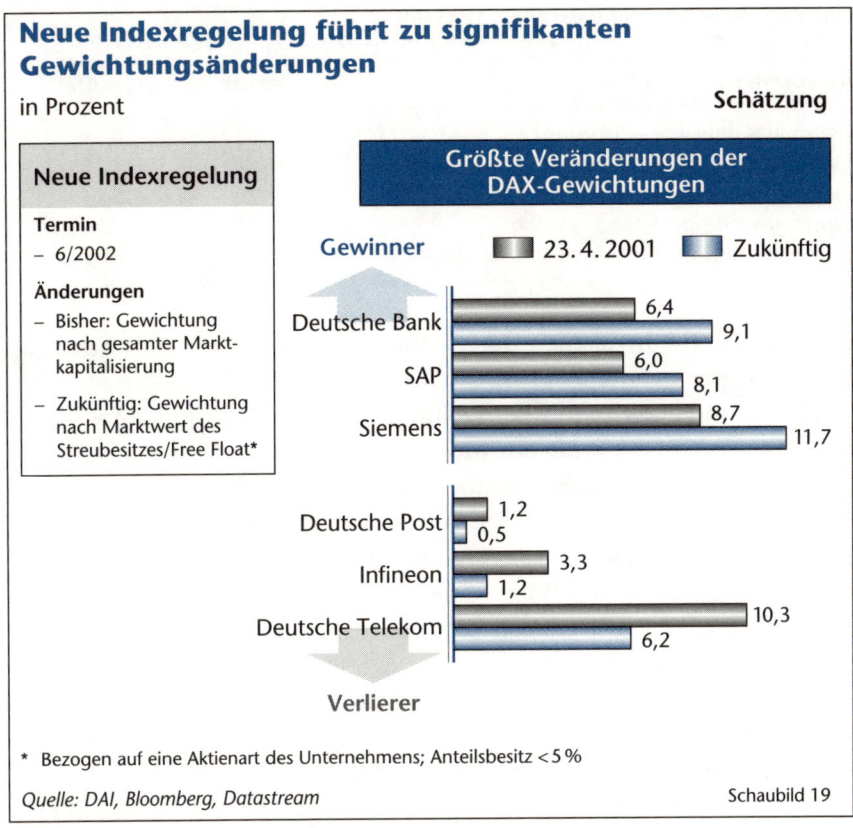

Neue Indexregelung führt zu signifikanten Gewichtungsänderungen

in Prozent

Schätzung

Neue Indexregelung	Größte Veränderungen der DAX-Gewichtungen

Termin
- 6/2002

Änderungen
- Bisher: Gewichtung nach gesamter Marktkapitalisierung
- Zukünftig: Gewichtung nach Marktwert des Streubesitzes/Free Float*

Gewinner   23. 4. 2001   **Zukünftig**

Deutsche Bank — 6,4 / 9,1
SAP — 6,0 / 8,1
Siemens — 8,7 / 11,7

Deutsche Post — 1,2 / 0,5
Infineon — 3,3 / 1,2
Deutsche Telekom — 10,3 / 6,2

Verlierer

* Bezogen auf eine Aktienart des Unternehmens; Anteilsbesitz < 5 %

Quelle: DAI, Bloomberg, Datastream

Schaubild 19

Internationalisierung und die aktiven Investoren von morgen

Wer den Index seines Heimatlands kauft, ist bereits gut diversifiziert. Zufällige Schwankungen der einen Aktie werden meist durch gegenläufige Bewegungen bei anderen Titeln ausgeglichen. Durch die »Beimischung« ausländischer Titel lässt sich das Risiko noch weiter absenken. Denn auch weltweit gilt: Zufällige Auf- oder Abwärtsbewegungen in einem Land lassen sich durch Kurssprünge anderswo ausgleichen.

Für deutsche Investoren winken erhebliche Vorteile, wie in der Tabelle dargestellt. Bei gleicher Volatilität von 10,34 Prozent (für die Jahre 1987 bis 1998) kann die Rendite des deutschen Portfolios durch europäische Diversifizierung von 7,65 auf 9,07 Prozent real pro Jahr gesteigert werden.

Tabelle 1: Renditen und Volatilität, 1987–98

in Prozent p.a.	Rendite	Volatilität
Optimales deutsches Portfolio	7,65	10,34
Optimales deutsches Portfolio + UK-Aktien	10,87	14,15
Gemischtes Portfolio mit deutscher Volatilität	8,79	10,34
Optimales europäisches Portfolio	14,13	16,52
Europäisches Portfolio, deutsche Volatilität	9,07	10,34

Die Vorteile, die Investoren durch eine breitere internationale Streuung ihrer Anlagen erzielen können, sind erheblich. Derzeit werden sie allerdings nur in begrenztem Maß genutzt. Ökonomen sprechen auch vom *Home Equity Bias*, der Präferenz für Heimattitel. Die grenzüberschreitende Anlage wurde in der Vergangenheit beispielsweise durch relativ restriktive Investitionsrichtlinien erschwert, die institutionellen und privaten Anlegern den Gang ins Ausland häufig unmöglich und fast ausnahmslos teurer gemacht haben. Hinzu kamen mangelnde Informationen sowie das Währungsrisiko. Dennoch nahmen beispielsweise in den USA die von Institutionen gemanagten Anlagewerte zwischen 1988 und 1998 durchschnittlich um 14 Prozent pro Jahr zu; die Auslandsinvestitionen allerdings stiegen um 27 Prozent pro Jahr, und ihr Anteil am gesamten verwalteten Volumen hat von 3 Prozent auf 10 Prozent zugenommen.

Viele der Hemmnisse, die in der Vergangenheit für die Anlage in Heimattitel gesorgt haben, wurden in den vergangenen Jahren großenteils abgebaut. So können in den USA die Pensionsfonds mittlerweile so anlegen, wie es jeder einigermaßen vorsichtige Privatmann tun würde. In Europa hingegen, wo viele Länder aufgrund von Währungsrisiken Investitionslimits erlassen hatten, kommt durch die Einführung des Euro nunmehr der gesamte gemeinsame Währungsraum gleichberechtigt für Investitionen infrage. Hinzu kommt die stetig ansteigende Zahl von Investmentfonds, die auch für den Kleinanleger den Einstieg in zum Teil »exotische« Märkte möglich macht, sowie die weltweite Zunahme von so genannten Cross-Listings, das heißt der direkten Notierung von Aktientiteln an ausländischen Börsen.

Weltweit sind Anleger noch weit vom Optimum an internationaler Diversifikation entfernt, auch wenn die alten Barrieren für Investitionen jenseits der Landesgrenzen nach und nach fallen. Der drastische Anstieg der Aktieninvestitionen im Ausland in den vergangenen 10 Jahren ist deshalb aller Wahrscheinlichkeit nach erst der Anfang eines Trends, der noch lange anhalten wird. Gemessen am Wert der angelegten Mittel hat die Umschichtung von Anlagen über Landesgrenzen hinweg gerade erst begonnen – und sie wird beim gegenwärtigen Tempo noch Jahrzehnte andauern.

Damit aber wird weltweit der Anteil ausländischer Eigentümer an Unternehmen zunehmen. Andere Anteilseigner, das Management und auch die Arbeitnehmer müssen sich auf die Konsequenzen einstellen. Dazu gehört vor allem die Notwendigkeit, mit einer international weitgestreuten und relativ heterogenen Investorenschaft zu kommunizieren, deren »Loyalität« zum Unternehmen in der Regel geringer ist als die heimischer Investoren. Die Informationsbedürfnisse internationaler Investoren wiederum sind leichter zu befriedigen, je weniger man von ihnen ein Verständnis für nationale und lokale Besonderheiten erwartet. Das deutsche HGB mit seinen spezifischen Bilanzierungsrichtlinien und der Betonung von Gläubigerschutz statt Investoreninformation als Ziel der Rechnungslegung ist beispielsweise denkbar ungeeignet, um angelsächsische Anleger anzuziehen.

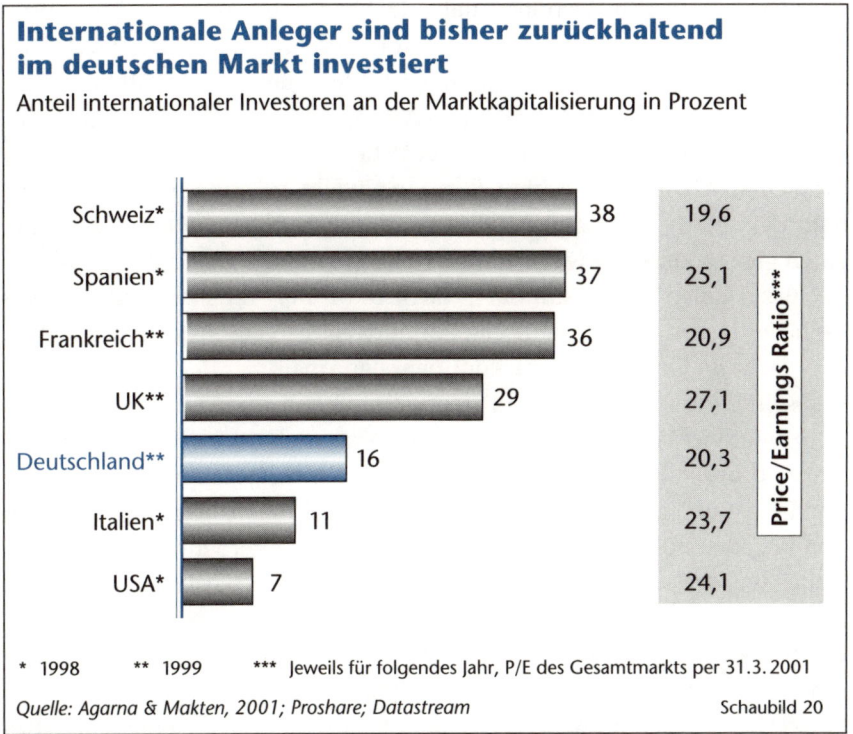

Internationale Anleger sind bisher zurückhaltend im deutschen Markt investiert

Anteil internationaler Investoren an der Marktkapitalisierung in Prozent

	Anteil	Price/Earnings Ratio***
Schweiz*	38	19,6
Spanien*	37	25,1
Frankreich**	36	20,9
UK**	29	27,1
Deutschland**	16	20,3
Italien*	11	23,7
USA*	7	24,1

* 1998   ** 1999   *** Jeweils für folgendes Jahr, P/E des Gesamtmarkts per 31.3.2001

Quelle: Agarna & Makten, 2001; Proshare; Datastream   Schaubild 20

Für Deutschland sind diese Trends von besonderer Bedeutung. Die deutsche Wirtschaft – nimmt man das Bruttosozialprodukt (BSP) als Maßstab – ist die drittgrößte der Welt. Für international diversifizierende Anleger führt kein Weg an der Bundesrepublik vorbei. Bisher ist der Anteil ausländischer Investoren am gesamten Aktienbesitz noch vergleichsweise gering. Deshalb wird Deutschland mit erheblichen Nettozuflüssen rechnen können. Für Deutschland ist das durchaus eine Chance: Solange die Mittelzuflüsse zu ansteigenden Bewertungen führen (wofür es im internationalen Vergleich noch Spielraum gibt), hat dies grundsätzlich positive ökonomische Auswirkungen. Die Kapitalaufnahme für Unternehmen wird dadurch billiger.

Grenzen des Strukturwandels

Wir haben die zu erwartenden Veränderungen der Investorenzusammensetzung vor allem unter den Gesichtspunkten von Angebot und Nachfrage analysiert. Die zugrunde liegende Annahme war dabei, dass offensichtlich irrationale Abweichungen vom ökonomischen Idealverhalten nur vorübergehender Natur sind. In einem folgenden Abschnitt beschäftigen wir uns eingehender mit diesem Aspekt. Eine verkürzte, rein auf Mittelzu- und -abflüsse abstellende Betrachtungsweise ist jedoch insofern problematisch, als die Rechtssysteme in einzelnen Ländern – selbst innerhalb der relativ homogenen OECD – deutlich voneinander abweichen. Auch gibt es klare Hinweise darauf, dass eben diese Unterschiede in den Rechtssystemen und -traditionen die Struktur der Aktienmärkte nachhaltig beeinflussen. Ist der deutsche Sonderweg also ein historischer Zufall, oder ist er im Gegenteil Folge kontinentaleuropäischer Rechtsprinzipien – und sein Ende somit auch nicht zu erwarten?

In einer viel beachteten Studie haben Wissenschaftler der Universitäten Harvard und Chicago untersucht, wie sich Rechtssysteme auf die Rechte von Investoren und Gläubigern sowie auf die Effizienz der Überwachung von Regelverstößen und die Besitzstruktur von Unternehmen auswirken. Dabei wurden die Rechtssysteme der Welt in vier Gruppen eingeteilt: Staaten mit Case Law nach englischem Vorbild, Staaten mit kodifiziertem Recht wie Deutschland, Staaten mit kodifiziertem Recht nach französischem Muster sowie Staaten mit skandinavischer Rechtstradition. Aktionärsrechte werden immer dort besonders geschützt, wo angelsächsisches

Recht gilt. Die Autoren berechnen einen Index, der verschiedene Minoritätenrechte von Aktionären abdeckt. Auf einer Skala von 0 bis 5 erreichen die USA beispielsweise 5, da bereits mit 1 Prozent der Aktionärsstimmen eine Hauptversammlung einberufen werden kann, Minderheiten das Management verklagen können und die Stimme auch per Post abgegeben werden kann. Für Länder mit angelsächsischem Recht ergibt sich ein Durchschnittswert von 3,39 – deutlich höher als für Länder mit französischer Tradition (1,76), aber auch höher als für Länder mit deutschem (2,0) oder skandinavischem Recht (2,5).[14]

Wo Minderheitsaktionäre besser behandelt werden und es dementsprechend einfacher für sie ist, ihren Einfluss geltend zu machen, ist der Aktienbesitz häufig wesentlich breiter gestreut. So besitzen die 10 größten Aktionäre in den USA durchschnittlich 20 Prozent und in Großbritannien 17 Prozent der Anteile. Für Deutschland, die Schweiz und Frankreich liegen die Werte dagegen bei 38, 41 und 22 Prozent.[15] Gleichzeitig ist der Schutz von Gläubigern in Ländern mit deutschem Rechtssystem häufig ausgeprägter als in Staaten mit Case Law. Dies führt meist jedoch dazu, dass Großaktionäre immer dort auf den Plan treten, wo Minderheitsaktionäre aufgrund ihrer schwachen rechtlichen Stellung sich kein Gehör verschaffen können.

Nimmt man die Ergebnisse dieser Studie ernst, drängt sich die Frage auf, ob der Einfluss von Großaktionären und die damit eng verknüpfte dominierende Rolle der Großbanken nicht eine Folge deutscher Rechtsgeschichte sind. Napoleonisches Recht, kodifiziert und durch Berufsrichter statt durch ehemalige Anwälte interpretiert, scheint die Interessen von Aktionären grundsätzlich weniger zu beachten. Da keine Richtungsänderung in der deutschen Rechtsprechung zu erwarten ist – warum sollte sich die Besitzstruktur ändern?

In der Einleitung haben wir zurückgeblickt auf die relative Bedeutung von Aktien- und Kreditmärkten in der Zeit vor dem Ersten Weltkrieg. Die Rechtssysteme waren bereits seit dem 19. Jahrhundert ähnlich ausgeprägt wie heute. Dennoch besaßen viele kontinentaleuropäische Staaten größere Aktienmärkte als die USA, und Aktien spielten in Kontinentaleuropa auch eine größere Rolle bei der Investitionsfinanzierung. Erst die Katastrophe der beiden Weltkriege, das Chaos der Zwischenkriegszeit sowie der zunehmende Dirigismus der Staaten haben zu dem heute zu beobachtenden Zusammenhang zwischen kontinentaleuropäischer Rechtstradition und geringerer Bedeutung des Aktionärsinteresses geführt. Dass die angelsächsische Case-Law-Tradition in Zeiten politischer Unruhe viel weniger zu Verstaatlichung und Beschränkung von Aktionärsrechten neigte, als dies in Staaten mit kodifiziertem Recht der Fall war, kann nicht verwundern. Die von den Autoren der oben genannten Studie dokumentierte Regelmäßigkeit ist also Ergebnis des Zusammenwirkens von Rechtstradition und historischen Entwicklungen, deren Wiederholung in Zukunft nicht zu erwarten ist. Deshalb gibt es auch keine zwingenden Gründe, warum der Fortbestand beispielsweise des deutschen Rechtssystems eine von Angebot und Nachfrage getriebene Veränderung der Besitzstruktur in Zukunft verhindern sollte.

Hängen unsere Prognosen nicht zu stark von einer linearen Fortschreibung bisher beobachteter Trends ab? Wer über mögliche Diskontinuitäten nachdenkt, kommt häufig zu dem Schluss, dass das Ende des großen Bullenmarkts, wie es sich seit Mitte 2000 anzukündigen scheint, unausweichlich ist. Drastische Tendenzänderungen sind alles andere als undenkbar: US-amerikanische Aktien verloren beispielsweise zwischen 1968 und 1982 preisbereinigt fast zwei Drittel ihres Werts. Allerdings wird auch ein längerer Abschwung an den Aktienmärkten die hier beschriebenen Entwicklungstrends nicht wesentlich beeinflussen. Unsere Betrachtungen hängen nicht von einer Fortdauer des in der zweiten Hälfte der Neunzigerjahre zu beobachtenden Booms ab. Die Auflösung der »Deutschland AG« vollzieht sich nahezu ausschließlich aufgrund regulatorischer Veränderungen. Die Tatsache, dass bereits vor der Steuererleichterung der Anteil der Unternehmen am Aktienbesitz deutlich zurückgegangen ist, zeigt allerdings, wie stark das Interesse daran ist, liquide Mittel zu erlangen und sich auf Kernaktivitäten zu fokussieren. Da mit einer Rücknahme der Gesetzesänderung nicht zu rechnen ist, wird auch die Umstrukturierung der Besitzverhältnisse wie erwartet weitergehen.

Allerdings muss auf die Grenzen der Umstellung und die zu erwartende Geschwindigkeit der Veränderung hingewiesen werden. Schaubild 21 zeigt die für 2005 prognostizierte Besitzstruktur der Unternehmen im internationalen Vergleich. Auch wenn die Veränderung dazu führt, dass sich die Verhältnisse in Deutschland und den angelsächsischen Ländern angleichen, ist innerhalb der nächsten Jahre nicht mit einer umfassenden Bereinigung der Struktur zu rechnen.

Auch die internationalen Mittelzuflüsse werden unabhängig von den Bewertungsniveaus an den Aktienmärkten stark zunehmen. Diese sind sowohl durch Nettomittelzuflüsse als auch durch Umschichtungen existie-

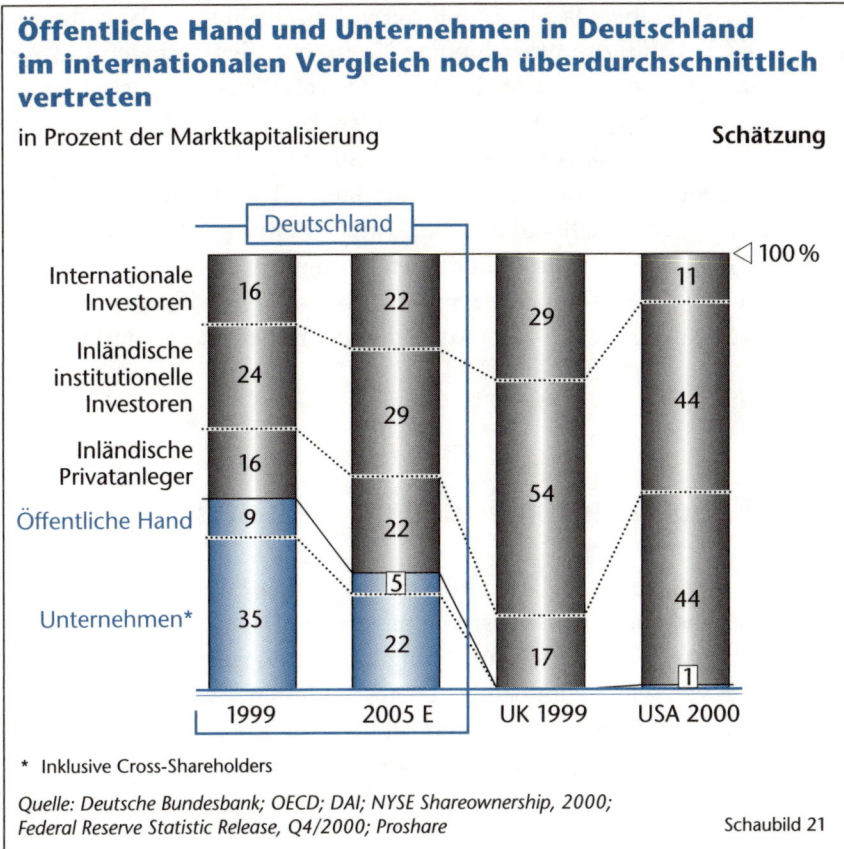

Öffentliche Hand und Unternehmen in Deutschland im internationalen Vergleich noch überdurchschnittlich vertreten

in Prozent der Marktkapitalisierung   **Schätzung**

Deutschland

◁ 100 %

Internationale Investoren: 16 | 22 | 29 | 11

Inländische institutionelle Investoren: 24 | 29 | 44

Inländische Privatanleger: 16 | 54

Öffentliche Hand: 9 | 22

Unternehmen*: 35 | 5 | 22 | 17 | 44 | 1

1999 | 2005 E | UK 1999 | USA 2000

* Inklusive Cross-Shareholders

Quelle: Deutsche Bundesbank; OECD; DAI; NYSE Shareownership, 2000; Federal Reserve Statistic Release, Q4/2000; Proshare   Schaubild 21

render Anlagen getrieben. Fallen überall die Kurse gleich stark, geht vom Rückgang der Bewertungsniveaus selbst keine Veränderung in der relativen Besitzstruktur aus. Allerdings ist es denkbar, dass Mittelzuflüsse in Aktienfonds wie in Aktien nachlassen, wenn sich über Jahre nur mittelmäßige oder schlechte Anlageergebnisse erzielen lassen. Davon wären sicherlich auch Fonds mit Anlagefokus in Übersee betroffen. Da aber ein erheblicher Teil der Neuzuflüsse in den Ländern mit großen Aktienportfolios aus Rentenersparnissen besteht und dabei – meistens steuerbegünstigt, wie etwa bei 401-k-Plänen in den USA – ein fester Prozentsatz des Einkommens investiert wird, ist hier allenfalls eine graduelle Verschiebung zu erwarten.

Der Trend hin zu Indexfonds dürfte von einer Schwächephase an den Aktienmärkten unbeeinflusst bleiben. Je erfahrener die Anleger, desto eher kümmern sie sich um die relative Performance ihrer Fonds und die

Kosten für Ausgabeaufschläge und Verwaltungsgebühren. Nachdem in vielen OECD-Ländern immer breitere Kreise erste Erfahrungen mit Aktien gemacht haben, werden sie in Zukunft vermutlich ebenfalls stärker zu Indexfonds und ähnlichen Produkten greifen.

Unsere Hauptergebnisse sind nicht Resultat einer linearen Fortschreibung der Trends während der letzten fünf Jahre. Trotz der zu erwartenden Angleichung an international übliche Besitzverhältnisse ist es wichtig festzuhalten, dass nicht alle Besonderheiten der deutschen Eigentümerstruktur vollständig verschwinden werden. Insbesondere die relativ große Rolle des Staats wird auch in Zukunft den deutschen Aktienmarkt unterscheiden.

1.2   Neue Eigentümer und ihr Verhalten

Wie wird sich die neue Besitzstruktur auswirken? Wir betrachten zunächst das Verhalten von Investoren allgemein. Dabei stehen die Ergebnisse der Behavioral-Finance-Forschung im Vordergrund. Im zweiten Teil analysieren wir, wie die im ersten Teil geschilderten Investorentypen den Verhaltensmustern zuzuordnen sind und welche Konsequenzen sich daraus für Unternehmen und andere Investoren ergeben.

Investorenverhalten und die Grenzen der Rationalität

Wie vernünftig sind Investoren? In den Lehrbüchern der Volkswirtschaftslehre und Finanzökonomie erscheinen Anleger als hochgradig rationale, kühl berechnende Menschen, die ihre Entscheidungen aufgrund klar messbarer Kennziffern treffen – und diese Kennziffern im Rahmen der ökonomischen Theorie zu analysieren wissen. Dieser *Homo oeconomicus* ist weder für übermäßigen Enthusiasmus noch für Panik empfänglich. In der Summe garantiert eine so geartete Investorenschaft, dass jede auch nur vorübergehende Abweichung der Marktpreise von den durch die Fundamentalkennzahlen vorgegebenen Werten im Handumdrehen korrigiert wird. Nach dieser Theorie ist der Kapitalmarkt von hochgradiger Effizienz – zu jedem Zeitpunkt spiegelt der Börsenpreis jedes einzelnen Titels exakt die verfügbaren Informationen wider.[16]

Verlässt man die Welt der Lehrbücher, muss man den hoch rationalen Investorentypus dagegen mit der Lupe suchen. Die Finanzgeschichte ist voll von Spekulationsblasen wie der »Tulip Mania« im Holland des 17. Jahrhunderts, als für besonders seltene Tulpenzwiebeln wie die *Semper Augustus* enorme Summen gezahlt wurden – bis zu 5500 Gulden pro Stück im Jahr 1637.[17] Im Großbritannien des Jahrs 1720 trieb die Hoffnung auf schnellen Reichtum selbst so intelligente Menschen wie den berühmten Cambridger Physiker Isaac Newton zum (erneuten) Kauf von Anteilen der South Sea Company. Statt wie zuvor einen Gewinn von 100 Prozent zu erzielen, verlor Newton 20000 Pfund – damals eine ungeheure Summe. »Die Bewegung der Himmelskörper kann ich berechnen«, seufzte Newton, »aber nicht den Irrwitz der Menschen.« Auch Mitte des 19. Jahrhunderts gab es eine Spekulationswelle (diesmal in Eisenbahnaktien), die der Hochtechnologie-Blase der Jahre 1995 bis 2000 in nichts nachstand. Enorme Produktivitätsfortschritte sollten ein Zeitalter grenzenlosen Wirtschaftswachstums einleiten und die Aktionäre dadurch zu ungeheurem Reichtum führen. Nach dem eindrucksvollen Erfolg der ersten Eisenbahnlinien wurden bald in allen in der Industrialisierung befindlichen Staaten neue Strecken gebaut; die erwarteten Gewinne blieben allerdings aus, und viele Investoren und Spekulanten verloren das eingesetzte Kapital.

Auf der einen Seite der *Homo oeconomicus* der ökonomischen Theorie – auf der anderen Seite die Anleger und ihr Verhalten, wie es seit Jahrhunderten gleich ist. Widerlegt nicht die Wirklichkeit die Theorie, die damit schlicht wertlos ist? Eine neue Teildisziplin der Finanzökonomie namens *Behavioral Finance* versucht, zwischen beiden Ansätzen zu vermitteln. Sie sucht nach regelmäßig wiederkehrenden Verhaltensweisen, die in deutlichem Widerspruch zu den Vorhersagen der ökonomischen Theorie stehen. Zweck ist also nicht, jede Form irrationalen Verhaltens an den Kapitalmärkten zu erklären. Stattdessen geht es darum, vorhersagbare Verletzungen des Rationalitätsprinzips zu identifizieren und deren Ursachen zu beschreiben. Wir geben auf den folgenden Seiten einige der wichtigsten Einsichten dieser Forschungsrichtung wieder.

Die Einsichten der *Behavioral-Finance*-Forschung sind aus verschiedenen Gründen wichtig für Akteure am Kapitalmarkt:

• **Anleger:** Sie können versuchen, die Fehler zu vermeiden, die viele Investoren immer wieder begehen. Schon hierdurch kann die Rendite von Portfolios erheblich gesteigert werden. Für mutigere Anleger ergibt sich

aus systematisch auftretenden Abweichungen vom Rationalitätsprin-
zip die Chance, sich gegen den Markttrend zu stellen und so überdurchschnittliche Erträge zu erwirtschaften – die meisten Abweichungen der Marktpreise von »fundamental« richtigen Bewertungen sind
vorübergehender Natur. Niemand zahlt mehr das Äquivalent mehrerer
Jahresgehälter für eine Tulpenzwiebel.

- **Unternehmen:** Unternehmenskommunikation, die nur auf die objektiv
messbaren Kennziffern abhebt und rational herleitet, warum die eigene
Aktie eine gute Anlage ist, missachtet die wahre Natur vieler Anleger.
Dabei sollte es Unternehmen in erster Linie darum gehen, sowohl negative als auch positive Übertreibungen seitens der Investoren zu vermeiden. Zweitens sollten Unternehmen versuchen, die typischen Wahrneh-
mungs- und Verhaltensmuster von Investoren zu nutzen, um den
eigenen Aktienkurs zu steigern. Wichtige Punkte, die es hierbei zu beachten gilt, sind die Behandlung von Gewinnen und Verlusten aus der
Sicht der Anleger, die Grundparameter des Anlageverhaltens sowie die
Bedeutung von Referenzpunkten und Vergleichsmaßstäben.

Beispiele aus der Behavioral-Finance-Forschung

Gewinne und Verluste werden von Anlegern nicht in gleicher Weise wahrgenommen. Der Theorie nach sollten Gewinne und Verluste sich symme-
trisch zueinander verhalten. Nehmen wir an, Sie kommen abends nach
Hause und finden zwei Briefe vor – eine Nachricht von der Lottoagentur,
dass sie 100 Euro gewonnen haben, sowie einen Strafzettel über 80 Euro.
»Objektiv« sind Sie besser dran als noch am Morgen, als Sie sich auf den
Weg ins Büro gemacht haben – Sie sind um 20 Euro reicher geworden.
Fragt man aber Versuchsteilnehmer, so äußert sich die überwiegende Zahl
negativ über den Nettoeffekt der beiden Briefe. Gibt man ihnen die Möglichkeit, die Post des heutigen Tags lieber nicht erhalten zu haben, zieht
die Mehrheit diese Möglichkeit vor. Das aber heißt, dass die meisten Menschen lieber um 20 Euro ärmer wären – wenn sie sich nur nicht über einen
Strafzettel ärgern müssen. Gewinne und Verluste werden also im Hinter-
kopf nicht gleich behandelt. Stattdessen ist der Ärger über 100 verlorene
Euro größer als die Freude über 100 gewonnene Euro.

Dieses Beispiel aus der so genannten »experimentellen Ökonomie«
zeigt eine der drei wesentlichen systematischen Abweichungen von den

Grundannahmen ökonomischer Rationalität, die auch für Kapitalmärkte von Bedeutung sind. Zur mentalen Ungleichbehandlung von Gewinnen und Verlusten kommen die Bedeutung von mentalen Referenzpunkten und die Neigung, persönliche Erfahrung auch dort für besonders relevant zu halten, wo sie nachweislich keine Rolle spielen kann.

Ein Experiment verdeutlicht diesen Zusammenhang. Im ersten Versuch müssen Menschen, denen man gerade 1 000 USD gegeben hat, zwischen zwei Optionen wählen – entweder

- einem sicheren Gewinn von 500 USD
- oder einer 50:50-Chance, entweder 1 000 USD oder nichts zu gewinnen.

Die große Mehrheit (84 Prozent) bevorzugt den sicheren Gewinn – ein sinnvolles Verhalten für die meisten Menschen, die risikoavers sind. Aufschlussreich ist, dass eine kleine Abwandlung des Experiments zu einem gänzlich anderen Verhalten führt. Diesmal erhalten die Teilnehmer 2 000 USD und müssen wählen zwischen

- einem sicheren Verlust von 500 USD
- und einer 50:50-Chance, 1 000 USD oder aber nichts zu verlieren.

Die Vermögensänderung ist dieselbe wie beim ersten Versuch – bei der ersten Option sind die Teilnehmer um 1 500 USD reicher, bei der zweiten entweder um 2 000 oder um 1 000 USD, mit einer Wahrscheinlichkeit von jeweils 50 Prozent. Tatsächlich wählen diesmal 69 Prozent der Versuchsteilnehmer die zweite Option. Um den sicheren Verlust der ersten Variante zu vermeiden, gehen sie lieber das Risiko eines noch größeren Verlusts ein.

Diese Ungleichbehandlung von Gewinnen und Verlusten schlägt sich unmittelbar im Anlageverhalten nieder. Rationale Anleger sollten die Erfolgschancen einer Aktie nur auf der Grundlage von Erwartungen über die Zukunft bewerten. Ob man durch ein Engagement in Siemens-Aktien oder Amazon-Aktien bereits Geld gewonnen oder verloren hat (je nachdem, wann man eingestiegen ist), sollte für das Anlageverhalten keine Folgen haben. Tatsächlich aber scheinen Investoren stark davon beeinflusst zu sein, ob sie selbst mit ihrer Anlageentscheidung Erfolg oder Misserfolg gehabt haben. Dabei halten Anleger, die mit ihrer Position bereits Geld verdient haben, die Aktien »zu kurz«, während diejenigen Investoren, die Geld verloren haben, viel zu spät verkaufen. Um ein konkretes Beispiel zu nennen: Die Ford-Aktie notiert Anfang April 2001 bei 32 Euro. Rationale Investoren, die

die Aktie bereits besitzen, sollten ihre Kauf- oder Verkaufsentscheidung allein aufgrund von Erwartungen über die Zukunft treffen: Wird die amerikanische Wirtschaft eine Rezession erleben? Kann Ford in Europa den Verkauf erhöhen und unrentable Werke schließen? Wird die Macht der Automobilgewerkschaft UAW in den USA eher zu- als abnehmen? Ob der Investor bei 25 Euro (dem Kurs Ende Dezember 2000) oder bei 34 Euro (im Mai 2000) eingestiegen ist, sollte keine Rolle spielen. Tatsächlich aber verkaufen Anleger, die bei 25 Euro gekauft haben, mit erheblich höherer Wahrscheinlichkeit als Investoren, die bei 34 Euro eingestiegen sind. Erklärlich wird dies nur durch den Lottoschein-versus-Strafzettel-Effekt. Wer bereits Geld verloren hat, hofft auf ein Comeback seiner Aktie, um nicht die Kapitalvernichtung auf Heller und Pfennig dokumentiert zu bekommen. Anleger, deren Rechnung aufgegangen ist, beeilen sich, den Gewinn mitzunehmen – um sich so nicht in die Gefahr zu begeben, dass die Vermögenssteigerung bei einem möglichen Kursrutsch wieder aufgezehrt wird.

Eine amerikanische Studie analysierte 10 000 Aktiendepots bei einem Discountbroker. Die Ergebnisse zeigen, dass die Investoren in einem durchschnittlichen Jahr nur 9,8 Prozent ihrer Verluste realisierten, aber 14,8 Prozent ihrer Gewinne. Anleger, die relativ selten handeln, sind besonders geneigt, Gewinne und Verluste unterschiedlich zu behandeln – sie verkaufen fast die Hälfte ihrer Aktien, die im Plus sind (45,2 Prozent), trennen sich aber nur von 29,6 Prozent der Verlustbringer. Dass dieses Verhalten irrational ist, lässt sich anhand der Renditen nachweisen, die die Wertpapiere tatsächlich erwirtschafteten. Aktien, die die Investoren mit Gewinn verkauften, brachten eine Rendite von 27,7 Prozent. Gehaltene Aktien, an denen der Anleger bereits Geld verdient hatte, schafften aber ein Plus von 46,6 Prozent. An Titeln, die im Minus notierten und die verkauft wurden, verloren Anleger durchschnittlich 22,8 Prozent; an den gehaltenen Positionen, die Verluste aufwiesen, entstand ein Minus von 39,3 Prozent. Auch die Wertentwicklung nach dem Verkauf beziehungsweise der Entscheidung, den Titel weiter zu halten, zeigt die Irrationalität der Anleger. Während des folgenden Jahrs erreichen die Aktien, die Investoren mit Gewinn verkauft haben, eine (gegenüber dem Marktindex) überdurchschnittliche Rendite von 2,4 Prozent. Gehaltene Verlustbringer aber bleiben um 1,1 Prozent hinter dem Marktindex zurück. Die Abneigung, Verluste zu realisieren und Gewinne »laufen zu lassen«, schädigt damit die Rendite des Portfolios um 3,4 Prozent – eine erhebliche Größe im Vergleich zur normalen Aktienrendite.[18]

Dies führt uns zu einer zweiten wesentlichen Einsicht aus der *Behavioral-Finance*-Literatur. Das Bedürfnis, mit den eigenen kognitiven Ressourcen schonend umzugehen, sorgt für einen ungebührenden Einfluss ganz zufälliger Vergleichsmaßstäbe und »Meilensteine«. Dies trifft sogar dann zu, wenn die Versuchsteilnehmer sich bewusst sind, dass es keinen kausalen Zusammenhang zwischen einer zufällig genannten Zahl und der zu beantwortenden Frage gibt. Die Amerikaner Kahnemann und Tversky, die zu den Begründern der experimentellen Ökonomie zählen, fragten Probanden nach dem Prozentsatz afrikanischer Nationen, die in der UN repräsentiert sind – eine Frage, auf die nur die Wenigsten ohne weitere Nachforschungen eine genaue Antwort haben.[19] Bevor sie die Frage beantworteten, wurde mittels eines Glücksrads eine Zufallszahl ausgelost. Der Versuchsaufbau war den Teilnehmern bekannt. Dennoch hatte die Höhe der Zufallszahl einen erheblichen Einfluss auf die Antworten. Stoppte das Glücksrad beispielsweise bei 10, so war die durchschnittliche Antwort 25 Prozent. Bei 65 lag der geschätzte Prozentsatz bei 45 Prozent.

Wie wichtig der Ankerpunkt bei der Beurteilung der Aktien ist, zeigt beispielsweise die Aufmerksamkeit in der Presse und Öffentlichkeit, die eine kleine Studie von Tim Ghriskey von der Investmentfirma Dreyfus Corp. erregte. Ghriskey berechnete, wie lange die berühmten Aktien der Internet-Spekulationsblase, wie z. B. Cisco, JDS Uniphase oder Amazon, brauchen würden, um wieder den alten Höchststand zu erreichen. Unter der Annahme, dass sie dabei durchschnittlich jährlich um 11 Prozent vom heutigen Kursniveau zulegen würden (so wie der S&P-Index seit 1926), kommt Ghriskey auf 16 Jahre für Cisco und 21 Jahre für JDS und Amazon. Inktomi, eine Firma, die sich auf Suchmaschinen spezialisiert hatte, verlor 98 Prozent an Wert – und braucht 40 Jahre, um den Investoren »das Geld wiederzugeben«.[20] Natürlich gibt es keinerlei Garantie dafür, dass die genannten Aktien die Durchschnittsrendite des Markts erwirtschaften – oder dass diese so hoch ausfallen wird wie an den US-Börsen in den vergangenen 80 Jahren.[21]

Übermäßiges Vertrauen in die eigene Urteilsfähigkeit gehört zu den typischen Verhaltensmustern, die die *Behavioral-Finance*-Literatur regelmäßig nachweist. In einem Experiment erhalten Teilnehmer entweder zufällig eine Spielkarte zugeteilt – oder suchen sich eine aus dem Stapel Karten aus. Dann wird den Probanden Geld angeboten, um die Karten »zurückzukaufen«. Diejenigen, die sich ihre Karte ausgesucht hatten, verlangen durchschnittlich viermal mehr Geld, um die Karte zurückzugeben, als die Versuchsteilnehmer, die nach Zufallsprinzip eine Karte bekommen hatten. Das Auswählen selbst erhöht somit den Wert des besessenen Objekts. Dies gilt auch dann, wenn »objektiv« keine wirkliche Verbesserung durch den Selektionsprozess erfolgt. Dies gilt zweifellos für Spielkarten. Dazu kommt die Neigung, Entscheidungen unter Unsicherheit so zu treffen, dass sich im Nachhinein eine gewisse Plausibilität konstruieren lässt. So wie bei den Karten die Möglichkeit der Auswahl selbst Wert generiert, weil damit ex post die eigene Wertentscheidung zu rechtfertigen ist, schätzen viele Menschen die Gelegenheit, griffige Storys zu erzählen. Gefragt, welchem Beruf ein als künstlerisch begabt und feinfühlig beschriebener Mensch mutmaßlich nachgeht, antworten viele »Dirigent« oder »Bildhauer« statt »Arbeiter« oder »Sekretärin«. Da der Anteil von Dirigenten und Bildhauern an der arbeitenden Bevölkerung verschwindend gering ist, ist die Erfolgswahrscheinlichkeit bei dieser Antwort nahe null. Statt aber Wahrscheinlichkeiten – auch nur auf der Grundlage von Größenordnungen – abzuwägen, suchen Menschen fast automatisch nach einer sequenziell anzuordnenden Geschichte, in der die Abfolge selbst schon auf Kausalität hinzudeuten scheint.[22] Wie Robert Musil in seinem Roman »Der Mann ohne Eigenschaften« sagt: »Das Gesetz der erzählerischen Ordnung ist die bewährteste perspektivische Verkürzung des Verstandes.«

Verhaltensmuster der Investorengruppen

Treffen die ungewöhnlichen Verhaltensmuster auf alle Investorengruppen gleichermaßen zu, oder lässt sich ein Zusammenhang zwischen den einzelnen Eignertypen (wie zu Beginn des Kapitels aufgezeigt) und den Abweichungen von den Standardannahmen ökonomischer Rationalität nachweisen? Tatsächlich zeigt sich, dass zwar die kurz beschriebenen Verhaltensweisen bei vielen Gruppen vorkommen. Allerdings sind einige stärker von spezifischen »Fehlern« betroffen als andere.

Es gibt eine Investorengruppe, die weitgehend frei ist von den Irrationalitäten, die die *Behavioral-Finance*-Forschung aufgezeigt hat: die so genannten »Influence Seeker«, zu denen die Investoren Staat und Unternehmen gehören. Die meisten Verhaltensweisen, wie die Suche nach Ankerpunkten und übermäßiges Selbstbewusstsein, entwickeln sich im Kontext einer Investitionsstrategie, die auf Renditemaximierung ausgerichtet ist. Da »Influence Seeker« definitionsgemäß andere Ziele verfolgen, sind sie weniger von Wahrnehmungsverzerrungen und kognitiven Fehlern bei der Verfolgung von Wertmaximierungszielen betroffen. Dies bedeutet natürlich nicht, dass sie frei von den in der *Behavioral-Finance*-Forschung aufgezeigten Problemen wären – wäre die höchste Rendite das Ziel von Staat und Unternehmen, die Beteiligungen halten, so würden sie sicherlich mit den gleichen Schwierigkeiten zu kämpfen haben. Die spezifischen Implikationen, die das Ende der »Deutschland AG« für Unternehmen hat, betrachten wir anschließend.

Ein Übermaß an Selbstvertrauen, das sich in teilweise übertriebenen Handelsvolumina ausdrückt, ist vor allem bei institutionellen Investoren festzustellen. Wo zwischen der Hälfte und drei Vierteln aller Anlagen im Laufe eines Jahrs »gedreht« werden, entstehen Handelskosten in einer Höhe, die sich nicht immer durch die zu erwartende Rendite rechtfertigen lassen. Zwar tragen sie so zur Liquidität der Aktien bei; gleichzeitig verursachen die Fonds jedoch erhebliche Handelskosten für die Besitzer, deren Nettorendite entsprechend verringert wird. Für Unternehmen wird es dadurch schwierig, in einen sinnvollen Austausch mit den Anlegern zu treten, da diese häufig bereits wieder verkauft haben, wenn die nächste Hauptversammlung ansteht. Damit aber können die institutionellen Anleger auch nicht ihrer Kontrollfunktion gerecht werden – wer damit rechnet, dass der gekaufte Titel binnen Jahresfrist wieder aus dem Portfolio verschwindet, dürfte sich kaum in Corporate-Governance-Fragen einschalten, dem Vorstand das Vertrauen entziehen oder die Strategie des Vorstandsvorsitzenden infrage stellen.

Für die extrem hohe Handelsfrequenz ist – neben dem übergroßen Selbstvertrauen – auch die Neigung verantwortlich, keine schlechten Performer im Portfolio auszuweisen. Wie Thaler und DeBondt, zwei führende *Behavioral-Finance*-Spezialisten, gezeigt haben, schlägt ein Portfolio von Aktien, die jüngst ungewöhnlich schlecht abgeschnitten haben, den Index in den darauf folgenden fünf Jahren um Längen. Aktien, die bisher gut »gelaufen« sind, bleiben jedoch um etwa 10 Prozent unter der Indexperformance. Dennoch versuchen nahezu alle Publikumsfonds, keine Titel in ihren Quartals- oder Jahresendberichten auszuweisen, die tatsächlich Verluste erlitten haben.[23]

Privatanleger begehen dagegen häufig andere Fehler – ein zu langes Festhalten an Anlagen, die schlecht abschneiden, und eine übergroße Neigung, Aktien, die bereits im »Plus« notieren, zu verkaufen. Wie Terrance Odeans Studie belegt, entstehen dadurch den Investoren deutliche Nachteile. Die Rendite leidet. Aber auch der Kommunikation zwischen Firmen und Anteilseignern ist so nicht gedient – à la longue wird, getrieben durch diesen Effekt, die Investorenschar auf der Seite der Privatanleger immer unzufriedener. Vor allem erfolgreiche Investoren verkaufen die Aktien; es bleiben diejenigen, die Geld verloren haben. Dadurch kann ungerechtfertigte Kritik am Management entstehen, und das Unternehmen kann zu Entscheidungen getrieben werden, die nicht im langfristigen Interesse aller *Stakeholder* sind.

Ein Fehler, den Privatanleger und Institutionelle ähnlich oft begehen, ist das Investieren in (und Halten von) IPOs. Nahezu alle akademischen Studien zeigen, dass neue Aktien langfristig fast immer hinter den durchschnittlichen Marktrenditen herhinken. In den Jahren 1970 bis 1993 blieb das durchschnittliche amerikanische IPO im ersten Jahr um gut 4 Prozent, im zweiten um 11 und im fünften um immer noch durchschnittlich 2 Prozent hinter dem Mittelwert vergleichbarer Fonds zurück. Rationale Investoren sollten deshalb nach den häufig überdurchschnittlichen Zeichnungsgewinnen am ersten Handelstag verkaufen. Tatsächlich tut dies ein nicht unerheblicher Teil der institutionellen Investoren, die bei stark überzeichneten IPOs bevorzugt worden sind. Die Anleger, die sich allerdings am ersten Handelstag auf eine »heiße« Aktie stürzen, verlieren im Vergleich zur Performance des Gesamtmarkts langfristig Geld.

Implikationen für Investoren und Unternehmen

Für die Kommunikation von Unternehmensnachrichten ergeben sich aus den Einsichten der *Behavioral-Finance-*Forschung klare Handlungsanweisungen. Die allgemein bekannte Abneigung von Investoren gegenüber negativen »Überraschungen« wird so leichter erklärbar. Erfolgreiche Unternehmen bringen bereits im Vorfeld von Quartalszahlen die Vorhersagen von Analysten auf das »richtige« Niveau. Wichtiger noch sind aber die Implikationen für die Kommunikationsform und -frequenz von guten und schlechten Nachrichten.

Schaubild 22 zeigt die schematische Darstellung der Ungleichbehandlung von Gewinnen und Verlusten in den Köpfen der Investoren. Um einen Verlust von 1 USD auszugleichen, müssen Investoren etwa 1,8 bis 2 USD gewinnen, um subjektiv »ähnlich gut dazustehen« wie zuvor. Was neben der Unterschiedlichkeit der Kurvenverläufe im positiven und negativen Teil auffällt, ist auch die schnelle Abnahme des Steigungswinkels. In der ursprünglichen neutralen Ausgangsposition führt eine kleine gute Nachricht zu der gleichen Veränderung des »Wohlbefindens« wie eine erheblich größere Zunahme des Vermögens, wenn bereits eine Reihe von positiven Ereignissen eingetreten ist.

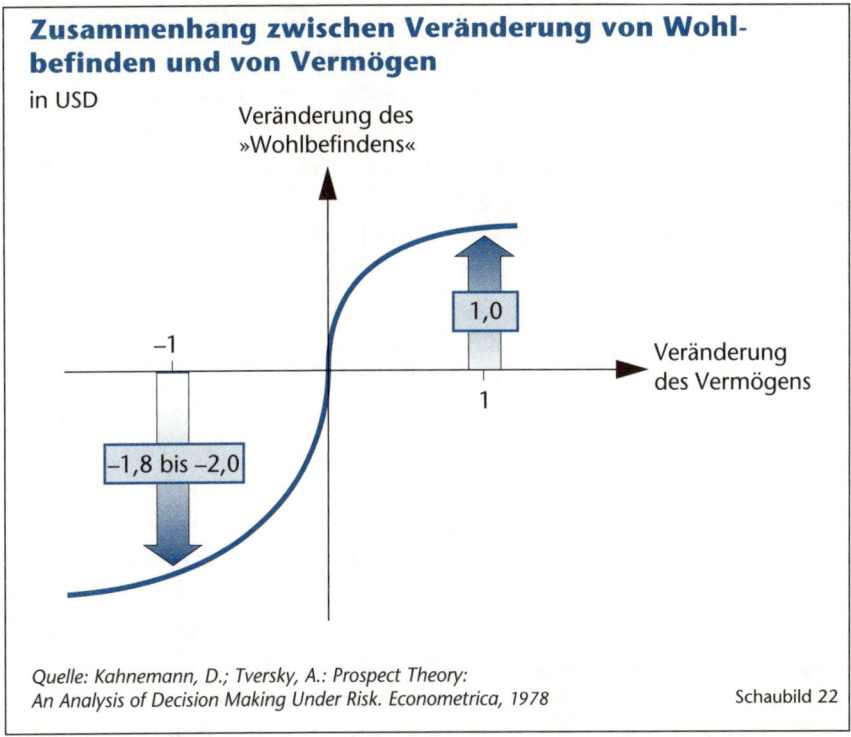

Zusammenhang zwischen Veränderung von Wohlbefinden und von Vermögen

in USD

Veränderung des »Wohlbefindens«

−1

1,0

Veränderung des Vermögens

1

−1,8 bis −2,0

Quelle: Kahnemann, D.; Tversky, A.: Prospect Theory:
An Analysis of Decision Making Under Risk. Econometrica, 1978

Schaubild 22

Das aber heißt für die Unternehmenskommunikation: schlechte Nachrichten zusammenfassen und gebündelt an den Markt geben. Die dritte oder vierte Hiobsbotschaft, so sie gebündelt kommuniziert wird, verursacht nur noch geringe Veränderungen in der Wahrnehmung. Gute Nachrichten sollten stattdessen scheibchenweise an die Öffentlichkeit gelangen. Dazu eignet sich beispielsweise eine geschickte Nutzung der Ad-hoc-Publizitätspflicht. Bei einer ganzen Reihe neuer, positiver »Überraschungen« steigt in der Wahrnehmung der Anleger nicht nur das Vertrauen (das Unternehmen liefert kontinuierlich gute Ergebnisse). Die Veränderung in dèr Wahrnehmung fällt auch größer aus, als wenn alle guten Nachrichten zugleich platziert werden.

Die Bedeutung von »Ankerpunkten« der Wahrnehmung lässt sich ebenfalls hiermit kombinieren. Wird beispielsweise nach einer drastischen Richtungsänderung des Unternehmens »klar Schiff« gemacht und werden alle nur möglichen Risiken der alten Strategie durch Wertberichtigungen ergebniswirksam, entsteht oft ein dramatischer Verlust – so bei Daimler-Benz im Jahr 1995, als die Firma einen Jahresfehlbetrag von 5,7 Milliarden DM auswies. Der Verlust des ersten Jahrs der neuen Strategie wird damit auch zum Referenzpunkt für die Bewertung des neuen Managementteams – und vor dem Hintergrund der Krisenzahlen im Jahr der Geschäftsübernahme könnte sogar eine mittelmäßige Performance wie ein großer Erfolg aussehen. Andere, weniger »machiavellistische« Maßnahmen, »Ankerpunkte« auszunutzen, sind beispielsweise Zielkennzahlen – so beispielsweise die 6,5 Prozent Umsatzrendite, der sich VW-Chef Piëch verschrieben hat, oder die Einsparungsziele aus Synergieeffekten, die DaimlerChrysler bei der Fusion bekannt gab. Solche selbst gesetzten Referenzpunkte sind immer dann nützlich, wenn sie auch tatsächlich erreichbar sind. Wird das Ziel verfehlt, folgt aus dem Prinzip der Gewinn-Verlust-Symmetrie eine härtere »Bestrafung« durch die Anleger, als es ohne die vorgegebenen Meilensteine der Fall gewesen wäre.

Die Abneigung der Anleger, Verluste zu realisieren, und die Bereitschaft, irrational hohe Risiken einzugehen, um die Verluste wieder »zurückzugewinnen«, lassen sich ebenfalls nutzen. Verwenden wir ein etwas überspitztes Beispiel. Nehmen wir an, eine Firma sei nach langen Jahren erfolgreicher Geschäftstätigkeit in die Krise geraten. Die existierenden Anlagen und die liquiden Mittel reichen aus, um nach Befriedigung aller Gläubigerinteressen und Auszahlungen an die Belegschaft noch eine Schlussdividende an die Anteilseigner zu zahlen. Die Firma jedoch möchte den Betrieb lieber aufrechterhalten, trotz der in der Vergangenheit erlittenen Verluste. Die Unterstützung der Aktionäre kann entscheidend davon abhängen, wie die beiden Optionen dargestellt werden – ähnlich wie bei dem Experiment, wo Probanden zwischen einem sicheren Gewinn beziehungsweise Verlust und einer 50:50-Chance, genau den gleichen Betrag zu verlieren beziehungsweise zu gewinnen, wählen mussten. In Szenario 1 würde den Aktionären vorgeschlagen werden, entweder eine sichere Abschlusszahlung zu erhalten oder dem Management die Fortführung der Geschäftstätigkeit zu erlauben – allerdings mit der Gefahr, dass der noch verbleibende Firmenwert auf null reduziert würde. Nach den Erkenntnissen der *Behavioral Finance* führt diese Wahlmöglichkeit dazu, dass die Anteilseigner die Auflösung vorziehen.

Ein alternatives Verfahren würde beispielsweise den Unterschied der Aktientitel heute und zur Zeit der höchsten Bewertung des Unternehmens betonen und den »Verlust« pro Aktionär berechnen. Eine Geschäftsauflösung führt dazu, dass dieser Verlust unumkehrbar wird – auch die Schlussdividende wird daran wohl nichts ändern können. Wird allerdings die Geschäftstätigkeit fortgesetzt, haben Aktionäre die Chance, alle Verluste wieder »hereinzuholen«. In jeder konkreten Situation werden natürlich viele andere Faktoren, wie die konkrete Marktposition des Unternehmens oder das Vertrauen in das Management, wichtig sein. Sind die Einsichten aus der experimentellen Ökonomie auf diese Entscheidungssituation anwendbar, dann kann mit einer positiven Entscheidung der Anleger sogar dann gerechnet werden, wenn in beiden Szenarien die durchschnittlich zu erwartenden zukünftigen Erträge identisch sind – das heißt, die Investoren gehen ohne jede Kompensation das höhere Risiko ein, um das Realisieren von Verlusten zu vermeiden.

Die vielleicht wichtigste Schlussfolgerung aus den Ergebnissen der experimentellen Ökonomie ist die Notwendigkeit einer griffigen, einprägsamen »Equity Story«. Während eine erfolgreiche Unternehmensführung in hohem Maße das Abwägen von Wahrscheinlichkeiten und Erfolgsaussichten neuer Projekte sowie die quantitative Analyse braucht, kommt den Bedürfnissen der Investoren nur entgegen, wer eine einfache Botschaft auf der Grundlage spezifischer Eigenschaften des eigenen Unternehmens zu kommunizieren versteht. Dabei ist vor allem die Verbindung der eigenen *Value Proposition* mit so genannten »Metatrends« hilfreich. Neuartige Entwicklungen und Umwälzungen, an deren Bedeutung nahezu alle Investoren glauben, werden mit den hervorstechenden Charakteristika der eigenen Firma verknüpft. Viele Internetfirmen hatten überaus großen Erfolg mit dieser Strategie. Wenn alle glauben, dass zukünftiger Retailhandel vor allem über das Internet stattfindet und *First Mover* schnell einen unschlagbaren Vorteil erzielen können – was wäre da naheliegender, als Amazon zu kaufen? Das Schlüsselwort für viele *Equity Storys* heißt »positioniert«. Ist eine Aktie positioniert, müssen Investoren nur noch ein beschränktes Urteil fällen – der Referenzrahmen, die Frage nach den Schlüsselfaktoren für den Erfolg in einem neuartigen, verwirrenden, unsicheren Umfeld, wird dadurch delegiert, dass der Glaube an »Metatrends« beschworen wird. Die Firma muss nur noch kommunizieren, warum sie besonders geeignet ist, von diesen Veränderungen zu profitieren.

Da Investoren dazu neigen, Reue zu vermeiden, ist die Nutzung von

Autoritäten bei der Unternehmenskommunikation von Vorteil. Als der Hedge-Fonds LTCM um Startkapital bei verschiedenen Institutionen warb – ohne die Geheimnisse der eigenen Investitionsstrategie preisgeben zu wollen –, wurde das Renommee der Partner entscheidend. Mit Scholes und Merton gehörten zwei Volkswirte zu den Gründern, mit deren Modellen und Lehrbüchern nahezu jeder Fondsmanager in den USA noch von der Universität her vertraut war. Statt die mathematischen Feinheiten der benutzten Modelle zu erläutern, verwandte Scholes einen kleinen Trick, um die »Idee« hinter LTCM zu demonstrieren. Durch das Ausnutzen unzähliger kleiner Ineffizienzen sollte der Fonds Geld verdienen – als sammelte man Tausende von Pfennigen auf, die andere Leute übersehen hatten. Um den Effekt zu untermalen, zauberte Scholes einen Pfennig scheinbar aus der Luft – und dank einer guten Story und der Reputation von Ökonomen, die später den Nobelpreis erhielten, vertrauten viele Investoren LTCM ihr Geld an, ohne die Funktionsweise genau zu verstehen.[24]

Für Anleger sind ebenfalls eine Reihe einfacher Spielregeln ableitbar, die die Investmentperformance verbessern können. Fehler, wie das Festhalten an schlechten Investments und der frühzeitige Verkauf guter Engagements, lassen sich relativ leicht vermeiden, sobald das Problem erkannt ist. Auch die Sprache von Aktienanalysten wird so leichter verständlich – die Empfehlung, etwa eine Aktie zu »halten«, ist wenig sinnvoll, wenn sie anderen Investoren nicht zum Kauf empfohlen wird. Zumeist aber wollen Analysten nicht ihre frühere Kaufempfehlung umkehren und damit zugeben, dass sie zur Wertvernichtung in den Portfolios der Anleger beigetragen haben. Die Neigung, die Offenlegung von schlechten Prognosen zu vermeiden, führt hier zu wenig nützlichen Empfehlungen.

Andere offensichtliche Fehler entstehen durch »Ankerpunkte«. Eine Aktie ist noch nicht deshalb billig, das heißt eine vielversprechende Investition, weil sie deutlich unter ihrem Allzeithoch liegt. Ende Juni 2001 notierte beispielsweise die Aktie von Amazon bei rund 14 USD, während die höchste Notierung im Dezember 1999 bei 110 USD lag. Sie hat somit um knapp 87 Prozent an Wert verloren. Das bedeutet aber keineswegs, dass eine Rückkehr zum alten Höchstwert überhaupt möglich ist, geschweige denn bald zu erwarten wäre. Auch beim heutigen Aktienkurs ist Amazon immer noch 5,2 Milliarden USD wert – keine geringe Summe für eine Firma, die noch 1,1 Milliarden USD an liquiden Mitteln besitzt und in den vergangenen 12 Monaten 1,41 Milliarden USD verloren hat.[25]

Interessanter und ungleich schwieriger ist es, das Fehlverhalten anderer Marktteilnehmer auszunutzen. So ist beispielsweise unter dem Namen »Dow Theory« eine Investitionsstrategie bekannt, die auf die Anlage in Titel mit besonders hohen Dividendenrenditen setzt. Tatsächlich haben zwischen 1974 und 1999 die zehn Aktien mit der höchsten Dividendenrendite im Dow Jones Industrials Index den Index um durchschnittlich 3 Prozentpunkte pro Jahr geschlagen.[26] Dafür sind vermutlich Gewinn-Verlust-Asymmetrien verantwortlich. Weil der Bewertungsabschlag bei schlechten Nachrichten höher ist als der Kursanstieg bei guten Nachrichten, sind »Fallen Angels« häufig unterbewertet. Die allgemeine Abneigung gegenüber jedem Verhalten, das eventuell bereut werden könnte, sorgt für Übertreibungen nach oben und unten. Verkürzt gesagt: Wer gekauft hat, was alle kaufen, und dann Geld verliert, hat Pech gehabt; wer sich gegen den Trend stellt und dann Geld verliert, ist selbst schuld. Wo also Aktien in der Vergangenheit immer noch relativ gute Dividenden aufwiesen, gleichzeitig aber an den Märkten hart bestraft wurden, winkten oft überaus attraktive Renditen.

Von Übertreibungen nach oben zu profitieren, ist ungleich schwieriger. Leerverkäufe sind technisch für Retailinvestoren nicht immer leicht, und der Zugang zu Derivaten ist beispielsweise in Deutschland nicht für alle Anleger möglich. Auch kann die Korrektur von Bewertungsfehlern, selbst wenn sie klar erkennbar wären, länger dauern, als beispielsweise die durchschnittliche Put-Option »lebt«. Damit aber steigen die Kosten für jede Investition, die auf Übertreibungen nach oben reagiert und von ihnen zu profitieren sucht – und es gibt Beobachter, die die Schwierigkeit von Leerverkäufen dafür verantwortlich machen, dass es überhaupt erst zu übertriebenem Optimismus kommt. Zumindest trägt diese Einschränkung der Handlungsmöglichkeiten nicht dazu bei, dass Spekulationsblasen verhindert werden. Doch auch das Vermeiden von Verlusten kann schon als Erfolg gelten, wenn andere Investoren zusehen müssen, wie der Wert ihrer Portfolios dahinschmilzt. Übertriebene Erwartungen, basierend auf der Extrapolation der jüngsten Vergangenheit, sind Warnsignale, die Privatinvestoren (und institutionelle Investoren) beachten sollten. Der Börsenguru Kostolany warnte schon vor Jahrzehnten, dass es immer dann Zeit sei, auszusteigen, wenn Dienstmädchen und Taxifahrer nach Aktientipps fragen. In der Hochphase der Internet-Spekulationsblase erwarteten viele Anleger, dass in Zukunft durchschnittliche Renditen von über 20 Prozent dauerhaft möglich seien – ohne dass es auch nur ein einziges historisches Beispiel dafür gibt, dass solche Traumrenditen für mehr als nur eine Hand voll Jahre jemals erwirtschaftet worden sind. Andere Warnsignale sind eine weitverbreitete Missachtung traditioneller Bewertungsmaßstäbe. Als der amerikanische Cartoonist Gary Trudeau sich in »Doonesbury« über die Internet-Mania lustig machte, ließ er einen seiner Helden die Spielregeln des neuen Zeitalters so erklären: »Gewinne sind für Weichlinge – ein klares Zeichen dafür, dass der eigene Businessplan nicht aggressiv genug ist.« Mittelfristig können Exzesse wie die Internet-Mania zwar noch an Einfluss gewinnen; doch langfristig muss der Wert jeder Aktie durch die Fähigkeit, Gewinne zu erzielen, gerechtfertigt werden. Deshalb sind auch Abweichungen der P/E Ratio vom langfristigen Durchschnitt nahezu immer vorübergehender Natur – der größte Anteil der Veränderungen der P/E Ratio wird durch Variationen der Preise getrieben. Dividenden und Gewinne sind deutlich stabiler und müssen es auch sein – ohne Veränderung des Anteils der Unternehmensgewinne können sie nur mit dem Sozialprodukt wachsen, das heißt mit durchschnittlich 2 bis 3 Prozent pro Jahr.[27] Der Anteil der Unternehmensgewinne am Bruttosozialprodukt variiert erfahrungsgemäß nur wenig.

Profile einzelner Investorentypen

Wie verändern einzelne Investorengruppen die Interaktion zwischen Anlegern und Management? Generelle Regeln abzuleiten, ist unmöglich – Anlagefirmen und Unternehmen sind so heterogen wie die Menschen, die sie leiten. Dennoch lassen sich Beispiele für die Art des Austauschs – und des Umgangs mit Interessenkonflikten – finden, die in Zukunft häufiger vorkommen werden. Beispielhaft haben wir unter diesem Gesichtspunkt vier Anleger und ihr Verhalten zusammengefasst – den Pensionsfonds der amerikanischen Lehrer und Wissenschaftler, die Anlagegesellschaft DWS, Warren Buffett und die Buy-out-Spezialisten KKR.

TIAA-CREF

In den Augen vieler Beobachter gilt CalPERS, die Pensionskasse der Angestellten und Arbeiter des Staats Kalifornien, als der Prototyp des neuen, aktiven Investors. Bis in die Neunzigerjahre hinein veröffentlichte der Fonds eine »Failing Fifty« genannte Liste, auf der erfolglose Firmen schonungslos kritisiert wurden. Immer wieder setzte sich CalPERS auf den Hauptversammlungen durch; eine weit überdurchschnittliche Zahl von Vorstandsvorsitzenden verlor dabei ihren Job.

Mittlerweile ist auch CalPERS deutlich weniger aggressiv. Die »Failing Fifty« kommen heute nur noch auf eine »Focus List« genannte Zusammenstellung von Firmen, deren Corporate Governance verbesserungsbedürftig erscheint. Doch die kalifornische Pensionskasse war nie besonders repräsentativ für die Methoden der großen institutionellen Anleger. TIAA-CREF, die Pensionskasse der Wissenschaftler und akademischen Lehrer Amerikas, mit einem verwalteten Fondsvolumen von 266 Milliarden USD, ist in vielerlei Hinsicht typischer.

Corporate-Governance-Fragen werden auch hier groß geschrieben. Doch statt der öffentlichen Geißelung à la CalPERS setzt der Fonds auf zwei Strategien. In der Öffentlichkeit werden vor allem generelle Fehlentwicklungen – aus der Sicht der Pensionskasse – diskutiert. Eine Vielzahl von Wissenschaftlern und Spezialisten aus der Branche analysiert dabei das Ausmaß und die Bedeutung des Problems. So hielt TIAA-CREF im April 2001 in New York ein Corporate-Governance-Forum ab, das vor allem der Frage der Managementgehälter gewidmet war. TIAA wollte damit auf die zunehmende Bedeutung von Optionsplänen und die damit verbundene Verwässerung der Unternehmensanteile aller anderen Aktionäre hinweisen. Gleichzeitig versucht TIAA, die NYSE und die Nasdaq davon zu überzeugen, dass Optionspläne zukünftig von den dort gelisteten Firmen nur noch dann eingeführt werden können, wenn die Aktionäre speziell auf der Hauptversammlung einem solchen Vorschlag zustimmen. Bisher können in den USA derartige, zur Verwässerung von Aktionärsanteilen führende Eingriffe auch ohne einen Hauptversammlungsbeschluss umgesetzt werden.

Bei einzelnen Unternehmen setzt TIAA-CREF eher auf Druck hinter verschlossenen Türen. Im Falle von Raytheon drängte beispielsweise Ken Bertsch, Chef der Corporate-Governance-Abteilung der Pensionskasse, darauf, dass Unternehmensprüfer nicht durch zusätzliche Aufträge wie Beratertätigkeiten in ihrer Unabhängigkeit unterminiert werden.

In den letzten Jahren hat der Pensionsfonds zunehmend in Europa investiert und geht nun verstärkt daran, dort auch seine Corporate-Governance-Richtlinien umzusetzen. Andrew Clearfield, einst Portfoliomanager für TIAA-CREF, ist heute Chef für Fragen der internationalen Unternehmensverfassung. Er versucht, rund um den Globus der Stimme der Pensionskasse Gehör zu verschaffen und mit anderen Aktionärsgruppen Veränderungen des rechtlichen Rahmens herbeizuführen. Selbst in Ländern mit gewöhnlich schlechter Behandlung von Minoritätsaktionären (insbesondere solchen ausländischer Provenienz), wie beispielsweise Frankreich, gibt es Erfolge. So sollte 1996 eine Anzahl von Anlagegütern der Eramet SA, einer von der französischen Regierung kontrollierten Bergbaufirma, an Neukaledonien abgetreten werden – und zwar vor allem aus politischen Gründen. TIAA-CREF organisierte den Widerstand der Minoritätsaktionäre und verklagte die Firma. Schließlich konnte der Fonds Konzessionen durchsetzen, die eine Einstellung des Rechtsstreits möglich machten.[28]

KKR

Wenige Unternehmen haben eine zwiespältigere Reaktion der Presse erlebt als KKR (Kohlberg Kravis Roberts & Co.). Vor allem die feindliche Übernahme von RJR Nabisco im Jahr 1988 war für viele Journalisten ein gefundenes Fressen. Bücher mit Titeln wie *The Merchants of Debt* (in Anspielung an den englischen Ausdruck für die Händler des Todes) oder *Barbarians at the Gate* karikierten die Firma als rücksichtslosen »Asset Stripper«, der übernommene Unternehmen im Handumdrehen in seine Einzelteile zerschlägt, diese verkauft und dabei Tausende von Arbeitsplätzen zerstört. Durch die Übernahmen entstehen häufig hohe Schuldenberge, und die übernommenen Firmen, so sie überleben, sind nahezu ausschließlich mit dem Abtragen der Schulden beschäftigt. Wie ein Mitarbeiter von RJR Nabisco nach der KKR-Übernahme sagte: »Ich habe das Gefühl, ich arbeite für ein Investment, nicht für eine Firma.«[29]

Unternehmen wie KKR übernehmen also eine essenziell wichtige Funktion, wenn es um die Wiedergewinnung der Wettbewerbsfähigkeit in den Unternehmen und die Steigerung der Kapitalproduktivität in der Volkswirtschaft insgesamt geht. Gleichzeitig sollten das Abstoßen von Anlagen und Beteiligungen und die Kürzung von Forschungs- und Entwicklungsausgaben nicht überbetont werden. So übernahm beispielsweise KKR 1988 den Batteriehersteller Duracell, bis dahin ein Unternehmenszweig des Nahrungsmittelherstellers Kraft. Kraft hatte Duracell seit 1980 besessen, und die erwarteten Synergien waren nur schwer zu realisieren gewesen.[30] Für das Topmanagement bei Kraft blieb Duracell ein Randproblem, zu unterschiedlich vom Rest der Firma, um spezifische Stärken zu identifizieren und zu nutzen. Das Duracell-Management selbst hatte den Eindruck, dass es sich deutlich besser schlagen könnte, wenn es die Firma übernehmen würde. Mit einem Management-Buy-out (MBO) schlug es Angebote von Weltfirmen wie Kodak und Gillette aus dem Feld – dank KKR. Kohlberg, Kravis und Roberts hatten die Gewinnmöglichkeiten einer Beteiligung an Duracell erkannt. Mit einem guten Sinn für die Chancen der Marke und die Stärke der Technologie drängte KKR Duracell, die Forschungs- und Entwicklungsausgaben nachhaltig zu erhöhen. Der Rest ist eine Erfolgsgeschichte, wie sie selbst in Hochtechnologie-Industrien wie der Computerbranche und der Pharmaindustrie selten sind.

Für KKR wurde aus einer Investition in Höhe von 350 Millionen USD innerhalb von acht Jahren ein Gewinn von 4,2 Milliarden USD, was einer durchschnittlichen jährlichen Rendite von 39 Prozent entspricht. Aus einem vornehmlich amerikanischen Hersteller wurde durch Investitionen in quecksilberfreie Batterien, in neue Lithiumbatterien und Nickelhydridprodukte die weltweit führende internationale Batteriefirma. Dank eines optimierten internationalen Marketings und der verbesserten Wettbewerbsfähigkeit nahmen die operativen Einnahmen pro Jahr von weniger als 250 Millionen USD auf über 450 (oder um 15 Prozent p.a.) zu. Aufgrund kräftiger Rationalisierungsmaßnahmen in den Fabriken stiegen die Gewinne um ein Vielfaches schneller an. Der Schuldenberg konnte so rasch abgetragen werden. Entsprach der Wert aller Kredite nach der Übernahme noch 70 Prozent des Werts aller Assets in der Bilanz, so war diese Kennziffer bis 1996 auf unter 20 Prozent gesunken[31]. »Arm's-Length« Corporate Governance war ein entscheidender Faktor der Erfolgsgeschichte. Als Duracell noch zum Kraft-Konzern gehörte, konnte der Chef, Bob Kidder, 250 000 USD ohne Abstimmung mit der Zentrale ausgeben; KKR erhöhte das Limit schlagartig auf 5 Millionen USD.[32] Selbst bei so zentralen Fragen wie dem Rückkauf eigener Aktien ließ sich KKR – obwohl im Mehrheitsbesitz der Firma – überstimmen und das Management frei agieren. Seit 1991 profitierten auch Aktionäre vom Aufstieg des Batterieherstellers – die Firma konnte Aktien zu 15 USD pro Stück verkaufen, das Dreifache des ursprünglichen Buy-out-Preises. Ende 1994 waren die Aktien 45 USD wert (plus Dividenden), und Bob Kidder ging in den Ruhestand.

Der Fall Duracell verdeutlicht, wie sehr steigender Leistungsdruck durch neue Eigentümer auch als Chance verstanden werden sollte. Dank des MBO waren die Interessen von KKR und des Managements weitgehend deckungsgleich – und der Trend hin zur Übernahme durch Restrukturierungsfirmen wie KKR wird die Tendenz zu einer verstärkten Beteiligung des Angestellten noch beschleunigen. Statt langer Entscheidungswege verhalten sich Eigentümer und Management so unternehmerisch, wie es Corporate-Governance-Strukturen eigentlich ermöglichen sollten. Dabei gewannen nicht nur die Anteilseigner auf Kosten anderer Stakeholder. Duracell schuf mithilfe der Investitionen in Forschung und Entwicklung neue Produkte, die heute jedem, der beispielsweise einen Computer nutzt, zugute kommen.

Das Phänomen KKR findet nicht nur Nachahmer in Europa. KKR selbst hat 3 Milliarden USD für einen europäischen Buy-out Fund eingeworben und eine Hand voll erfahrener Spezialisten nach London entsandt. Deutschland steht nach den Worten von Edward Gilhuly, Chef des europäischen KKR-Büros, ganz oben auf der Liste von KKR.[33] Mit zwei Deals 1999 und 2000 – beim Kauf einer Tochter von Bosch sowie der Geldautomatensparte von Nixdorf – sammelt die Firma bereits Erfahrungen im deutschen Markt, den viele langfristig für Buy-outs für besonders vielversprechend halten.

Durch Buy-out-Spezialisten, so könnte argumentiert werden, entfernen sich Firmen erst einmal vom Markt. RJR Nabisco und Duracell waren während des eigentlichen Turnaround nicht börsennotiert. Warum also der Verweis auf das Beispiel KKR in einem Buch, das versucht aufzuzeigen, wie Unternehmen und Investoren an der Börse erfolgreich agieren können? In vielen Fällen werden Firmen nach dem vorübergehenden »Taking Private« wieder an der Börse notiert; erst die Möglichkeit, später einen fairen Wert für das restrukturierte Unternehmen zu erhalten, ermöglicht die ursprüngliche Übernahme, motiviert das Management und schafft die Chance für die Rosskur. Damit aber sollten Manager einer Vielzahl von Firmen auch in Europa anfangen, darüber nachzudenken, ob ein Buy-out nicht sinnvoll wäre.

DWS

Wie unsere Analyse der zu erwartenden Aktionärsstruktur im Jahr 2005 ergab, werden zu diesem Zeitpunkt neben internationalen Investoren und heimischen Unternehmen die Privatanleger und deutschen Institutionellen fast gleich hohe Anteile halten. Seit Mitte der 90er Jahre sind Milliardenbeträge in Investmentfonds – insbesondere in Aktienfonds – geflossen; im Jahr 2000 lag die Zahl der Aktienfondsbesitzer in Deutschland erstmals über der der Aktionäre.[34] Wo Privatinvestoren das Management an Fonds delegieren, hat dies auch Implikationen für die betroffenen Firmen. Teilweise ist eine »Amerikanisierung« des Verhaltens deutscher Anlagefonds zu beobachten; die Unterschiede zu TIAA-CREF beispielsweise sind häufig nicht allzu groß.

Allerdings besitzen deutsche Fonds im Allgemeinen einen breiteren Querschnitt an Firmenanteilen als internationale Investmentfonds und Pensionskassen. Anlagegesellschaften mit Fonds, die vor allem die Entwicklung des nationalen Gesamtmarkts abbilden sollen, kommen um Titel in den Hauptindizes kaum herum. Ein Deutschland-Fonds ohne Telekom und Siemens, ohne Deutsche Bank und Allianz wäre kaum zu rechtfertigen. Aktien von kleineren Unternehmen werden stattdessen häufig einfach abgestoßen, wenn die Fondsmanager unzufrieden sind, ohne dass ein Versuch gemacht würde, das Management direkt zu beeinflussen.[35]

Wo aber wegen der Größe der Gesellschaft kein Weg am Aktienbesitz vorbeiführt, steigt die Bereitschaft zur Intervention auf Hauptversammlungen und hinter geschlossenen Türen. Die DWS hat dabei stilbildend wie kaum eine zweite deutsche Fondsgesellschaft gewirkt.

Bis in die Neunzigerjahre hinein wurden Fondsgesellschaften wie Abteilungen der Banken geführt, zu der sie in nahezu allen Fällen gehörten. Immer noch wird der deutsche Markt von den Fondsverwaltern der Banken beherrscht. Spätestens seit amerikanische und britische Fonds damit begonnen haben, ihre Produkte direkt in Deutschland zu vertreiben, sind die Fondsgesellschaften immer weniger geneigt, im Interesse der Großaktionäre der »Deutschland AG« zu agieren. Immer noch ist das klärende Gespräch mit dem Management hinter verschlossenen Türen die bevorzugte Option – nicht nur, weil so das Gesicht aller Beteiligten leichter gewahrt wird, sondern auch, weil es einfacher ist, Ergebnisse zu erzielen.

Allerdings sind Fonds – und gerade die der DWS – zunehmend bereit, ihre Kritik auch in die Öffentlichkeit zu tragen, auf Hauptversammlungen Anträge zu stellen oder gar dem Aufsichtsrat die Entlastung zu verweigern. Allein im Jahr 2001 wird die DWS auf einem Dutzend Hauptversammlungen aktiv auftreten und Anträge einbringen.

Auch bei der DWS war der Weg zum emanzipierten Shareholder-Plädoyer weit. Als der DWS-Chef zum ersten Mal das Daimler-Management kritisierte (die Konzernmutter Deutsche Bank hält 12 Prozent), ging ein Ruck durch die Reihen der deutschen Spitzenmanager.

Allerdings ist der Aufwand für solch aktives Eingreifen erheblich; da

Deutschlands Publikumsfonds nicht mehr als 10 Prozent einer Publikumsgesellschaft besitzen dürfen, lohnt sich die Intervention nicht immer.

Warren Buffett

Manchmal ist Selbstkritik schmeichelhafter als jedes Eigenlob. Bei der Veröffentlichung der Geschäftsergebnisse für das Geschäftsjahr 1999/2000 stellte sich Warren Buffett, Chairman von Berkshire Hathaway, selbst ein »D« aus – wegen schlechter Kapitalallokation. Der Aktienkurs war um mehr als 20 Prozent gefallen. Die Ergebnisse, just während des Höhepunkts der Internetmanie veröffentlicht, schienen das Scheitern eines der berühmtesten »Value-Investoren« zu belegen. Während viele Anleger an der Nasdaq schnelle Kurssteigerungen erlebten, schien die altmodische Methode, nach unterbewerteten Unternehmen mit gutem Management und einer langen Historie guter und sehr guter Gewinne zu suchen, überholt und wenig erfolgversprechend.

Ein Jahr später hat sich gezeigt, dass der Abgesang auf das »Value Investing« zu früh angestimmt worden war. Warren Buffetts Anlagegesellschaft, die neben Anteilen an börsennotierten Unternehmen auch Firmen direkt übernimmt, verzeichnete einen Kursgewinn von 31 Prozent, während der Buchwert um 6,5 Prozent stieg. Damit aber lag die Performance deutlich über dem S&P 500, der ein Minus von 9,1 Prozent aufwies.

Auch langfristig kann Berkshire Hathaway überlegene Ergebnisse vorweisen. Seit 1965 gewannen die Aktien durchschnittlich um 23,6 Prozent an Wert – gegenüber 11,8 Prozent für den S&P 500.

Neben den altbekannten Regeln des Value-Investierens – der Kauf von Titeln auf lange Sicht und die Suche nach unterbewerteten Firmen – betont Buffett vor allem die Autonomie seiner Beteiligungen. So beispielsweise bei R.C. Willey, einer Möbelfirma aus Utah. Der Gründer gleichen Namens, streng gläubiger Mormone, hatte aus einem kleinen Geschäft mit einem Umsatz von 250 000 USD im Jahr 1954 eine Firma mit 342 Millionen USD Verkaufsvolumen (1999) gemacht.

Dann entschied sich das Management, über Utah hinaus zu expandieren – und dabei die Geschäfte am Sonntag weiterhin geschlossen zu halten. Was viele Beobachter, darunter Warren Buffett, für gefährlich hielten (Amerikaner erwarten, dass Geschäfte am Wochenende geöffnet sind), wurde trotzdem umgesetzt. Und der Erfolg gab dem Mormonen Recht: Auch ohne Sonntagsverkauf hatte die Firma außerhalb Utahs großen Erfolg.

Der ungewöhnliche Erfolg von Berkshire Hathaway erklärt sich vielleicht gerade aus diesem sehr hohen Autonomiegrad. Viele Firmen, von ihren Gründern verkauft, geraten anschließend unter neuer Führung in eine Krise. Bei Berkshire bleiben stattdessen häufig die Gründerunternehmer, nachdem sie an Buffett verkauft haben, an Bord.

Ein weiteres Beispiel dafür ist die Firma Executive Jet Aviation, die von Rich Santulli gegründet wurde. Das Unternehmen betreibt eine Flotte von Geschäftsflugzeugen, die an mehrere Besitzer anteilig verkauft werden. Die enormen Kosten von Geschäftsflugzeugen, die in aller Regel bei nur einem Besitzer kaum ausgelastet sind, können so deutlich gemindert werden. Die Nachfrage ist so hoch, dass sie nur teilweise befriedigt werden kann. Das Geschäft wird immer noch vom Erfinder der Idee des »Fractional Ownership«, Rich Santulli, für Berkshire Hathaway betrieben.

Wer aber meint, dass Armeen von Analysten Geschäftsberichte für Buffett untersuchen und lange Listen von möglichen Übernahmekandidaten zusammenstellen, der irrt. Buffett selbst beschreibt die »wohl überlegte Akquisitionsstrategie« so: »Wir warten darauf, dass das Telefon klingelt.« Die meisten kleinen und mittleren Firmen, die an Berkshire Hathaway verkaufen, tun dies wegen persönlicher Empfehlungen von Geschäftsfreunden, die ebenfalls so verfahren sind. Nahezu gleiche Freiheitsgrade wie in der eigenen Firma, kombiniert mit einem lukrativen Verkauf an Warren Buffett – wer kann da schon nein sagen?

Exkurs: Übernahmen und Performance

Dass es bei der großen Übernahmewelle in den USA auch zu Exzessen gekommen ist, kann nicht ernsthaft bezweifelt werden. Aber die Erfahrung von RJR Nabisco mit KKR wurde oft verzerrt dargestellt und ist alles andere als repräsentativ. Generell gilt:

- Übernahmen betreffen vor allem Unternehmen, die alle Stakeholder – Aktionäre wie Arbeitnehmer – geschädigt haben.
- Direkte Folge von Übernahmen ist der Austausch erfolgloser Manager.
- Langfristig verbessern Übernahmen die Produktivität und die Gewinnsituation in den betroffenen Unternehmen.

Übernahmen, verbunden mit Ausgliederung und Verkauf von Unternehmensteilen, galten lange als Ausplünderung erfolgreicher Unternehmen. Dem widerspricht ein systematischer Vergleich von Unternehmen, die von Übernahmeversuchen betroffen sind, mit vergleichbaren Firmen in der gleichen

Branche. Welche Merkmale kennzeichnen die übernommenen Unternehmen? Von den Fortune-500-Unternehmen des Jahrs 1980 war in den folgenden zehn Jahren knapp jedes fünfte von einem Takeover betroffen. Im Durchschnitt aller Unternehmen ohne Veränderungen der Besitzsituation wuchs die Beschäftigung mit 3,7 Prozent pro Jahr. Diese vergleichsweise gute Beschäftigungsentwicklung ging mit der Schaffung von Shareholder Value einher – Firmen, die nicht auf die Einkaufsliste anderer Unternehmen gerieten, verbuchten einen Anstieg des Aktienkurses um (risikobereinigt) 5,2 Prozent pro Jahr.[36] Anders die von Übernahmen betroffenen Firmen – hier wuchs die Beschäftigung vor einer feindlichen Übernahme um nur 1,5 Prozent, im Falle freundlicher Übernahmen um 1,9 Prozent. Noch schlechter sah es bei der Schaffung von Unternehmenswert aus. Feindliche Übernahmen trafen Firmen, die 11,3 Prozent Shareholder Value pro Jahr vernichtet hatten; auch bei freundlichen Übernahmen verloren die Aktionäre noch durchschnittlich 5,6 Prozent.

Die Performancedifferenz ist allerdings nicht allein der Qualität des Managements anzulasten, die Herkunft der Unternehmen aus unterschiedlichen Branchen ist ebenfalls zu berücksichtigen. Beispielsweise stammten viele der Firmen, die von feindlichen Übernahmen betroffen waren, aus dem schwach wachsenden Stahlsektor. Selbst wenn man die branchenspezifischen Unterschiede in Betracht zieht, bleibt das Performancedefizit bestehen. Die Beschäftigung in später feindlich übernommenen Firmen lag nach Berücksichtigung der Branchen 0,7 Prozentpunkte pro Jahr unter dem niedrigen Branchendurchschnitt, ein erheblicher Unterschied.[37] Zur Verdeutlichung stelle man sich zwei Unternehmen mit anfangs 10 000 Mitarbeitern vor: Während eine durchschnittlich erfolgreiche Firma nach 10 Jahren 12 431 Jobs vorzuweisen hat, sind es bei der erfolglosen (übernommenen) Firma nur 11 605 – ein Unterschied von 826 Arbeitsplätzen.

Noch drastischer fiel die Differenz bei freundlichen Übernahmen aus – hier vermindert die Berücksichtigung branchenspezifischer Wachstumsraten nicht die Performancelücke, sondern erhöht sie in mancherlei Hinsicht sogar. Vor der freundlichen Übernahme schufen die betroffenen Firmen durchschnittlich 1,9 Prozent neue Arbeitsplätze, während die Branche mit 4,7 Prozent überdurchschnittlich viele Jobs schuf – auf der Grundlage der hypothetischen Firma mit 10 000 Mitarbeitern ein »Verlust« von 3 759 Stellen nach 10 Jahren. Die Beschäftigungsentwicklung allein verdeutlicht, wie sich feindliche und freundliche Übernahmen unterscheiden. Hostile Takeovers treffen Firmen in langsam wachsenden Branchen, die dort unter dem Performancedurchschnitt liegen. Friendly Takeovers sind besonders dann wahrscheinlich, wenn Firmen in einem dynamischen Umfeld bestehende Chancen nicht ausreichend nutzen.

Diese Hypothese wird durch das Abschneiden an den Aktienmärkten untermauert. Die Performance lag in den Branchen der feindlich übernommenen Firmen bei minus 8,5 Prozent. Gegenüber dem Durchschnitt der jeweiligen Branche hinkten die feindlich übernommenen Firmen immer noch um 2,8 Prozentpunkte pro Jahr hinterher.[38] In den Branchen, in denen freundliche Übernahmen häufig vorkamen, zeigt sich eine positive Entwicklung des Shareholder Value – durchschnittlich ein Plus von 9,4 Prozent pro Jahr. Damit liegt der Leistungsrückstand in den freundlich übernommenen Firmen noch höher als bei den feindlich übernommenen, nämlich bei 15 Prozentpunkten pro Jahr.

Zusammenfassend lässt sich zu den von Übernahmen betroffenen Firmen feststellen:

- In den vorangegangenen Jahren haben sie ihre Aktionäre geschädigt, da die Aktienperformance weit hinter dem Durchschnitt zurückblieb.
- Ihre Beschäftigungsentwicklung war durchweg enttäuschend.
- Diese Mängel lassen sich nicht allein dadurch erklären, dass überdurchschnittlich viele übernommene Firmen in schwach wachsenden Branchen tätig sind.

Diese Zahlen untermauern die disziplinierende Wirkung von Übernahmen im Allgemeinen und von feindlichen Übernahmen im Besonderen. Doch wie weit muss eine Firma zurückfallen, bevor sie auf die Liste der Übernahmekandidaten gerät? Auch hieran muss sich die Effizienz und Effektivität eines Corporate-Governance-Systems messen lassen. Schon relativ kleine Performancemängel führten in den USA zu einer deutlichen Zunahme des Übernahmerisikos. Die Wahrscheinlichkeit einer feindlichen Übernahme steigt um knapp drei Viertel (von 5,7 Prozent auf 9,75 Prozent), wenn eine Firma bei der Schaffung von Shareholder Value nur noch im unteren Quartil rangiert.[39]

Aufschlussreich ist auch, was nach Übernahmen geschieht. Die groben Durchschnitte sowie der Vergleich mit den Branchenkennziffern legen nahe, dass der Zweck von Übernahmen vor allem im Auswechseln schlechten Managements liegt. In den Jahren vor der Übernahme werden durchschnittlich zwischen 7 und 11 Prozent der amerikanischen Spitzenmanager ausgewechselt.[40] Im Jahr der Übernahme schnellt dieser Wert auf 41,9 Prozent hoch; auch im darauf folgenden Jahr verlieren noch einmal 19 Prozent des Topmanagements ihren Job.[41] Auch die für den Wechsel genannten Gründe lassen keine Zweifel an der disziplinierenden Wirkung von Übernahmen. Obwohl die Kommunikationsstrategie vieler Firmen eher zur Zurückhaltung anhält, wurde bei mehr als der Hälfte der (im Rahmen der Übernahme) ausgewechselten Manager ein Grund öffentlich genannt, der die Straffunktion verdeutlicht: In 59 Prozent aller Fälle waren schlechte Performance, Differenzen in Fragen der Firmenstrategie und der Eigentümerwechsel der Kündigungsgrund.

Wo eine Übernahme keinen Wechsel des Managements zur Folge hatte, war die Performance insgesamt zumeist gut – der Aktienkurs stieg (kumuliert über die letzten vier Jahre vor der Übernahme und bereinigt um den Branchendurchschnitt) um durchschnittlich 4,4 Prozent. Wo das Topmanagement mit der Übernahme entlassen wurde, hatte es hingegen im Schnitt Shareholder Value in Höhe von 15,4 Prozent vernichtet. Besonders dramatisch ist der Unterschied in den Fällen, wo die Übernahme selbst als Entlassungsgrund genannt wird – dort betrug die Performancelücke 21,3 Prozent.

Was geschieht nach der Übernahme und dem Wechsel des Managements? Wo das Führungsteam entlassen wird, werden in 59 Prozent aller Fälle Firmenteile oder andere Assets verkauft, in 18 Prozent aller Fälle werden Fabriken oder Anlagen geschlossen. In 30 Prozent aller Fälle werden die Gehälter der Angestellten gekürzt oder wird Personal abgebaut. Die Ergebnisse lassen nicht lange auf sich warten – die Profitabilität (gemessen als Operating Income per Assets) steigt nach dem Austausch unglücklich agierender Unternehmensführer deutlich an. Die Verbesserung betrug im Schnitt 4,6 Prozentpunkte.[42] Werden keine Assets verkauft, ist der Sprung nach vorn noch größer – plus 12,4 Prozent.

Die disziplinierende Wirkung eines funktionierenden Markts für Corporate Control ist nicht auf die betroffenen Firmen selbst beschränkt. Ausmaß und Häufigkeit von Übernahmen werden auch durch die Situation an den Aktien- und Anlagemärkten sowie das allgemeine wirtschaftliche Umfeld beeinflusst. Als gleichsam natürliches Experiment, das es erlaubt, die indirekten volkswirtschaftlichen Folgen zu dokumentieren, bietet sich ein Vergleich der Übernahmeaktivitäten in den USA in den Jahren 1984–88 (eine Periode mit intensiven Takeover-Aktivitäten) mit den Jahren 1989–93 an (in denen es nur relativ selten zu Übernahmen kam).[43] Die Anzahl feindlicher Übernahmen ging von 167 auf 43 zurück. In den Jahren 1990–93 gab es sogar nur noch insgesamt 15 Hostile Takeovers.

In der ersten Periode ist der Zusammenhang zwischen Performance und Übernahmewahrscheinlichkeit besonders deutlich. In den Jahren 1983–88 verloren von den Firmen im oberen Quartil des Profitabilitätsrankings 16 Prozent komplett ihr Topmanagement (CEO, President und Chairman of the Board); 28 Prozent erhielten einen neuen CEO.[44] Am unteren Ende der Performanceskala hingegen lagen diese Kennziffern deutlich höher: 32,7 Prozent aller Firmen bekamen ein neues Führungsteam, und 46,7 Prozent aller CEOs mussten ihren Hut nehmen. Ein ähnliches Bild zeigte sich bei der Schöpfung von Shareholder Value. Firmen im oberen Viertel verloren in 14,9 Prozent aller Fälle das Führungsteam komplett – zumeist Folge der Abwerbung durch andere Firmen; in 27,7 Prozent der Fälle verließ der CEO das Unternehmen. Im unteren Viertel hingegen wurden 44,7 Prozent der CEOs ausgetauscht, und 27,7 Prozent aller Unternehmen erhielten ein neues Topmanagement.

Der deutliche Zusammenhang von Performance und Wechsel an der Spitze verschwand allerdings nahezu vollständig in den darauf folgenden

Jahren, als insbesondere der Markt für Junkbonds zusammenbrach und Übernahmen schwierig und selten wurden. Die Spitzenunternehmen in Sachen Profitabilität verloren in 18,5 Prozent aller Fälle ihre ganze Führungsriege; in der Nachzüglergruppe waren es nur noch 17 Prozent.[45] Damit war die Wahrscheinlichkeit einer vollständigen Neubesetzung des Topmanagements in schlecht geführten Unternehmen nur noch etwa halb so groß wie in den Jahren mit einem hochgradig effizienten Übernahmemarkt. Ganz ähnlich der Eindruck, den der Austausch von CEOs vermittelt – bei 33,3 Prozent der Topfirmen wechselte der Mann an der Spitze, bei den wenig profitablen Unternehmen waren nur noch 35,9 Prozent von einem Führungswechsel betroffen.[46]

1.3 Das Ende des Konsenskartells? Neue Investoren und die Folgen

Wir konnten zeigen, wie sich das Profil der Investoren in Deutschland in den vergangenen zehn Jahren verändert hat. Daraus haben wir abgeleitet, welche Veränderungen hier noch zu erwarten sind. Dies ist aus drei Gründen bedeutsam:

- Erstens müssen Investoren selbst ein Gespür dafür haben, was andere Aktionäre tun. Welche Veränderungen sind beispielsweise in einem Unternehmen zu erwarten, dessen Anteile in großem Stil von amerikanischen Pensionsfonds aufgekauft werden?
- Zweitens müssen Unternehmen sich darauf einstellen, dass sich die Zusammensetzung der Anteilseigner deutlich ändern wird – und damit die Erwartung an das Management und an den Kommunikationsstil mit den Aktionären.
- Drittens wird die schon erkennbare Veränderung der Gesellschafterstruktur der »Deutschland AG« nicht ohne Folgen für die deutsche Wirtschaftskultur bleiben – und dafür, was inzwischen mit »Corporate Governance« umschrieben wird.

Aus diesen Überlegungen heraus haben wir das Investorenprofil der dann kräftig umgebauten »Deutschland AG« des Jahrs 2005 vorausgesagt. Und wir haben aufgezeigt, welche Auswirkungen diese Makroverschiebungen unserer Auffassung nach auf die Verfassung jedes einzelnen (börsennotierten) Unternehmens haben werden.

Der zentrale Aspekt: Immer wieder wird die so genannte »Deutschland AG« mit einem Konsenskartell verglichen, in dem schwierige Entscheidungen nur nach langem Ringen einvernehmlich gefällt werden können. Der Weg zur neuen Entscheidung führt häufig über langwierige Abstimmungen mit den Arbeitnehmervertretern, den Kreditgebern und den über Querverflechtungen beteiligten Unternehmen.

Statt der Kontrolle durch Aktionäre, die das Management weitgehend frei agieren lassen, solange die Ergebnisse stimmen, wird häufig bis in kleinere Details hineinregiert. Nehmen Aufsichtsräte ihre Rolle nicht ernst, so ist das Resultat noch verheerender. Zwischen Konsensrunden und mangelndem Interesse wird wertvolle Zeit verschwendet. Weder muss das Management kohärente Strategien verkaufen, noch wird es an seinen Ergebnissen gemessen.

Zwar war diese Karikatur der Verhältnisse der deutschen Corporate Governance so nie richtig. International vergleichende Studien, die beispielsweise den Verbleib des Topmanagements in Abhängigkeit von Erfolgskennziffern wie dem operativen Ergebnis, den Erlösen und dem Aktienkurs untersucht haben, zeigen keine dramatischen Unterschiede. Fallen Umsatz und Gewinn, stehen deutsche und japanische Chefs ebenso häufig auf der Abschussliste wie ihre Kollegen in amerikanischen Unternehmen.

Dennoch wird die Veränderung der Investorenstruktur sich massiv auf die Corporate Governance auswirken. Durch die Zunahme der internationalen Investoren wird eine an internationalen Rechnungslegungsstandards wie dem US-GAAP (amerikanischer Bilanzierungsstandard: »Generally Agreed Accounting Principles«) oder dem IAS (internationale Variante: »International Accounting Standards«) ausgerichtete Bilanzierungspolitik unvermeidlich. Auch die Erstellung von Quartalsberichten wird von der Hauptzielgruppe, den amerikanischen Institutionellen, als selbstverständlich erachtet.

Den Unternehmen, die bereit sind, sich auf die Bedürfnisse der neuen Eigentümer einzustellen, winken erhebliche Vorteile. Das folgende Schaubild stellt dar, welche Prämien (also Aufpreis gegenüber vergleichbaren Unternehmen ohne entsprechende Corporate Governance) institutionelle Investoren in verschiedenen Ländern bereit sind zu zahlen, wenn sich eine Firma für erkennbar vorteilhafte Spielregeln bei der Corporate Governance entscheidet.

Noch einmal zum Stichwort »spät dran«: In keinem Land mit Aus-

Good Governance ist wichtiger Faktor für die Unternehmensbewertung

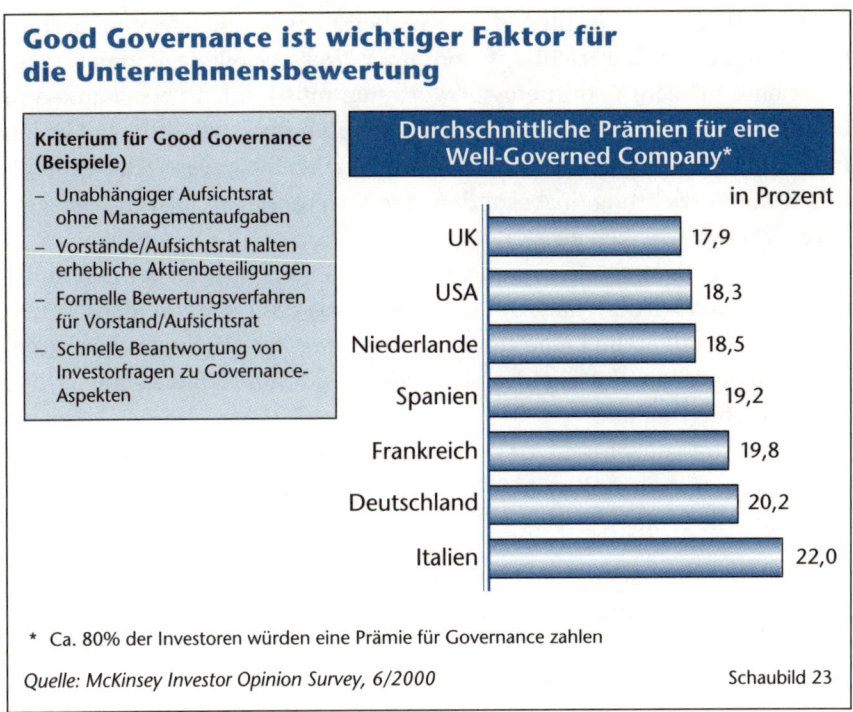

Kriterium für Good Governance (Beispiele)	Durchschnittliche Prämien für eine Well-Governed Company* in Prozent
– Unabhängiger Aufsichtsrat ohne Managementaufgaben	UK — 17,9
– Vorstände/Aufsichtsrat halten erhebliche Aktienbeteiligungen	USA — 18,3
– Formelle Bewertungsverfahren für Vorstand/Aufsichtsrat	Niederlande — 18,5
– Schnelle Beantwortung von Investorfragen zu Governance-Aspekten	Spanien — 19,2
	Frankreich — 19,8
	Deutschland — 20,2
	Italien — 22,0

* Ca. 80% der Investoren würden eine Prämie für Governance zahlen

Quelle: McKinsey Investor Opinion Survey, 6/2000   Schaubild 23

nahme Italiens ist der zu erzielende Wertgewinn durch eine neue Corporate Governance größer als in Deutschland. Durchschnittlich sind Investoren bereit, 20,2 Prozent an Prämie anzubieten – und 4 von 5 befragten institutionellen Investoren waren bereit, eine solche zu bezahlen.

Die Bereitschaft, höhere Preise für besser geführte Unternehmen in Kauf zu nehmen, ist auch deshalb wichtig, weil mit der Auflösung der Bankenbeteiligungen auch die traditionellen Vorteile durch deren Präsenz im Aufsichtsrat – in der Form preiswerterer Kredite – verschwinden. Ausschlaggebend dafür ist insbesondere der Druck der Bankaktionäre auf das Bankenmanagement, Shareholder Value statt Marktanteile zu optimieren.

Das Problem asymmetrischer Information, das durch das deutsch-japanische Modell der Universalbank weitgehend vermieden wurde, gewinnt durch die abnehmende Relevanz des Bankkredits wieder an Bedeutung. Damit aber werden sich die Gewichte hin zu mehr Finanzierung durch reinvestierte Gewinne, durch Aktienemissionen und auch durch Unternehmensanleihen verschieben. Dadurch wird der Einfluss von externen Spielern wie Ratingagenturen jedoch nochmals zunehmen.

Den scheinbaren Nachteilen stehen aber auch Vorteile gegenüber. Entscheidungen werden leichter, wenn am Prozess beteiligte Parteien nicht mehr eine Vielzahl von Interessen vertreten müssen. Universalbanken in ihrer Zwitterrolle als Kreditgeber und Anteilseigner stellten viele Firmen immer wieder vor Probleme; wo der Staat Aktien hielt, waren der strategischen Neuausrichtung (insbesondere dann, wenn sie mit Jobverlusten einherging) enge Grenzen gesetzt.

Die graduelle Veränderung hin zu stärker angelsächsisch geprägten Besitzstrukturen wird zu langsam stattfinden, als dass sich die meisten Unternehmen radikal die Frage stellen, wie sie ihre Investitionsfinanzierung, ihre strategischen Entscheidungsprozesse und ihre Unternehmensziele neu ausrichten sollten.

Die alte »Deutschland AG« ist ein Auslaufmodell. Das ist für uns keine Frage. Gewinnen werden im Zuge der großen anstehenden Veränderungen die Firmen, die

- frühzeitig die neuen, tonangebenden Investorengruppen wie die internationalen Institutionellen und die privaten deutschen Anleger an sich binden können,
- durch höhere Nachfrage den Wert der eigenen Aktien steigern,
- die neue Flexibilität des Managements nutzen, um entscheidende Vorteile an den Produktmärkten zu erzielen und die eigenen Aktien als Akquisitionswährung zu verwenden.

Die Notwendigkeit, in der »brave new world« hoch liquider Aktienmärkte das Schicksal in die eigene Hand zu nehmen, dürfte klar geworden sein. Unser Buch soll nun in seinem 2. Teil beschreiben, wie sich Investoren und Unternehmen auf die neuen Regeln einer kapitalmarktgeprägten Wirtschaftswelt einstellen können. Dazu greifen wir auf eine Fülle von Beispielen aus der Praxis zurück.

Teil 2:

Management des Kapitalmarkts

»Wenn die mich nicht mögen, dann geh ich eben wieder.« Das Going Private, also der freiwillige oder unfreiwillige Rückzug eines gelisteten Unternehmens von der Börse, ist nicht erst mit Beginn der Kurskorrekturen an den Wachstumsmärkten ab dem 2. Quartal 2000 ein wichtiges Thema geworden. Eine Mischung aus Enttäuschung einerseits und ökonomischer Ratio andererseits, beispielsweise in Form von Übernahmeangeboten von Beteiligungsgesellschaften, macht eine Entscheidung für das Delisting nachvollziehbar. Häufig steht im Hintergrund eine enttäuschende Bewertung der Aktie sowie die Überlegung, dass eine kleine Gruppe von Investoren für die nächste Phase der Unternehmensentwicklung die »besseren« Eigentümer sind als die Aktionäre einer Publikumsgesellschaft.

Eine kritische Grundhaltung gegenüber den Kursfindungsmechanismen der Börse beruht zum Teil auf einem Mangel an Verständnis der Mechanismen des Kapitalmarkts. Eine von einem Unternehmen empfundene Unterbewertung sollte nicht zuerst Anlass sein, an der Wahrnehmungs- und Analysekompetenz dieses komplexen Informationsmarkts »Kapitalmarkt« zu zweifeln.

Unser Anliegen ist es, in diesem Teil des Buchs die Analyse- und Erwartungsbildungsmechanismen der Aktienmärkte zu beschreiben und auf diesem Wege zu zeigen: Der Kapitalmarkt ist ein komplexes, vertrauensbasiertes Dialogforum.

Der Kapitalmarkt gilt vielen Unternehmen als eine undurchschaubare Black Box. Wir dagegen denken, dass ein Unternehmen aus den Verhaltensweisen von Investoren eine Menge lernen kann. Wichtig ist vor allem, wie die Investoren – also die Eigentümer – die Geschäftsidee eines Unternehmens oder das Portfolio von Geschäftsideen (Geschäftsportfolio) einschätzen.

Im Dialog mit Investoren können sich Antworten auf folgende Fragen ergeben:

- Welcher Zusammenhang besteht zwischen Unternehmensstrategie und Aktienkurs?
- Gibt es für ein Unternehmen den idealen Investor?
- Ist die Aktionärsstruktur durch gezielte Maßnahmen eines Unternehmens aktiv gestaltbar?
- Wie kann ein Unternehmen seine Aktie für Investoren attraktiver machen?
- Welche Erwartungen haben die Investoren an das Unternehmen?
- Kann man diese Erwartungen erfüllen? Muss man sie gegebenenfalls korrigieren? Kann man sie gar steuern?

Diese Elemente eines modernen Kapitalmarktmanagements können es Unternehmen erleichtern, Kapitalmärkte im Dienste ihrer eigenen strategischen Weiterentwicklung zu lesen und – im Sinne ihrer Wertstrategie – Informationen zurückzuspielen. Beides dient dem Ziel, die Kapitalmarktperformance zu verbessern und sich dabei von allgemeinen Marktentwicklungen unabhängiger zu machen.

2.1 Geschäftsportfolio – fit für den Kapitalmarkt

Shareholder Value – für alle ein Gewinn

Häufig hört man:»Shareholder Value kostet Arbeitsplätze. Das Konzept ist einseitig auf Renditesteigerung ausgerichtet.«

Doch näher betrachtet ist Shareholder Value ein Konzept zur laufenden Verbesserung der (Kapital-)Produktivität in Unternehmen. Unternehmen, die gute (Kapital-)Produktivitäten erzielen, können günstig Kapital zum weiteren Wachstum beschaffen, Marktanteile gewinnen und in Summe den Nutzen aller Interessengruppen maximieren.

Unternehmen verfolgen eine Reihe von Unternehmenszielen, welche die unterschiedlichen Interessen der so genannten »Stakeholder« abbilden. Stakeholder sind jene Personen oder Institutionen, die ein nachdrückliches Interesse an der Entwicklung eines Unternehmens haben, beispielsweise Mitarbeiter, das Management, Kunden, Lieferanten, Gläubiger, die Gesellschaft als Ganzes, der Staat, aber natürlich auch – und nicht zuletzt – die Eigentümer und Aktionäre.

Innerhalb dieser Konstellation ist »Unternehmenswertsteigerung« – gemessen an der Aktienperformance (Total Return to Shareholders) – ein gemeinsamer Nenner bei der Verfolgung unterschiedlicher Ziele.

Total Return to Shareholders (TRS)

Aus Sicht des Anlegers hat der Anlageerfolg mehrere Komponenten: Aktienkurssteigerungen und Dividenden abzüglich Transaktions- und Abwicklungskosten. Die ersten beiden kann das Management direkt beeinflussen. Sie werden zusammengefasst zu der Kennziffer »Total Return to Shareholders« (TRS). TRS ist also die gesamte Aktienrendite, die dem Aktionär während der Haltedauer der Aktien zufließt, in der Regel berechnet unter der Annahme der Reinvestition von Ausschüttungen in die zugrunde liegende Aktie (so genannte »Wiederanlageprämisse«).

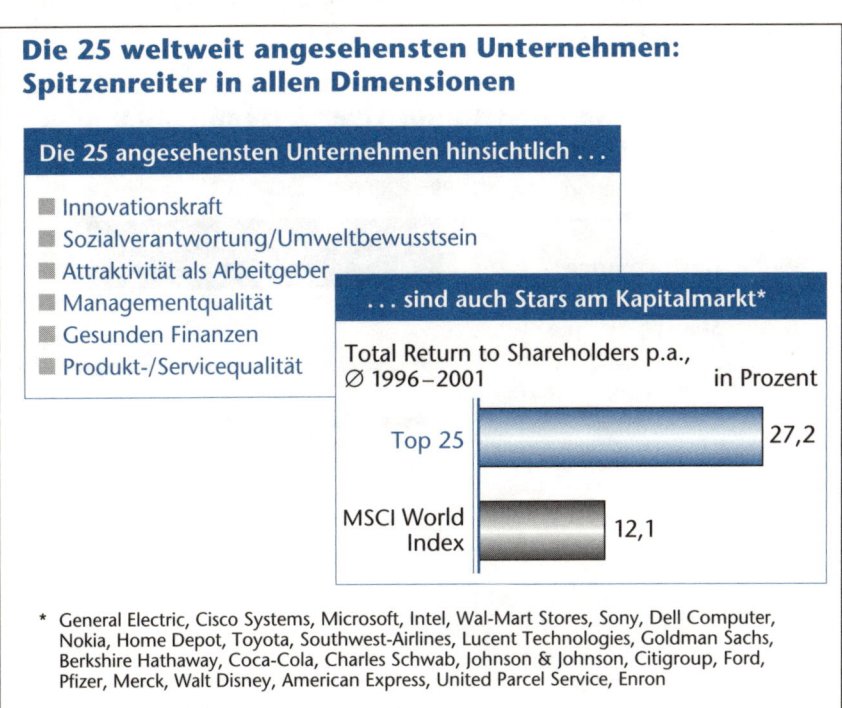

Die 25 weltweit angesehensten Unternehmen: Spitzenreiter in allen Dimensionen

Die 25 angesehensten Unternehmen hinsichtlich ...

- Innovationskraft
- Sozialverantwortung/Umweltbewusstsein
- Attraktivität als Arbeitgeber
- Managementqualität
- Gesunden Finanzen
- Produkt-/Servicequalität

... sind auch Stars am Kapitalmarkt*

Total Return to Shareholders p.a., Ø 1996–2001 in Prozent

Top 25 — 27,2

MSCI World Index — 12,1

* General Electric, Cisco Systems, Microsoft, Intel, Wal-Mart Stores, Sony, Dell Computer, Nokia, Home Depot, Toyota, Southwest-Airlines, Lucent Technologies, Goldman Sachs, Berkshire Hathaway, Coca-Cola, Charles Schwab, Johnson & Johnson, Citigroup, Ford, Pfizer, Merck, Walt Disney, American Express, United Parcel Service, Enron

Quelle: Fortune: Global most admired companies, 2.10.2000; Datastream   Schaubild 24

Diese These wird auch durch Ergebnisse einer jährlich vom US-amerikanischen Wirtschaftsmagazin *Fortune* durchgeführten Umfrage gestützt.

Das Magazin ermittelt jeweils nach den Kriterien Innovationskraft, Sozialverantwortung bzw. Umweltbewusstsein, Attraktivität als Arbeitgeber, Managementqualität, gesunde Finanzen sowie Produkt- bzw. Servicequalität die 25 weltweit angesehensten Unternehmen.

Das Bemerkenswerte ist: Diejenigen Firmen, die in der gesamten Breite dieser Variablen als Topunternehmen ermittelt werden, sind zugleich auch in ihrer Wertentwicklung überdurchschnittlich erfolgreich (siehe Schaubild 24).

Es darf damit unterstellt werden, dass eine erfolgreiche wertorientierte Unternehmensführung offensichtlich nicht nur finanzielle Wirkungen hat, sondern zugleich darüber hinausgehenden, für alle Stakeholder wichtigen Unternehmenszielen entspricht.

Auch in Deutschland besteht kein Widerspruch zwischen einer Unternehmensstrategie, die auf die Steigerung des Unternehmenswerts zielt und die beispielsweise gleichzeitig der Schaffung oder Sicherung von Arbeitsplätzen dient.

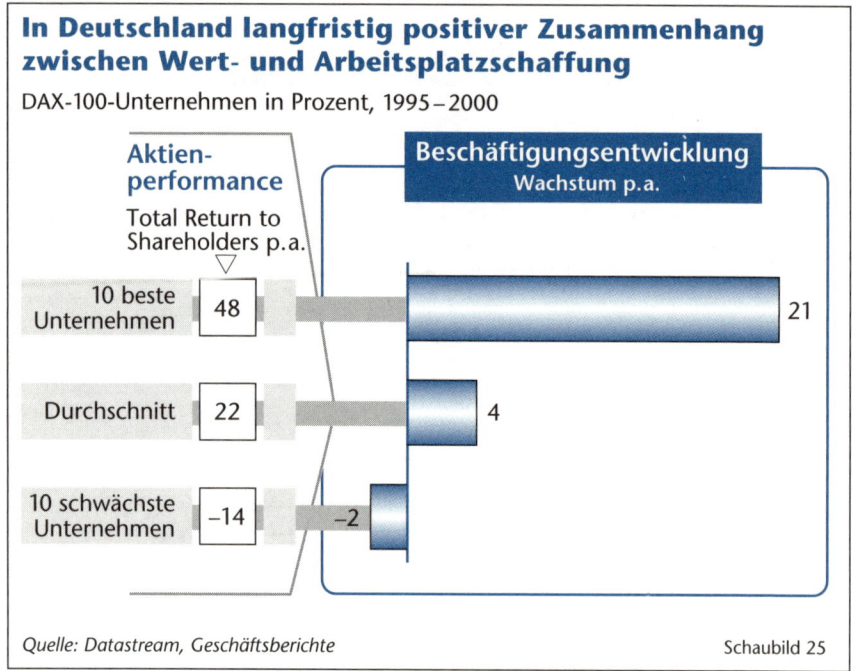

In Deutschland langfristig positiver Zusammenhang zwischen Wert- und Arbeitsplatzschaffung

DAX-100-Unternehmen in Prozent, 1995–2000

Aktienperformance
Total Return to Shareholders p.a.

Beschäftigungsentwicklung
Wachstum p.a.

	Aktienperformance	Beschäftigungsentwicklung
10 beste Unternehmen	48	21
Durchschnitt	22	4
10 schwächste Unternehmen	–14	–2

Quelle: Datastream, Geschäftsberichte   Schaubild 25

Im Gegenteil: Eine aktuelle Analyse der DAX-100-Unternehmen zeigt, dass die Unternehmen mit der höchsten Wertsteigerung Ende der Neunzigerjahre zugleich das stärkste Beschäftigungswachstum vorweisen konnten. In den – gemessen an der Wertsteigerung – schwächsten Unternehmen gingen dagegen die meisten Arbeitsplätze verloren.

Werfen wir zur Verdeutlichung einen Blick auf SAP. Das Unternehmen aus Walldorf ist seit seiner Gründung 1972 zu einem der weltweit führenden Software-Unternehmen geworden. An der erfolgreichen Wertsteigerung des Unternehmens in den Neunzigerjahren (zwischen 1995 und 2000 stieg der Aktienkurs im Durchschnitt um 30 Prozent p.a.) hatten alle Stakeholder der SAP einen großen Anteil.

Die Mitarbeiter profitierten von der Erhöhung des Unternehmenswerts: SAP hat nicht nur überdurchschnittlich viele neue Arbeitsplätze geschaffen (+29 Prozent p.a.), auch die Gehälter der Mitarbeiter stiegen kräftig an (Lohnkosten +10 Prozent pro Kopf p.a.). Darüber hinaus wurden und werden Mitarbeiter am Unternehmenserfolg beteiligt. Durch Aktienbeteiligungsprogramme partizipierten sie direkt an Aktienkurssteigerungen.

Auch der Staat erhielt seinen Teil, denn dank des prosperierenden Geschäfts nahmen auch die Steuerzahlungen jährlich um durchschnittlich 24 Prozent zu.

Und was hat das Unternehmen selbst – und dessen Management – von der Steigerung des Aktienkurses? Eine ganze Menge. So ist ein hoher Unternehmenswert beispielsweise eine wesentliche Grundlage für die Refinanzierung auf dem Eigenkapitalmarkt. Je höher der Kaufpreis für eine bestimmte Menge Ertragsanteil und Stimmrecht, desto günstiger sind die Kosten für die Eigenkapitalbeschaffung.

Der Markt denkt in Multiples

Eine häufig verwendete Kennzahl für den Vergleich von Bewertungsniveaus ist die so genannte »**Price/Earnings Ratio (P/E)**« (auch Kurs-Gewinn-Verhältnis (KGV) genannt). Bisweilen kommt auch die so genannte »**Market-to-Book Ratio**« (Marktkapitalisierung bzw. Marktwert des Eigenkapitals geteilt durch Buchwert des Eigenkapitals) zum Einsatz.

Bei der P/E Ratio wird der aktuelle Aktienkurs ins Verhältnis zum aktuellen oder zukünftig erwarteten Gewinn pro Aktie gesetzt. Bezahlt wird also für einen bestimmten Anteil am Grundkapital ein Vielfaches des darauf entfallenden Gewinnanteils. Werden dazu die EPS des letzten Geschäftsjahrs herangezogen, spricht man von der **Trailing P/E.** Die **Projected P/E** dagegen bezieht sich in der Regel auf die Gewinnschätzungen für das laufende bzw. nächste Jahr.

Die **Earnings per Share (EPS)** sind der Gewinn pro Aktie. Er wird errechnet aus dem Jahresüberschuss abzüglich Dividenden auf Vorzugsaktien und Minoritätenanteile. Dieser Wert wird dann durch die Anzahl ausstehender Stammaktien geteilt.

Die so genannten »**Consensus EPS**« bezeichnen den Durchschnitt aller verfügbaren EPS-Schätzungen durch Analysten für eine bestimmte Aktie.

Bei einer hohen P/E Ratio kann das von einem Unternehmen benötigte Eigenkapital günstiger beschafft werden als bei einem vergleichbaren Unternehmen mit niedrigerer Kursprämie.

Höhere Aktienkurse können auch nützlich sein, wenn es um Übernahmen geht. Denn immer häufiger werden Aktien als Instrument der Akquisitionsfinanzierung eingesetzt; damit tragen ein hoher Unternehmenswert und hohe Bewertungsverhältnisse wesentlich dazu bei, die Unabhängigkeit und Handlungsfähigkeit des Managements zu sichern.

Ein Beispiel hierfür ist der Merger zwischen Daimler-Benz und der Chrysler Corp. im November 1998. Daimler-Benz hatte es verstanden, von Mitte der Neunzigerjahre an durch eine klare Shareholder-Value-Orientierung seinen Marktwert deutlich schneller zu steigern als Chrysler. Waren beide Unternehmen 1994 noch etwa gleich viel wert, so lag der Marktwert von Daimler-Benz nur vier Jahre später schon um etwa 70 Prozent höher als der von Chrysler. Zudem wurde Daimler-Benz mit einer P/E Ratio von 26,2 im Vergleich zu Chrysler mit 8,2 bewertet. Daimler-Benz hatte somit eine sehr gute Ausgangsbasis für eine erfolgreiche Merger-Verhandlung – und die Daimler-Benz-Aktionäre wurden schließlich zu über 50 Prozent an der neuen DaimlerChrysler AG beteiligt, obwohl der Konzernjahresüberschuss in 1998 bei Daimler-Benz mit 1 678 Millionen Euro geringer als der von Chrysler mit 2 507 Millionen Euro war.

Übernahme von MCI (1997)[47]

British Telecom (Jahresüberschuss 1997: 2 822 Millionen USD, P/E Ratio von 12,3) war bereits mit 20 Prozent an MCI beteiligt, als das Unternehmen den MCI-Aktionären ein kombiniertes Bar- und Aktienangebot in Höhe von 20 Milliarden USD für die verbleibenden 80 Prozent offerierte.

GTE (Jahresüberschuss 1997: 3 039 Millionen USD, P/E Ratio von 15,6) gab daraufhin ein Barangebot in Höhe von 28 Milliarden USD für MCI ab. Der Übernahmekampf um MCI war bereits in vollem Gange, als schließlich Worldcom (Jahresüberschuss 1997: 384 Millionen USD, P/E Ratio von 57,1) die Bühne betrat und mit einem Angebot in eigenen Aktien im Gegenwert von 37 Milliarden USD die MCI-Aktionäre überzeugte.

Der Übernahmekampf um MCI zeigt, dass

- neben der Größe eines Unternehmens auch seine relative Bewertung am Kapitalmarkt eine marktrelevante Dimension ist,
- am Kapitalmarkt hoch bewertete Unternehmen durch ihre Aktien über eine machtvolle »selbst gemachte« Akquisitionswährung verfügen,
- bei Aktientausch eine hohe P/E Ratio die Akquisition größerer Unternehmen erlaubt, die über eine Bartransaktion nicht finanzierbar wäre.

Ohne signifikante Wertsteigerung können Unternehmen selbst zu Übernahmekandidaten werden. So haben Mitte/Ende der Neunzigerjahre die Top 10 der Telekommunikations- und Automobilunternehmen ihren Marktwert verdreifacht, die Top-10-Banken ihren Wert sogar vervierfacht. Wer hier nicht mithalten konnte, wurde bald »geschluckt« (zum Beispiel Telecom Italia, NatWest).

Die Steigerung des Marktwerts, das heißt die laufende Messung des Unternehmenswerts am Kapitalmarkt, dient dem Management als ein entscheidender Indikator für den Erfolg und die Glaubwürdigkeit der Unternehmensstrategie. Richtig verstanden, liefert der Kapitalmarkt durch die Verarbeitung und Bewertung einer Vielzahl von Informationen ein zeitnahes Feedback für das unternehmerische Handeln.

Wertsteigerung: keine Zauberei, sondern solides Handwerk

»Der Kapitalmarkt ist eine Black Box. Kein Mensch weiß so recht, nach welchen Regeln er funktioniert.« So oder ähnlich denken wohl nicht wenige Akteure am Kapitalmarkt, sondern auch manche Unternehmensführung meint dies. Die börsentägliche Bewertung durch den Kapitalmarkt ist in ihren Augen so wenig nachzuvollziehen, dass eine Einflussnahme kaum möglich erscheint.

Ein fundamentaler Irrtum! Denn bei richtigem Verständnis ihrer Bewertung können Unternehmen über strategische Initiativen und gezielte operative Maßnahmen ihr **Geschäftsportfolio optimieren** und damit ihre Marktwertbewertung sogar ganz erheblich beeinflussen.

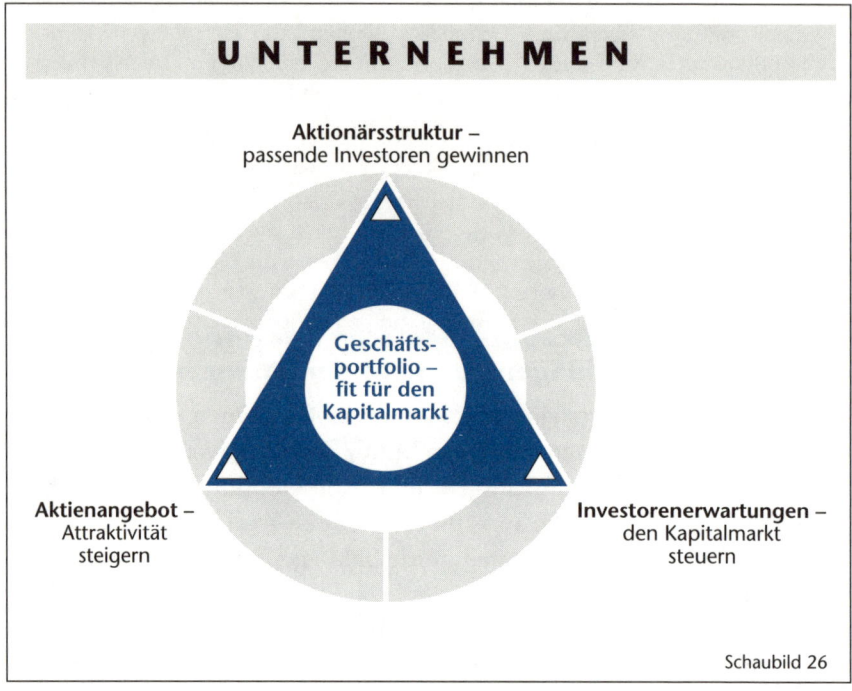

Schaubild 26

Wer am Kapitalmarkt erfolgreich agieren will, muss dessen Wahrnehmungs- und Denkweise sowie Bewertungsmethoden kennen. Das Geschäftsportfolio sowie alle strategischen Maßnahmen und Programme müssen eine klare »Kapitalmarktlogik« aufweisen. Unternehmen sollten daher ihr Geschäftsportfolio über reine Produkt- und Absatzüberlegungen hinaus auf wertsteigernde Zielgrößen ausrichten. Mit anderen Worten: Zum erfolgreichen Wertmanagement sollten Produkt- und Absatzüberlegungen, die auf Marktanteil, Marktwachstum und Marktgröße basieren, um Größen wie Kapitalrendite und Gewinnwachstum ergänzt werden. Geschäftsfelder, die eine Kapitalrendite über den risikogewichteten Kapitalkosten aufweisen, schaffen Wert. Außerdem können Geschäftsfelder, deren Gewinnwachstum sowie Wachstumsoptionen die Kapitalmarkterwartungen übertreffen, Wertsteigerungen bewirken.

Nicht zuletzt ein zu vielfältiges Geschäftsportfolio, die einseitige Orientierung an Umsatz- und Marktanteilswachstum oder zu starke Risikodiversifikation zwischen einzelnen Bereichen hat Investmentbanken zufolge bei einer Vielzahl deutscher Unternehmen zu Bewertungsabschlägen, so genannten »Conglomerate Discounts«, geführt. Diese liegen vor, wenn in der Bewertung durch Finanzanalysten die Summe der Einzelwerte der Geschäftsbereiche eines Konzerns größer ist als der aktuelle Wert des Gesamtkonzerns. In diesem Fall ist die Summe der einzelnen Bereiche nicht so wertsteigernd wie auf wenige, verwandte Geschäftsfelder fokussierte Unternehmen vergleichbarer Branchen. Gründe hierfür können unter anderem mangelnde zielgerichtete Anreize für das Management, geringerer Konkurrenzdruck aufgrund von Quersubventionierungen oder ineffiziente Kontroll-/Aufsichtsprozesse sein.

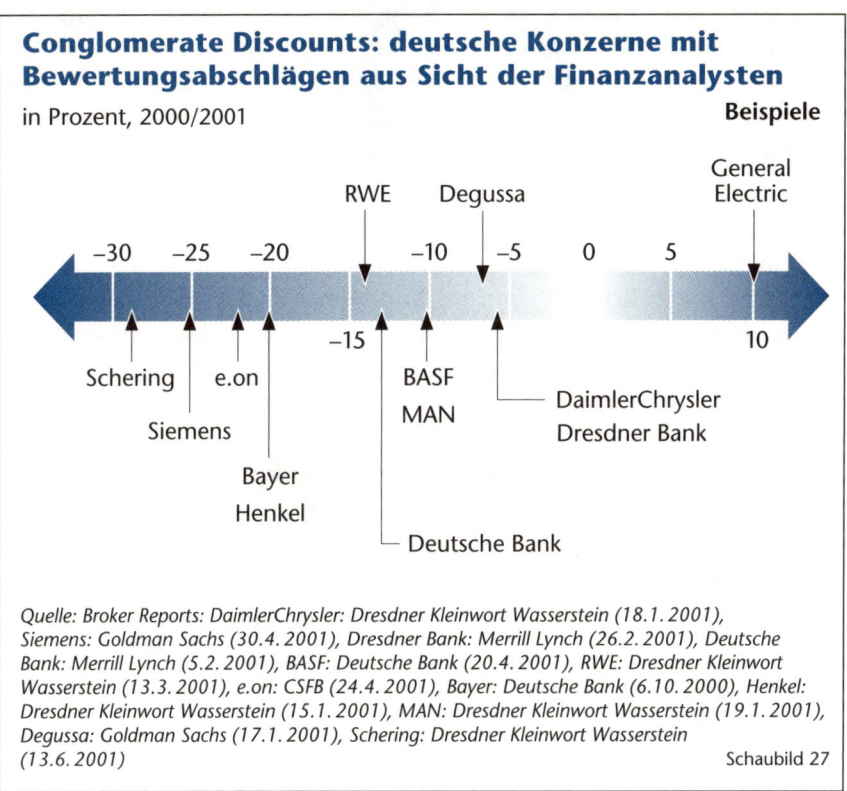

Conglomerate Discounts: deutsche Konzerne mit Bewertungsabschlägen aus Sicht der Finanzanalysten

in Prozent, 2000/2001 **Beispiele**

Quelle: Broker Reports: DaimlerChrysler: Dresdner Kleinwort Wasserstein (18.1.2001), Siemens: Goldman Sachs (30.4.2001), Dresdner Bank: Merrill Lynch (26.2.2001), Deutsche Bank: Merrill Lynch (5.2.2001), BASF: Deutsche Bank (20.4.2001), RWE: Dresdner Kleinwort Wasserstein (13.3.2001), e.on: CSFB (24.4.2001), Bayer: Deutsche Bank (6.10.2000), Henkel: Dresdner Kleinwort Wasserstein (15.1.2001), MAN: Dresdner Kleinwort Wasserstein (19.1.2001), Degussa: Goldman Sachs (17.1.2001), Schering: Dresdner Kleinwort Wasserstein (13.6.2001) Schaubild 27

Zur Optimierung des eigenen Geschäftsportfolios und damit zur Wertsteigerung müssen in einem ersten Schritt der aktuelle Unternehmenswert und seine Einflussfaktoren analysiert werden. Diese **Diagnose der Außensicht** wird vom Unternehmen mithilfe des aktuellen Marktwerts, aber auch durch Gespräche mit Investoren und Analysten ermittelt. Sie sollte der internen strategischen Perspektive des Unternehmens (Innensicht) gegenübergestellt werden.

Wie denken die Investoren, und wie wird das Unternehmen am Kapitalmarkt wahrgenommen? Grundlage für die Steigerung des Unternehmenswerts ist das Verständnis dafür, nach welchen Kriterien der Kapitalmarkt das eigene Unternehmen bewertet und welche Erwartungen er an das Unternehmen hat.

Die erste und wichtigste Information der Außensicht ist der Marktwert. Seine Veränderung über Zeit ist der wichtigste Indikator für das Wertmanagement des Unternehmens. Zum Verständnis des Marktwerts kann sich die Unternehmensführung öffentlich zugänglicher Informationen des Kapitalmarkts bedienen, zum Beispiel den oben erwähnten, durch den Kapitalmarkt erwarteten zukünftigen Gewinnen des Unternehmens. Hierfür liegen in der Regel Schätzungen für die nächsten zwei bis vier Jahre vor. Werden diese mit den für das Unternehmen bestehenden Eigenkapitalkosten auf das aktuelle Jahr abdiskontiert, erhält man aus der Differenz des aktuellen Marktwerts und dem aktuellen Wert dieser kurzfristigen Profitabilitätserwartungen des Kapitalmarkts den implizierten Barwert der langfristigen Erwartungen des Kapitalmarkts an das Unternehmen. Eine solche Analyse des aktuellen Marktwerts ermöglicht es der Unternehmensführung, die im Markt vorhandenen kurz- und langfristigen Profitabilitäts- und Wachstumserwartungen zu verstehen.

Diese Analyse kann zum Beispiel zu der Erkenntnis führen, dass bis zu 80 Prozent des Marktwerts durch langfristige Wachstumserwartungen für den Zeitraum jenseits der folgenden vier Jahre bestimmt werden. In diesem Fall bewertet der Kapitalmarkt sehr stark die Zukunftsperspektive des Unternehmens, eine attraktive, aber gefährliche Position, denn diese Wachstumserwartungen müssen über Zeit realisiert und durch neue Wachstumsperspektiven ersetzt werden, sonst droht der Absturz des Aktienkurses.

Neben dieser quantitativen Information des Marktwerts kann auch die qualitative Einschätzung des Unternehmens durch den Kapitalmarkt von hohem Nutzwert für die Unternehmensführung sein: Gespräche mit führenden Aktienanalysen und deren Einschätzung des Unternehmens und seines Markts sollten von Unternehmen als Chance gesehen werden.

Darüber hinaus bietet ein genaues Verständnis der Bewertungsmodelle, derer sich Analysten bedienen, zusätzliche Erkenntnisse für Unternehmen. Viele Institute verwenden zum Beispiel so genannte »Sum-of-Parts-

Bewertungsmodelle«, die auf einem Vergleich der einzelnen Geschäftseinheiten eines Unternehmens (Business Units) mit denen relevanter Vergleichsunternehmen (Peers) basieren. Aus den finanziellen Kennzahlen der Vergleichsunternehmen werden dabei bestimmte Faktoren (Multiples) ermittelt. Diese Bewertungsfaktoren (zum Beispiel P/E- oder Market-to-Book Ratio) werden dann auf die finanziellen Kennzahlen des betrachteten Unternehmens übertragen. Der Kapitalmarkt nimmt hier also eine Wettbewerbsanalyse vor: Er bewertet die Geschäftsfelder jeweils für sich, als so genannte »Stand-alone Units«.

Am Beispiel Siemens kann die Vorgehensweise der Finanzanalysten bei dieser soeben beschriebenen »Sum-of-Parts-Analyse« verdeutlicht werden.

Für das Unternehmen bietet eine Analyse der externen Bewertung die Chance, die in den Augen des Kapitalmarkts wichtigsten Wettbewerber zu identifizieren (»Peer Group«), die für das jeweilige Geschäftsfeld herangezogenen Kennzahlen bzw. Multiples (»Valuation Technique«, »Multiple«) zu verstehen und Rückschlüsse für die eigene Bewertung zu ziehen (»Premium/Discount to Peers«), wie im Schaubild 28 dargestellt.

Diese Außensicht sollte mit der Innensicht des Unternehmens verglichen werden. Dazu sind die internen strategischen Planungen (bestehende Aktivitäten und strategischen Optionen) in eine Unternehmenswertrechnung zu überführen.

Die Bewertung **bestehender Aktivitäten** kann beispielsweise dadurch vorgenommen werden, indem zukünftige Cashflows ermittelt und abgezinst werden. Darüber hinaus können **strategische Optionen** des Unternehmens einen entscheidenden Beitrag für den Unternehmenswert liefern. Optionen sind Geschäfte, Märkte und Produkte, die in Zukunft denkbar sind und sich aus dem bestehenden Know-how ergeben können. Beispiele hierfür sind Pharmaunternehmen, die durch ihre Forschungs- und Entwicklungspipeline oft mehr als die Hälfte ihres Unternehmenswerts über strategische Optionen generieren.

Die Erkenntnis, dass auch die strategischen Optionen für die Einschätzung des Unternehmenswerts durch den Kapitalmarkt entscheidend sind, hat weitreichende Folgen: Zur Optimierung des Kapitalmanagements muss ein Unternehmen nicht nur den Wert seiner bestehenden Aktivitäten weiterentwickeln, sondern auch über langfristige geschäftliche Optionen intensiv und – unter Umständen – laut nachdenken. Denn wenn der Kapitalmarkt die strategischen Optionen eines Unternehmens nicht kennt und versteht, kann er sie nicht bewerten.

Verständnis von Analystenbewertungen: Sum-of-Parts Valuation

Beispiel Siemens

Siemens: sum-of-the-parts valuation summary

»Business Segment«	Division	Business description	Valuation technique	Peer group	Multiple	Siemens Premium/ Discount to Peers	Suggested Enterprise Value (EURbn)	Est. Share of Group Net Debt (EURbn)	Estimated Equity Value (EURbn)
Energy	KWU	power generation technology	EV/EBITDA	Alstom	5.7	0 %	3.3	–3.0	6.3
	EV	power T&D technology	EV/EBITDA	ABB, Alstom, VA Tech	6.6	0 %	1.6	0.0	1.6
Industry	A&D	industrial automation	EV/EBITDA	ABB, Emerson, Invensys, Rockwell	8.6	0 %	10.1	0.0	10.1
	ATD	industrial automation	EV/EBITDA	ABB, Emerson, Invensys, Rockwell	8.6	0 %	2.2	0.0	2.2
	PL	industrial automation	EV/EBITDA	ABB, Emerson, Invensys, Rockwell	8.6	0 %	2.2	0.0	2.2
	SBT	building controls	EV/EBITDA	ABB, Emerson, Invensys	8.6	0 %	3.6	1.0	2.6
Transportation	VT	rail technology	EV/EBITDA	Alstom	5.7	0 %	0.9	–2.0	2.9
	AT	auto components	EV/EBITDA	Delphi, Magnetti Marelli, Valeo	5.0	0 %	0.4	0.0	0.4
Health Care	Med	medical technology	EV/EBITDA	Baxter	11.3	–30 %	11.6	0.0	11.6
Lighting	Osram	lighting systems	EV/EBITDA	Legrand, Schneider	6.6	–30 %	4.8	0.0	4.8
total, Siemens' industrial businesses							**40.6**	**–4.0**	**44.6**
Information & Communications	ICN	fixed-line telecoms	EV/EBITDA	Alcatel, Lucent, Nortel	7.8	–40 %	6.6	0.5	6.1
	ICM	mobile telecoms	EV/EBITDA	Nokia	11.9	–40 %	13.0	0.5	12.5
	SBS	IT consultancy	EV/Sales	Cap Gemini, EDS, Sema	1.8	0 %	12.1	0.0	12.1
Infineon (56 %)	–	semi-conductors	n.a. (listed co.)	–	–	–	13.1	–1.0	14.1
EPCOS (12.5 %)	–	passive components	n.a. (listed co.)	–	–	–	–	–	0.3
total, Siemens' technology businesses							**44.7**	**0.0**	**45.0**
BSH (50 %)	–	appliances	EV/Sales	Maytag, Whirlpool, Electrolux, Merloni	0.6	0 %	3.2	–	3.2
Financial Services	SFS	financial services	EV/EBITDA	–	7.5	–	5.5	–2.5	7.9
total, Siemens other businesses							**8.7**	**–2.5**	**11.1**
Notional conglomerate discount						**25 %**	**–**	**–**	
TOTAL TARGET VALUATION, SIEMENS GROUP							**70.5**	**–5.5**	**76.0**
TOTAL TARGET VALUATION PER SHARE, SIEMENS GROUP (EUR)							**120.0**	**–9.0**	**129.0**

Source: GS Research estimates

Quelle: Goldman Sachs, 30.4.2001   Schaubild 28

Der Unternehmenswert, also die Summe aus bestehenden Aktivitäten und strategischen Optionen, muss nicht unbedingt in heutigen Vermögenswerten bestehen (»Tangibles«). Im Gegenteil: Oft sind es so genannte »Intangible Assets«, wie etwa bestehende Rechte, Patente und Marken, die den größten Teil des Unternehmenswerts ausmachen (siehe Beispiel Microsoft).

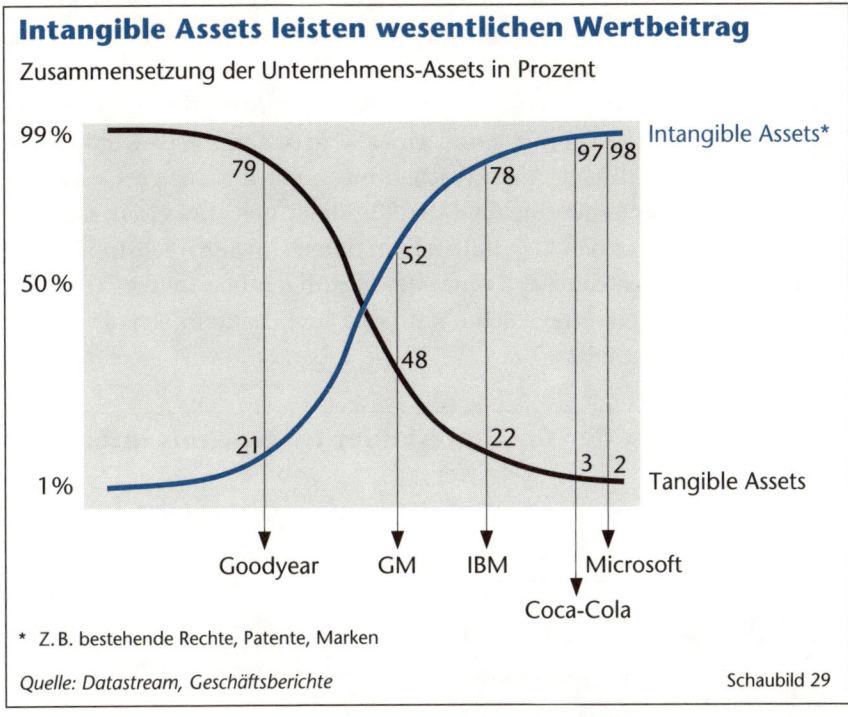

Intangible Assets leisten wesentlichen Wertbeitrag

Zusammensetzung der Unternehmens-Assets in Prozent

* Z. B. bestehende Rechte, Patente, Marken

Quelle: Datastream, Geschäftsberichte   Schaubild 29

Wie funktioniert nun eine unternehmensinterne Bewertung der bestehenden Aktivitäten auf Geschäftsfeldebene konkret? Hierzu ist zuerst die geeignete Bewertungsmethode auszuwählen. Denkbar sind z. B. Economic-Profit- oder Discounted-Cashflow-Modelle.[48] Dann sind die Geschäftsfelder zu definieren, die bewertet werden sollen, basierend auf der Abgrenzung des relevanten Markts und Wettbewerbs, aber auch auf der Abgrenzung von Führungsverantwortlichkeiten. Auf Grundlage historischer Leistungen und strategischer Pläne werden dann zukünftige Leistungen prognostiziert. Ist dies abgeschlossen, gilt es, den Fortführungswert sowie die jeweiligen Kapitalkosten zu ermitteln. Kapitalkosten stellen die Opportunitätskosten dar, die mit der Investition in das Geschäftsfeld verbunden sind (d. h. für den Verzicht auf Investitionen in andere Anlagen mit gleichem Risiko).[49] Der letzte Schritt ist die Berechnung und Interpretation der Ergebnisse.

Die Bewertung strategischer Optionen kann zum Beispiel über so genannte »Realoptionsverfahren« erfolgen. Dabei werden nicht nur potenzielle bzw. erwartete Cashflows eines Investitionsobjekts diskontiert, sondern auch Optionen innerhalb des weiteren Projektverlaufs (beispielsweise so genannte »Exit-Optionen«, das heißt Möglichkeiten des Ausstiegs aus dem Investitionsprojekt) bewertet.

Das Resultat einer solchen systematischen Bewertung der strategischen internen Perspektive kann in Form einer Matrix dargestellt werden, die sowohl Kapitalrendite als auch Wachstumsoptionen aufzeigt. Geschäftsfelder, die eine Kapitalrendite über den Kapitalkosten aufweisen, schaffen Wert. Außerdem können Geschäftsfelder, deren Gewinnwachstum sowie Wachstumsoptionen die Kapitalmarkterwartungen übertreffen, Wertsteigerungen generieren. Eine solche Matrix ist im Schaubild 30 beispielhaft für eine Bank dargestellt.

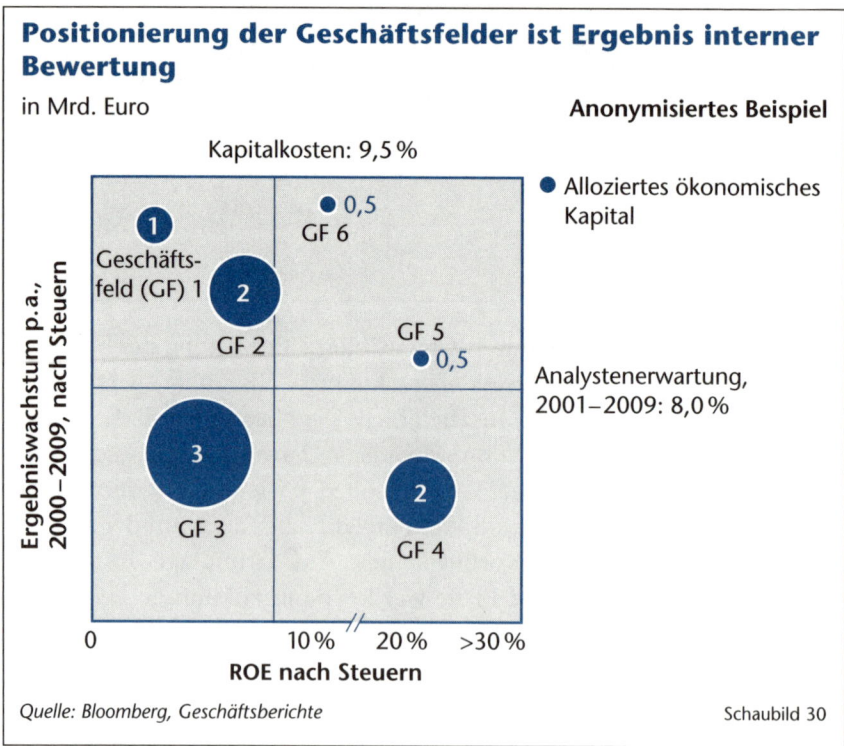

Positionierung der Geschäftsfelder ist Ergebnis interner Bewertung

in Mrd. Euro   **Anonymisiertes Beispiel**

Kapitalkosten: 9,5 %

● Alloziertes ökonomisches Kapital

Ergebniswachstum p. a., 2000–2009, nach Steuern

① Geschäftsfeld (GF) 1

● 0,5 GF 6

② GF 2

GF 5 ● 0,5

Analystenerwartung, 2001–2009: 8,0 %

③ GF 3

② GF 4

0   10 %   20 %   >30 %

ROE nach Steuern

Quelle: Bloomberg, Geschäftsberichte   Schaubild 30

Diese Innensicht gibt ein Mittel an die Hand, wertvernichtende und wertsteigernde Bereiche zu identifizieren, und erteilt Auskunft darüber, welche Wachstumsoptionen im Unternehmen wie genutzt werden können. Eine solche Portfolioanalyse kann die Grundlage für strategische Wertmanagementprogramme bilden. Darüber hinaus gibt eine solche Analyse wichtige Hinweise zur wertsteigernden Umverteilung von Kapital und Investitionsmitteln.

Das Unternehmen kann durch die Gegenüberstellung der internen strategischen Perspektive (Innensicht) mit der externen Perspektive des Kapitalmarkts (Außensicht) wichtige Werthebel identifizieren. Der **Vergleich der Innen- mit der Außensicht** kann aufzeigen, dass etwa die Größe eines Geschäftsfelds nicht auf den Wertbeitrag desselben schließen lassen muss oder dass die einzelnen Werthebel von ganz unterschiedlicher Bedeutung sind. Auch können durch Gespräche mit Analysten und Investoren unter Umständen Markt- oder Produktpotenziale aufgedeckt werden, die das Unternehmen so noch nicht erkannt hat. Aus diesem Feedback kann das Unternehmen wichtige Implikationen für zukünftige Geschäftsportfoliooptimierungen und damit eigene Wertaspirationen generieren. Darüber hinaus ergeben sich aus diesem Dialog wichtige Hinweise zur Weiterentwicklung der Kapitalmarktkommunikation.

Für das erfolgreiche Management von Kapitalmarkterwartungen ist es zusätzlich erforderlich, sich klare Ziele zu setzen. Diese können verschiedenartig sein und sich zum Beispiel auf Marktanteile, Managementvisionen oder auch Aktienkursniveaus beziehen. Ein am Marktwert des Unternehmens orientiertes Ziel kann beispielsweise mit der Größe der Top-10-Players und deren Entwicklung in der jeweiligen Industrie formuliert werden. So vervierfachte sich zwischen Ende 1995 und Mitte 2001 der Unternehmenswert der zehn größten Banken. Daraus könnte beispielsweise eine Bank als Ziel für 2004 die Verdopplung ihres Marktwerts ableiten (vgl. Schaubild 31).

Sind klare Ziele gesetzt, gilt es diese erfolgreich zu verwirklichen. Innerhalb des bestehenden Geschäftsportfolios müssen die Erwartungen des Markts, die das Unternehmen geweckt hat, erfüllt werden. Dies ist für die Glaubwürdigkeit des Managements und damit auch für die Bewertung durch den Kapitalmarkt ein wichtiger Faktor. Darüber hinaus sollte das bestehende Geschäftsportfolio durch Verbesserung der Produktivität und Wachstum in attraktiven Segmenten, das heißt durch verstärkte Investitionen in den als überdurchschnittlich werttreibend ermittelten Geschäftsfeldern, optimiert werden.

Verdoppelung der Marktkapitalisierung bis 2004 zu erwarten

Marktkapitalisierung in Mrd. Euro

12/1995	×4	5/2001	×2	2004
1 HSBC	30,3	1 HSBC	134,4	
2 UBS	21,1	2 UBS	75,8	
3 Lloyds TSB Group	19,9	3 ING	75,4	
4 Deutsche Bank	17,7	4 Roy. Bank of Scotland	68,6	
5 Credit Suisse	14,5	5 Lloyds TSB	64,8	
6 ING	14,3	6 Credit Suisse	62,9	
7 Barclays	14,0	7 Barclays	59,6	
8 NatWest	13,4	8 Deutsche Bank	56,6	
9 ABN Amro	11,4	9 BBVA	51,2	
10 Abbey National	9,8	10 BSCH	51,1	

| 17 | ∅ Top 10 | ~70 | | ~130 |

Quelle: Datastream, Bloomberg Schaubild 31

Der zweite Bereich, der für Unternehmen relevant ist, besteht im Zu- und Verkauf einzelner Geschäftsfelder. Mannesmann zum Beispiel konnte Ende der Neunzigerjahre den überwiegenden Teil der Wertsteigerung über Akquisitionen erzeugen. Diese Akquisitionen waren verbunden mit einer Fokussierung des Geschäftsportfolios auf den wachstumsträchtigen Telekommunikationsbereich. Zwischen November 1997 und November 1999 stieg der Marktwert von Mannesmann auch dank dieser Strategie um rund 550 Prozent.

Der Umbau des vormals stark diversifizierten Konzerns in ein stärker auf die schnell wachsende Telekommunikationsbranche fokussiertes Unternehmen wurde vom Kapitalmarkt also positiv bewertet. Mannesmann wurde durch diesen strategischen Ansatz schließlich so interessant, dass ein Wettbewerber, die britische Vodafone, das Unternehmen übernahm. Möglich wurde dies allerdings auch deshalb, weil Vodafone noch schneller als Mannesmann seinen Unternehmenswert steigern konnte und dadurch mit seinen Aktien über eine effektive Akquisitionswährung verfügte.

Wertmanagement bei der Siemens AG

Ein Beispiel für Geschäftsportfoliooptimierung und ein wertsteigerndes Management liefert die Siemens AG. Siemens hat, aufbauend auf einem genauen Verständnis der Bewertung der einzelnen Geschäftsfelder und seiner Werttreiber, im Sommer 1998 sein »10-Punkte-Programm« vorgestellt. Die zehn Punkte beinhalteten z. B. ein Programm zur Verbesserung der operativen Leistung, ein Desinvestitionsprogramm, eine Strategie zur Stärkung der Kerngeschäfte (auch durch Akquisitionen), eine Optimierung der Kapitalstruktur und Reduktion des gebundenen Kapitals sowie die Bilanzierung nach US-GAAP und das US-Listing.

Der Konzern hatte sich damit ehrgeizige Ziele gesteckt, diese klar kommuniziert und dann schrittweise verfolgt und auch erreicht.

Der Erfolg ließ nicht lange auf sich warten. Der DAX-30-Index wurde 1999 und 2000 deutlich übertroffen. Negative Marktentwicklungen konnten in diesem Zeitraum erfolgreich abgefedert werden.

Die oben beschriebenen Optimierungen des Geschäftsportfolios sind regelmäßig mit ihren Wertimplikationen in einem internen Wertmodell zu simulieren. Durch den laufenden Vergleich des tatsächlichen Marktwerts mit dem Unternehmenswert des internen Bewertungsmodells können sich »Wahrnehmungslücken« offenbaren. Der Kapitalmarkt bewertet das Unternehmen anders als das eigene interne Bewertungsmodell. Dieses zu schließen ist neben der Begleitung der Geschäftportfoliooptimierung die Aufgabe des strategischen Investorenmanagements.

Strategisches Investorenmanagement umfasst

- die Optimierung der Aktionärsstruktur (Kapitel 2.2),
- die Erhöhung der Attraktivität des Aktienangebots (Kapitel 2.3) sowie
- die effiziente Steuerung der Investorenerwartungen (Kapitel 2.4).

Diese drei Hebel des strategischen Investorenmanagements und deren Wertsteigerungspotenziale sind Inhalt der nun folgenden Kapitel.

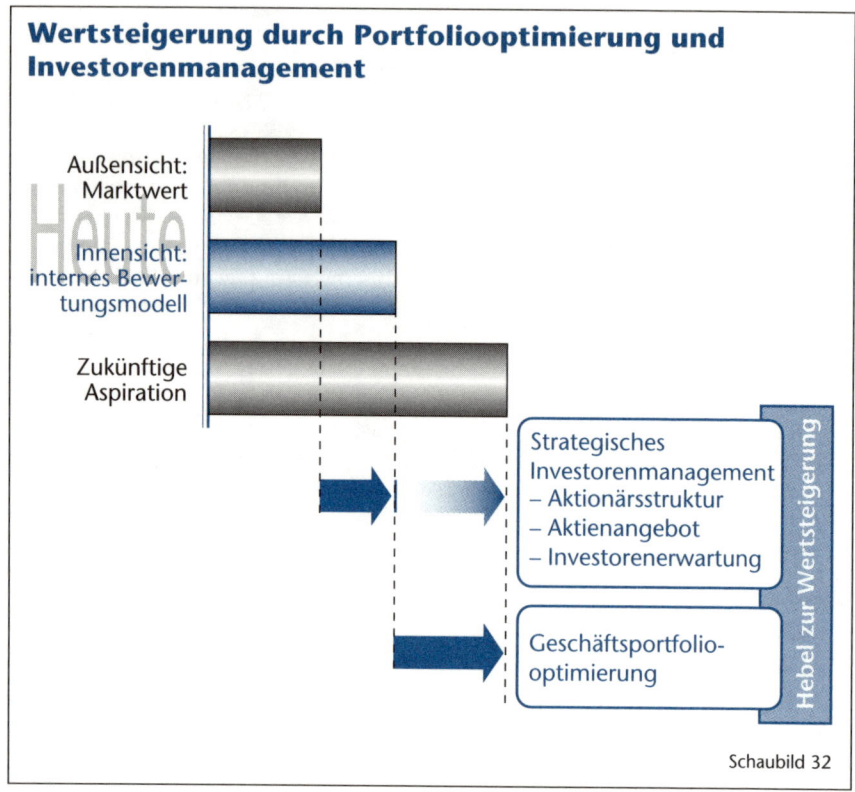

Wertsteigerung durch Portfoliooptimierung und Investorenmanagement

Schaubild 32

2.2 Aktionärsstruktur – passende Investoren gewinnen

Was ist der ideale Investorenmix für ein börsennotiertes Unternehmen? Kann man als Unternehmen überhaupt in nennenswertem Umfang Einfluss nehmen auf die Zusammensetzung der Aktionärsstruktur?

Die Beziehung eines Aktionärs zu »seinem« Unternehmen lässt sich auch als Partnerschaft interpretieren. Manche Partnerschaften gehen auseinander, sobald die äußeren Umstände erkennbar schwierig zu werden scheinen. Andere laufen erst dann zur Höchstform auf, wenn es sich gegen einen gemeinsamen äußeren »Feind« zu verteidigen gilt.

Die besten Partnerschaften sind die, von denen beide Seiten profitieren. Die Qualität der besten Partnerschaften beruht darauf, dass die Erwartungen, die an sie gestellt werden, erfüllbar sind und (meistens) erfüllt werden.

Der folgende Abschnitt führt den Beweis dafür, dass man die »Partnerwahl« am Kapitalmarkt nicht dem Zufall überlassen sollte. Auch bezüglich dieses Aspekts des Lebens am Kapitalmarkt gilt: Performance ist kein Schicksal.

Die Zusammensetzung der am Unternehmen beteiligten Investoren trägt entscheidend dazu bei, dass ein Unternehmen seine Strategie verfolgen kann. Die Unternehmensführung muss daher versuchen, diejenige Aktionärsstruktur zu identifizieren und aufzubauen, die am besten zum individuellen Unternehmensrisiko- und Ertragsprofil passt. Dieses Kapitel gibt Antworten auf die folgenden Fragen:

• Warum ist die Aktionärsstruktur für den Erfolg des Unternehmens wichtig?
• Gibt es ideale Investoren für ein Unternehmen? In welcher Zusammensetzung passen Investoren zum Unternehmen?
• Wie kann die eigene Aktionärsstruktur beeinflusst werden?

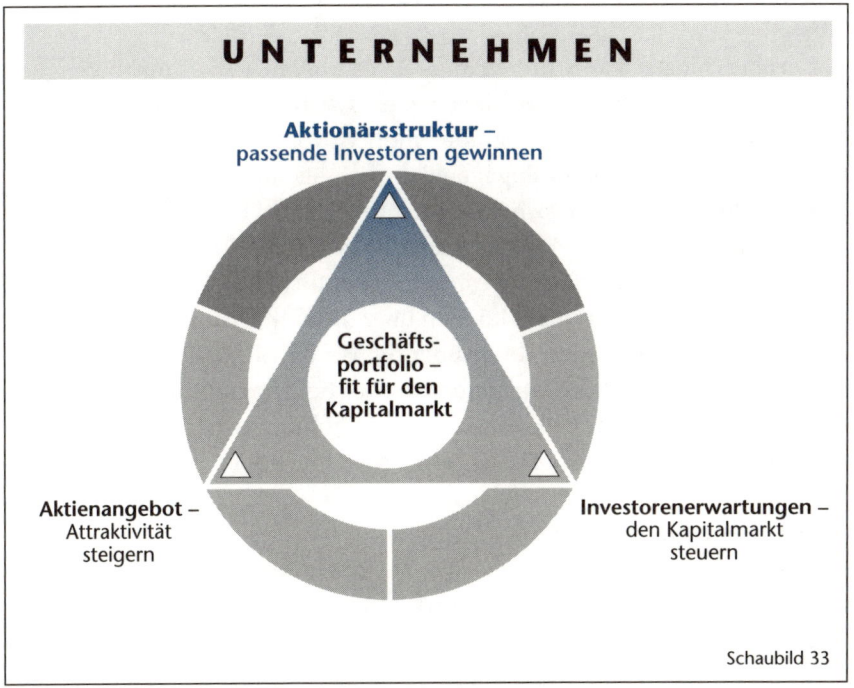

Schaubild 33

Investorenmix: Thema für das Topmanagement

Aktionäre sind keine fremden, außen stehenden Kapitalgeber. Sie sind die Eigentümer eines Unternehmens, für dessen Erfolg am Kapitalmarkt sie aus verschiedenen Gründen wichtig sind.

Mit der Auswahl der »richtigen« Investoren können Bewertungsabweichungen verringert werden, bei denen die interne Bewertung höher ist als die Einschätzung des Kapitalmarkts. Die »richtigen« Investoren verstehen das Geschäftsportfolio, die zugrunde liegende Strategie und die Wachstumsoptionen besser und können sie daher richtig beurteilen.

Ein ausgewogener Investorenmix kann ferner höhere Liquidität bedeuten und so die Volatilität der Aktie begrenzen. So ist regelmäßig ein großer Anteil institutioneller Investoren mit einer höheren Liquidität der Aktie verbunden. Liquide gehandelte Aktien reagieren nur wenig auf einzelne zufällige Käufe und Verkäufe – »Ausreißerpreise« sind selten. Höhere Liquidität ist außerdem eine Voraussetzung dafür, dass größere Investoren wie institutionelle Anleger überhaupt gewonnen werden können. Denn sie müssen zumeist schon aus Kostengründen große Positionen erwerben – und sind nur bereit, dies zu tun, wenn sie diese auch wieder verkaufen können.

Darüber hinaus kann der richtige Investorenmix die Unabhängigkeit und Handlungsfähigkeit des Managements sicherstellen und schlussendlich die strategischen Freiheitsgrade erhöhen. Vor allem strategische Investoren verbinden mit ihrem Engagement mehr als nur den direkten finanziellen Ertrag und erweisen sich daher nicht zuletzt bei Übernahmeversuchen als wichtige Verbündete. Eine Übernahme gegen den Willen des Managements und der strategischen Investoren ist deutlich schwerer zu realisieren.

Darüber hinaus: Aktionäre können über ordentliche und außerordentliche Hauptversammlungen sowie über die Wahl des Aufsichtsrats den Gestaltungsspielraum des Managements entscheidend mitbestimmen. Beispielsweise werden im Falle einer Kapitalerhöhung regelmäßig zuerst die schon vorhandenen Aktionäre angesprochen. Vertrauen und Berechenbarkeit zahlen sich hier langfristig aus.

Der ehemalige sowjetische Präsident Gorbatschow hat eines der wohl bekanntesten Bonmots geprägt: »Wer zu spät kommt, den bestraft das Leben.« Das gilt auch bei der Strukturierung der Aktionärsbasis – wie ein Blick auf die Übernahmeschlacht um die Telecom Italia im Jahr 1999 zeigt.

Chronik des Übernahmekampfs um Telecom Italia, 1999

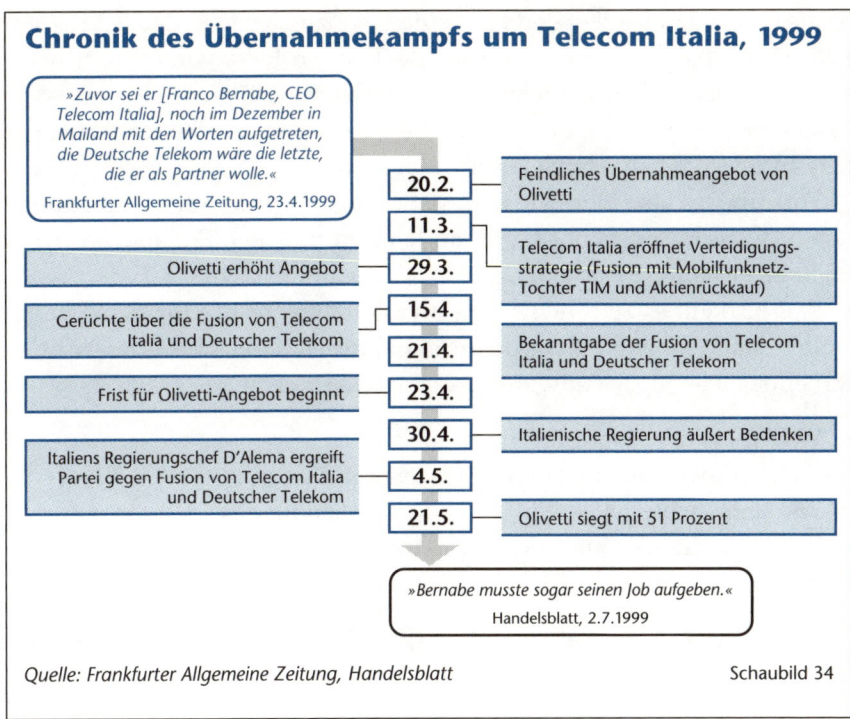

»Zuvor sei er [Franco Bernabe, CEO Telecom Italia], noch im Dezember in Mailand mit den Worten aufgetreten, die Deutsche Telekom wäre die letzte, die er als Partner wolle.«
Frankfurter Allgemeine Zeitung, 23.4.1999

20.2. — Feindliches Übernahmeangebot von Olivetti

11.3.

Olivetti erhöht Angebot — **29.3.** — Telecom Italia eröffnet Verteidigungsstrategie (Fusion mit Mobilfunknetz-Tochter TIM und Aktienrückkauf)

Gerüchte über die Fusion von Telecom Italia und Deutscher Telekom — **15.4.**

21.4. — Bekanntgabe der Fusion von Telecom Italia und Deutscher Telekom

Frist für Olivetti-Angebot beginnt — **23.4.**

30.4. — Italienische Regierung äußert Bedenken

Italiens Regierungschef D'Alema ergreift Partei gegen Fusion von Telecom Italia und Deutscher Telekom — **4.5.**

21.5. — Olivetti siegt mit 51 Prozent

»Bernabe musste sogar seinen Job aufgeben.«
Handelsblatt, 2.7.1999

Quelle: Frankfurter Allgemeine Zeitung, Handelsblatt   Schaubild 34

Zunächst: Die Transformation des ehemaligen Staatsbetriebs brauchte mehr Zeit, als anfangs angenommen wurde. Die Fokussierung des Geschäftsportfolios war zum Zeitpunkt der Übernahme noch nicht sehr weit fortgeschritten. Vor allem aber verfügte das Management über keine stabile, unterstützende Aktionärsbasis.

Der Aktionärskern um die Versicherungen Assicurazioni Generali, Ina und Alleanza, die Banken Credit Suisse, Sanpaolo IMI, UniCredito Italiano, Compagnia di San Paolo und Rolo Banca sowie die Ifil-Finanzholding leisteten wenig Widerstand gegen die Übernahme.

Gleichzeitig basierte die Verteidigungsstrategie der Telecom Italia primär auf Maßnahmen, die das Management bereits vor der Bedrohung durch Olivetti hätte umsetzen können. Deshalb reagierte der Kapitalmarkt auch nicht besonders positiv auf diese Schritte.

In höchster Not sah Bernabe, der Chef von Telecom Italia, nur noch einen Ausweg: die Suche nach einem »Weißen Ritter«, also einem befreundeten Investor. Dass er nun Verhandlungen mit der Deutschen Telekom aufnahm, die er zuvor kategorisch ausgeschlossen hatte, ließ allerdings seine

Strategie wenig überzeugend erscheinen. Hinzu kamen Bedenken der italienischen Regierung. Am Ende wurde Telecom Italia von Olivetti übernommen. Dass das Unternehmen damit immer noch nicht in langfristige Hände geraten war, zeigt die Übernahme eines beherrschenden Aktienpakets an Telecom Italia durch Pirelli in 2001.

Vorsorge tut also Not, wie man sieht. Ein angegriffenes Unternehmen, das nicht rechtzeitig vorgebaut hat, kann in prekären Situationen kaum mehr eigenständig handeln.

Was also gilt es zu tun, um den Investorenmix rechtzeitig aktiv zu gestalten, statt Wohl und Wehe passiv dem Kapitalmarkt zu überlassen? Unternehmen benötigen Antworten auf folgende Fragen:

- Welche Investorengruppen gibt es?
- Welcher Investorenmix passt zu meiner Strategie?
- Wie sieht meine gegenwärtige Aktionärsstruktur aus?
- Wie kann die Aktionärsstruktur aktiv beeinflusst und umgestaltet werden?

Haben Unternehmen Antworten auf diese Fragen, sind sie für ein erfolgreiches Agieren am Kapitalmarkt bereits gut gerüstet.

Gibt es den idealen Investor?

Immer häufiger teilen Unternehmen dem Kapitalmarkt über die Medien ihren angestrebten Investorenmix mit. Sie versuchen auf diese Weise, ihre Wunschinvestoren gezielt anzusprechen. Speziell im Rahmen von Börsengängen (IPOs) und Kapitalerhöhungen wendet sich die Unternehmensleitung gerne direkt an die ins Auge gefassten Investoren. Drei Beispiele:

- »**Infineon Technologies** wünscht sich, dass im Rahmen ihres Börsengangs rund 25 bis 30 Prozent der platzierten Aktien bei Privatanlegern landen. Eine solche Prozentzahl nannte Infineon-Chef Ulrich Schumacher am Freitag seine ›Wunschvorstellung‹. Einen Preisvorteil für Frühzeichner biete Infineon, um damit mehr Privatanleger als ›stabilisierenden Faktor‹ in der Aktionärsstruktur zu werben.«[50]
- »**Telekom**-Chef Sommer sagte, diese Verteilung zu Gunsten der Privatanleger sei gewollt und ›weltweit ohne Beispiel‹. Die Telekom habe die

privaten Anleger stets als ›zentrale Säule der Aktionärsstruktur‹ verstanden.«[51]

• »Ziel ist es, eine möglichst breite Platzierung der Aktie zu schaffen. Zudem ist ein umfangreiches Mitarbeiterprogramm geplant.«

Dr. Klaus Zumwinkel, Vorstandsvorsitzender der **Deutschen Post AG**[52]

Wie werden Entscheidungen über einen anzustrebenden Investorenmix begründet und getroffen?

Im ersten Schritt müssen Unternehmen analysieren, welche Investoren zu ihnen passen und wie sich bestimmte Investorengruppen verhalten.

Der nächste Schritt besteht in der Entscheidung über die angestrebte Aktionärsstruktur. Sie sollte die kapitalmarktorientierte Ausrichtung des Geschäftsportfolios nachvollziehen und honorieren können sowie zugleich die Strategie des Unternehmens widerspiegeln.

Im ersten Teil des Buchs haben wir uns ausführlich mit der Nachfrageseite des Kapitalmarkts beschäftigt – dem Aktionär. Aktionäre beziehungsweise Investoren bilden den Käuferkreis für die vom Unternehmen angebotenen Kapitalmarktprodukte – sie sind also Kunden im klassischen Sinne.

Die erste Aufgabe auf dem Weg zum erfolgreichen aktiven Management der eigenen Aktionärsbasis besteht – wie bei Kunden – darin, die verschiedenen Investorengruppen kennen zu lernen, mit denen ein Unternehmen es am Kapitalmarkt zu tun hat.

Die größte und in der Regel einflussreichste Kundengruppe am Kapitalmarkt sind **institutionelle Investoren**. Unternehmen, die sich entschließen, diese Investorengruppe stärker anzusprechen, erreichen durch Aktionäre aus diesem Kreis mehrere Vorteile. Die Betreuung durch Wertpapieranalysten, und damit der Bekanntheitsgrad, nimmt tendenziell zu. Zudem versprechen institutionelle Investoren potenziell ein professionelles Verständnis des Geschäftsportfolios und somit einer intelligenten Preisbildung. Nicht zuletzt ist diese Investorengruppe einfach kapitalstark, besitzt also hohes Nachfragepotenzial. Nicht selten weisen institutionelle Investoren eine hohe Umschlaghäufigkeit ihres Portfolios auf. Ist dies der Fall, kann zwar einerseits die Liquidität der Aktie gesteigert, andererseits aber eine niedrigere Loyalität zum Unternehmen abgelesen werden. Empirische Untersuchungen am Beispiel europäischer Banken haben gezeigt, dass institutionelle Investoren ihren Aktienbestand zwei- bis dreimal häufiger umschlagen als Privatanleger. Sie sind tendenziell auch weniger bereit, eine

Aktie bei schlechten Unternehmensnachrichten im Depot zu halten. Das Engagement eines institutionellen Investors steht und fällt in der Regel mit der finanziellen Performance des Unternehmens.

Der Einstieg bestimmter institutioneller Investoren wird vom Kapitalmarkt regelrecht honoriert. So wird besonders das Engagement renommierter Investoren wie beispielsweise Warren Buffet (Berkshire Hathaway) vom Kapitalmarkt in der Regel als positives Signal aufgefasst. Hier kommt es oft zu einem Schneeballeffekt, da das Engagement der Branchengrößen bei vielen Akteuren am Kapitalmarkt als richtungsweisend gilt.

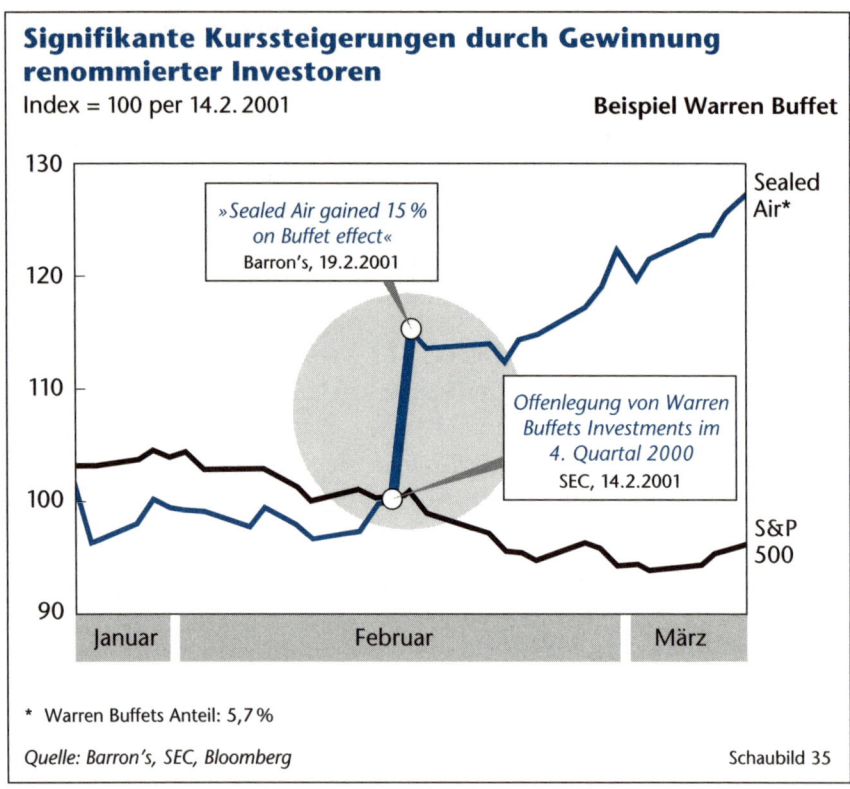

Signifikante Kurssteigerungen durch Gewinnung renommierter Investoren

Index = 100 per 14.2. 2001   **Beispiel Warren Buffet**

»Sealed Air gained 15 % on Buffet effect«
Barron's, 19.2.2001

Offenlegung von Warren Buffets Investments im 4. Quartal 2000
SEC, 14.2.2001

Sealed Air*

S&P 500

Januar   Februar   März

* Warren Buffets Anteil: 5,7 %

Quelle: Barron's, SEC, Bloomberg   Schaubild 35

Wie kommt es zu diesen Nachahmungseffekten? Aktive Investoren nehmen in unterschiedlicher Weise Einfluss auf das betroffene Unternehmen. Dies kann die Corporate Governance eines Unternehmens, aber auch die Unternehmensstrategie betreffen. Darüber hinaus können solche Investoren wertvolles Know-how in das Unternehmen einbringen (wenn sie zum

Beispiel Einfluss auf die Geschäftstätigkeit nehmen, wie dies etwa spezialisierte Beteiligungsgesellschaften tun). Unabhängig davon, wie weit und in welche Richtung die Einflussnahme geht: Sie wird sich in der Performance am Kapitalmarkt widerspiegeln.

Neben institutionellen Investoren spielen **Privatanleger** auch auf dem deutschen Kapitalmarkt eine immer wichtigere Rolle.

Welche Vorteile kann es für ein Unternehmen haben, den Anteil an Privatanlegern zu erhöhen? Sie sind häufig loyaler als institutionelle Investoren und stellen dadurch einen höheren Grad an Stabilität sicher. Zwar sind bei Privatanlegern auch so genannte »Daytrader« zu finden, also Aktionäre, die durch Veränderungen ihres Aktienportfolios innerhalb von wenigen Minuten Gewinne zu erzielen versuchen. Diese sind aber ohne Frage die Ausnahme von der Regel. Das insgesamt loyalere Verhalten von Privatanlegern spiegelt sich in der vielfach anzutreffenden »konservativen« Anlagestrategie wider: eine langfristige, stabile Wertentwicklung wird einer kurzfristigen Performanceoptimierung und schnellen Kursgewinnen vorgezogen.

Innerhalb des Kreises der Privatanleger kann die Einbindung von **Kunden** bei einer Vielzahl von Unternehmen zu positiven Nebeneffekten für das operative Geschäft führen. Darüber hinaus bekommt das Unternehmen voraussichtlich mehr Verbesserungsvorschläge von seinen Kunden, da diese zur Performancesteigerung beitragen. So ist anzunehmen, dass die enge Bindung der Aktionäre an die Deutsche Telekom als Dienstleister einen Beitrag dazu geleistet hat, dass das Unternehmen in Zeiten der Liberalisierung des Telekommunikationsmarkts seine Marktstellung erhalten konnte.

Eine für nahezu jedes Unternehmen attraktive Investorenzielgruppe innerhalb des Kreises der Privatanleger stellen **Mitarbeiteraktionäre** dar. Durch die Beteiligung der Mitarbeiter am Unternehmenserfolg harmonisiert das Management seine Ziele mit denen der Mitarbeiter. Ein Angestellter, der zugleich Kapitalgeber seines Arbeitgebers ist, wird schon aus Eigeninteresse sein Handeln stärker auf das Wohl des Unternehmens ausrichten.

Aus den Investorengruppen, die – wie in Teil 1 gezeigt – am deutschen Kapitalmarkt zunehmend an Bedeutung gewinnen, sind insbesondere die **internationalen Investoren** hervorzuheben. Welche Konsequenzen ergeben sich für Unternehmen, die internationale Investoren gewinnen wollen? Um für internationale Investoren in Betracht zu kommen, müssen kontinentaleuropäische Unternehmen vor allem eine Reihe internationaler Standards erfüllen. Dies betrifft in erster Linie Corporate Governance, Bilanzierungsmethoden und finanzielle Transparenz. Hat ein Unternehmen diese Hürden genommen, kann das hohe Nachfragepotenzial internationaler Investoren erfolgreich erschlossen werden.

Ein wichtiger weiterer Investor in Deutschland ist die öffentliche Hand. Die **öffentliche Hand** tritt in Deutschland sowohl direkt (zum Beispiel Deutsche Telekom, Deutsche Post, Volkswagen) als auch indirekt auf, beispielsweise über Beteiligungen der Landesbanken oder der Kreditanstalt für Wiederaufbau (KfW).

Vom Kapitalmarkt – insbesondere von internationalen Investoren – wird eine Staatsbeteiligung jedoch häufig als Nachteil aufgefasst. Dafür gibt es Gründe: Im Vordergrund stehen für den Staat neben Rendite- oder Wertzielen auch:

- Förder- und Subventionsziele,
- Beschäftigungsaspekte und Infrastrukturziele
- und nicht zuletzt ein gut eingespieltes Geben und Nehmen auf regionaler Ebene.

Der Investor öffentliche Hand neigt aus Sicht des Kapitalmarkts mit anderen Worten dazu, eine klare Geschäftsstrategie mit eigenen politischen Interessen zu verwischen, was sich in einer unbefriedigenden Wertentwicklung niederschlagen kann. Das Beispiel Volkswagen veranschaulicht diesen Zusammenhang:

»Auf der anderen Seite äußern vor allem angelsächsische Kapitalanleger wenig Verständnis für die Rolle des Landes [Niedersachsen] als Aktionär und sprechen zum Missfallen des Vorstandes gelegentlich von einer ›state owned company‹. Der Aktienkurs leidet nach Analystenmeinung unter der Dominanz des Landes.«[53]

Ein hoher Staatsanteil erweist sich zudem als nachteilig auf dem internationalen M&A-Parkett. Wer nicht zu übernehmen ist, auf dessen Übernahme muss man auch nicht spekulieren. Damit fehlt der Aktie eine nachhaltige strategische Option, die »Übernahmephantasie«. Darüber hinaus kann ein hoher Staatsanteil selbst wiederum Unternehmenskäufe erschweren. So lösen Unternehmen mit signifikantem Staatsbesitz bei geplanten Übernahmen im Ausland nicht selten besondere Ressentiments und grundsätzliche Bedenken aus.

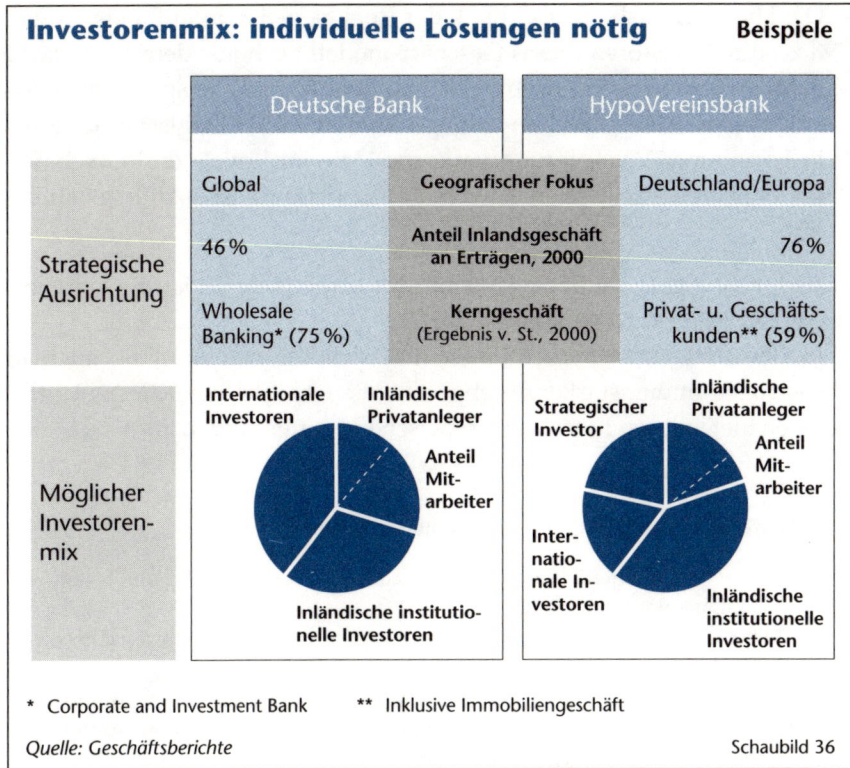

Investorenmix: individuelle Lösungen nötig   Beispiele

	Deutsche Bank		HypoVereinsbank
Strategische Ausrichtung	Global	Geografischer Fokus	Deutschland/Europa
	46%	Anteil Inlandsgeschäft an Erträgen, 2000	76%
	Wholesale Banking* (75%)	Kerngeschäft (Ergebnis v. St., 2000)	Privat- u. Geschäfts-kunden** (59%)

Möglicher Investoren-mix

* Corporate and Investment Bank   ** Inklusive Immobiliengeschäft

Quelle: Geschäftsberichte   Schaubild 36

Die beispielhafte Gegenüberstellung des fiktiven »idealen Investorenmix« der beiden Kreditinstitute Deutsche Bank und HypoVereinsbank zeigt die Notwendigkeit und Nützlichkeit einer individuellen und auf die Unternehmensstrategie ausgerichteten Aktionärsstruktur. Diese erfüllt letztlich die Aufgabe, die Strategie des Managements zu fördern und mitzutragen.

Der Zielinvestorenmix muss daher mit den wesentlichen Säulen der Unternehmensstrategie der beiden Bankengruppen korrespondieren:

• Die Deutsche Bank hat sich als Global Player aufgestellt. Dies und der Umstand, dass angelsächsische Investoren regelmäßig mehr Verständnis für das risikoreiche Geschäft des »Wholesale Banking« aufbringen, macht internationale Investoren für die Bank besonders wertvoll. Durch einen verstärkten Fokus auf Investmentbanking-Aktivitäten ist für die Deutsche Bank eine starke Bindung und Incentivierung auch über Mitarbeiterbeteiligungsmodelle schon aus Wettbewerbsgründen notwendig.

- Die HypoVereinsbank als »Bank der Regionen« ist darauf angewiesen, dass ihre Investoren dieses Geschäftsmodell auch aus dem Kernmarkt heraus verstehen und nachvollziehen können, was beispielsweise Privatanlegern als Aktionären entgegenkommt. Ein strategischer Investor in Form einer Versicherung verkörpert die im Privat- und Geschäftskundenbereich zunehmend wichtige Ausrichtung als »Allfinanzanbieter«.

Basis für eine gezielte Beeinflussung des Investorenmix ist die Untersuchung der eigenen Aktionärsstruktur.

In den vergangenen drei Jahren hat sich die Namensaktie auch in Deutschland immer stärker durchgesetzt. Bereits zehn der 30 DAX-Unternehmen bieten ihren Investoren inzwischen Namensaktien an.

Praxistest: Vor- und Nachteile von Namensaktien

+ Aktienregister liefert laufend Daten zur Aktionärsstruktur, die andernfalls teuer einzukaufen sind
+ Transparenz dient auch als Frühwarnsystem bei drohenden feindlichen Übernahmen
+ Weltweit fungible Aktiengattung ist Voraussetzung für direktes internationales Listing; einheitliche Notierung an ausländischen Börsen, dadurch günstigeres Cross-Border Settlement
+ Verbesserte Ausgangsposition bei feindlichen Übernahmeversuchen durch gezielt einsetzbare Abwehrprogramme
+ Möglichkeit direkter Aktionärsansprache; Verringerung von Informationskosten und Zeitverzögerungen
− Erhebliche Einmalkosten für eine Umstellung von Inhaber- auf Namensaktien (Aufbau eines Aktienregisters)
− Laufende Kosten für Mitarbeiter zur Pflege des Aktienregisters
− Kosten für einen regelmäßigen Austausch von Rohdaten zwischen Unternehmen und Depotbanken

Aus Kostengründen übermitteln einige Banken keine Depotveränderungen und werden weiterhin als Depotbank im Aktienregister geführt. Gleiches geschieht, wenn ein Aktionär Widerspruch gegen die Aufnahme seiner Daten in das Aktienregister des Unternehmens einlegt. Beides hat dazu geführt, dass die Unternehmen von den zu erwartenden Vorteilen der Namensaktie bislang nur in begrenztem Umfang profitieren konnten: Allerdings sind Verordnungen in Vorbereitung, die dieses

Verhalten einzelner Depotbanken beenden sollen. Das Ende Januar 2001 verabschiedete »Gesetz zur Namensaktie und zur Erleichterung der Stimmrechtsausübung (NaStraG)« hat zudem zwischenzeitlich einen klaren rechtlichen Raum geschaffen und anfängliche Bedenken der Aktionäre (insbesondere zum Thema »Datenschutz«) weitgehend ausgeräumt.

Das mit Namensaktien verbundene Aktienregister bietet pro Aktionär lediglich Basisinformationen über Name, Anschrift, Geburtsdatum und gehaltene Stückzahl. Eine konsequente Verfolgung aller Bewegungen im Aktienregister ermöglicht jedoch weitreichende Einsichten zu

- Anteilshöhe und Veränderungen derselben,
- Handelstätigkeit,
- Umschlaghäufigkeit,
- Besitzintervallen,
- Ausübung der Aktionärsrechte (zum Beispiel Bezugsrechte).

Unternehmen können durch diese Informationen Investoren klassifizieren und die Kommunikation strukturiert und gezielt vornehmen (zum Beispiel Basisinformationen für stabile Privatanleger ohne Handelstätigkeit, regelmäßige Informationsbereitstellung für aktive institutionelle Investoren).

Die Analyse des Aktienregisters eröffnet natürlich nicht die volle »Wahrheit« über die eigenen Aktionäre. Insbesondere institutionelle Investoren, die größere Anteile am Unternehmen halten, verfolgen Ziele, die sich dem Unternehmen nicht allein aus einer quantitativen Analyse des Aktienregisters erschließen.

Gleichwohl gilt: Dank der Namensaktie ist der Aktionär nicht länger das unbekannte Wesen. Die Namensaktie macht die Aktionärsstruktur erheblich transparenter – und das Unternehmen verliert nicht den Durchblick.

Aktionärsstruktur anpassen – aber wie?

Nach der Analyse der heutigen Aktionärsstruktur muss die vom Topmanagement angestrebte Aktionärsstruktur über geeignete Maßnahmen erreicht werden.

Eine aktive Beeinflussung der eigenen Aktionärsstruktur ist möglich –

wie ein Blick auf den Kapitalmarkt beweist. Dabei werden Maßnahmen zur Veränderung des Investorenmix zum Teil deutlich kommuniziert, zum Teil eher im Hintergrund durchgeführt.

Am Beispiel des DAX-Unternehmens SAP kann eine mögliche Strategie zur Veränderung der Aktionärsbasis gut veranschaulicht werden.

»SAP – opening up!«

Aktive Beeinflussung des Investorenmix aus strategischen Erwägungen

Strategische Ausrichtung:
Expandierendes Technologieunternehmen mit globalen Wachstumschancen; Vermeidung von Bewertungsabschlägen auf den Marktwert des Unternehmens; hohe Abhängigkeit des Erfolgs der Wachstums- und Internationalisierungsstrategie von der Verfügbarkeit und mittelfristigen Bindung erstklassigen IT-Personals.

Aktuelle Aktionärsstruktur:
38 Prozent Gründungsaktionäre (Plattner, Tschira, Hopp)
19 Prozent institutionelle Investoren aus Deutschland
16 Prozent Privatanleger (davon ca. 2 Prozent Mitarbeiteraktionäre)
27 Prozent internationale Investoren (USA: 11 Prozent, UK/Irland: 6 Prozent, Kontinentaleuropa: 9 Prozent, restliche Welt: 1 Prozent)

Ziele für den Investorenmix:
Gezielte Rückführung des aus der Gründungsphase resultierenden hohen Aktienanteils der Gründungsgesellschafter zur weiteren Erhöhung des Free Float und somit Verbesserung der Aufnahmechancen beziehungsweise Erhöhung des Gewichts in Aktienindizes.

Steigerung des Anteils an Mitarbeiteraktionären als Motivations- und Bindungsinstrument durch Aktienbeteiligungs- und Optionsprogramme sowie über Wandlungsrechte.

Die Ermittlung und Festlegung eines gewünschten Investorenmix ist aber nur die halbe Miete. Fragen der Umsetzung schließen sich an: Welche Instrumente können Unternehmen nutzen, um die gewünschten Aktionäre zu erreichen und zu gewinnen? Hier sind insbesondere die Dividendenpolitik und der richtige Einsatz der Equity Story relevant, darüber hinaus gibt es spezielle Instrumente zur Ansprache ausgewählter Investorengruppen.

Die **Dividendenpolitik** ist ein Instrument, potenzielle Investoren auf sich aufmerksam zu machen. Ist die eigene Dividendenpolitik hinrei-

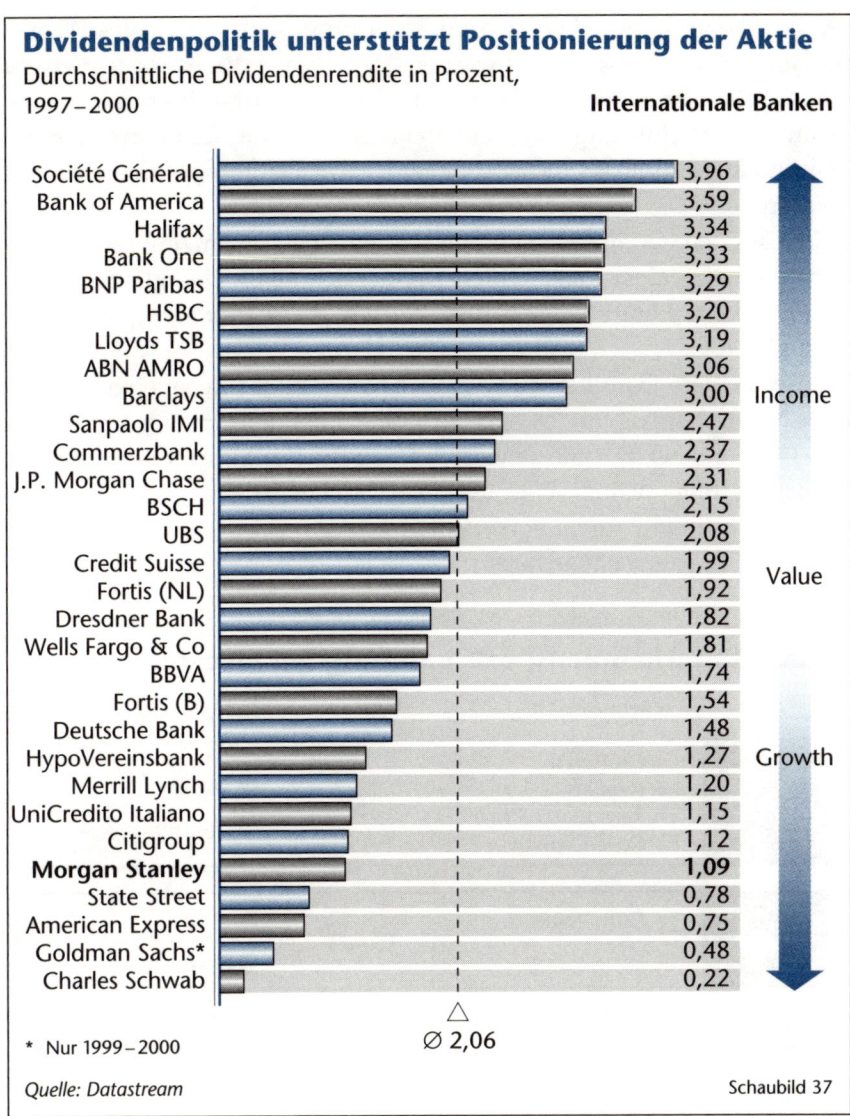

Dividendenpolitik unterstützt Positionierung der Aktie
Durchschnittliche Dividendenrendite in Prozent,
1997–2000   **Internationale Banken**

Société Générale	3,96
Bank of America	3,59
Halifax	3,34
Bank One	3,33
BNP Paribas	3,29
HSBC	3,20
Lloyds TSB	3,19
ABN AMRO	3,06
Barclays	3,00 Income
Sanpaolo IMI	2,47
Commerzbank	2,37
J.P. Morgan Chase	2,31
BSCH	2,15
UBS	2,08
Credit Suisse	1,99
Fortis (NL)	1,92 Value
Dresdner Bank	1,82
Wells Fargo & Co	1,81
BBVA	1,74
Fortis (B)	1,54
Deutsche Bank	1,48
HypoVereinsbank	1,27 Growth
Merrill Lynch	1,20
UniCredito Italiano	1,15
Citigroup	1,12
Morgan Stanley	**1,09**
State Street	0,78
American Express	0,75
Goldman Sachs*	0,48
Charles Schwab	0,22

∅ 2,06

* Nur 1999–2000

Quelle: Datastream   Schaubild 37

chend auf die Unternehmensstrategie abgestimmt, kann dies für mögliche
Investoren ein weiterer Anreiz für ein Engagement sein. Das gilt nicht nur
für private, sondern auch für bestimmte institutionelle Investoren, die auf
hohe regelmäßige Ausschüttungen abzielen.

Ein Blick auf Morgan Stanley verdeutlicht das soeben Gesagte. Die
Unternehmensstrategie der Bank ist auf globales Wachstum ausgerich-

tet. Die Aktie müsste demnach mit dem Profil »internationales Wachstumsinvestment« positioniert werden. Im Rahmen dieser Strategie wäre eine großzügige Dividendenausschüttung ein irreführendes Signal. Denn die Ausschüttung hoher Dividenden – also die Herausgabe von Eigenmitteln – könnte als Indiz für fehlende Wachstumsoptionen gewertet werden.

Um auf den Radarschirm von Investoren zu gelangen, muss ein Unternehmen neben einer konsistenten Dividendenpolitik eine glaubwürdige und attraktive Equity Story haben und den Investoren erfolgreich kommunizieren.

Insbesondere institutionelle Anleger haben in der Regel eine sehr genaue Vorstellung davon, ob sie eher hohe laufende Erträge z. B. in Form von Dividenden (»Income«; Beispiel: Deutsche Post), eine kontinuierliche Wertsteigerung (»Value«; Beispiel: Bayer) oder eine rasante – und dadurch natürlich auch riskantere – Wertentwicklung (»Growth«; Beispiel: SAP) von ihrem Engagement erwarten.

Klare Unternehmenspositionierung bei Investoren

	Kategorie	P/E*	Beispiele
Growth	– Growth – Growth at a Reasonable Price – Core Growth	**> 25**	● SAP ● Deutsche Telekom
Value	– Core Value – Deep Value	**15 – 25**	● BMW ● Bayer
Income	– Income Value – Yield	**10 – 15**	● Deutsche Post ● MAN

* August 2001, geschätzte Gewinne für das Geschäftsjahr 2001

Quelle: Datastream   Schaubild 38

Die Übereinstimmung von Unternehmens- und Anlagezielen ist für jeden Investor, vor allem aber für institutionelle Investoren, ein wesentliches Kauf- bzw. Verkaufskriterium.

Wie das US-amerikanische Beispiel **Monsanto** zeigt, können und müssen die offensichtlich vorhandenen Wechselwirkungen zwischen Unternehmensstrategie und Aktionärsstruktur erkannt und gesteuert werden.

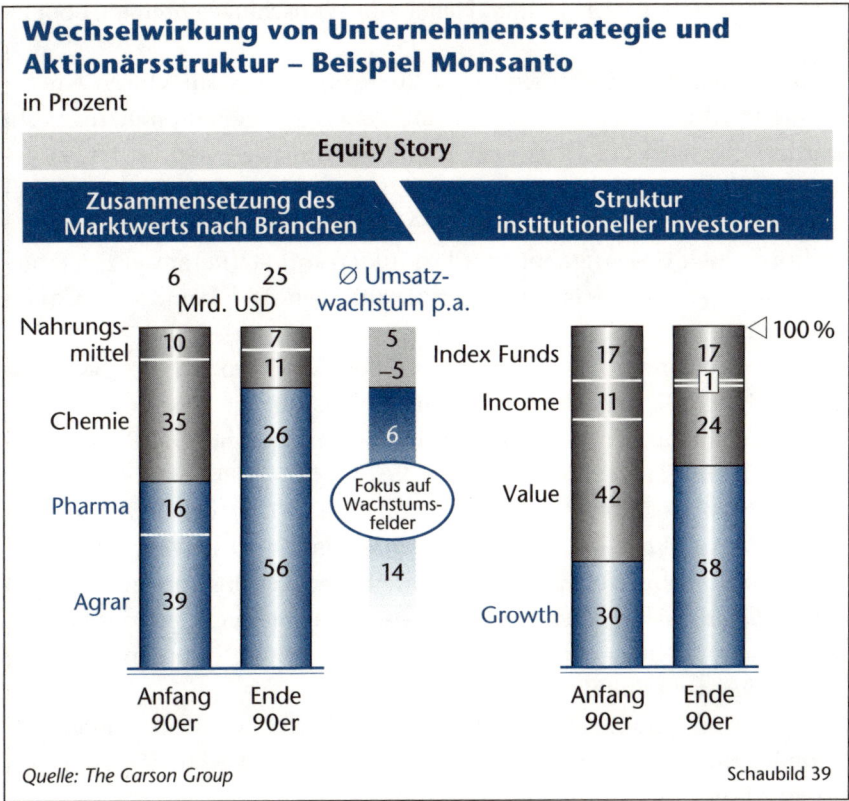

Wechselwirkung von Unternehmensstrategie und Aktionärsstruktur – Beispiel Monsanto

in Prozent

Equity Story

Zusammensetzung des Marktwerts nach Branchen

Struktur institutioneller Investoren

Quelle: The Carson Group   Schaubild 39

Dem Management von Monsanto gelang es, durch eine verstärkte und klar kommunizierte Fokussierung des Geschäftsportfolios auf wachstumsträchtige Segmente (Pharma und Agrar) die Aktionärsstruktur nach und nach zu verändern.

Wesentliches Instrument dafür, dass die Unternehmensstrategie am Kapitalmarkt überhaupt wahrgenommen werden konnte, war eine attraktive und glaubhafte **Equity Story**. Anleger, die eine entsprechende Anlagestrategie verfolgten, fühlten sich von der neuen Wachstumsstrategie des Unternehmens besonders angezogen und investierten daher verstärkt in Monsanto.

Durch die allmähliche Veränderung der Aktionärsstruktur unterstützten die Investoren im Gegenzug die Fokussierung auf wachstumsträchtige Segmente und förderten somit die Umsetzung der neuen Strategie.

Neben den bereits beschriebenen Instrumenten, die die Aktionärsstruktur beeinflussen, gibt es weitere Hebel, um Wunschinvestoren ins Boot zu holen.

Der Anteil an Privatanlegern im Investorenmix kann durch ein gezieltes Produktangebot und unterstützende Imagekampagnen erhöht werden. So wird bei IPOs und Kapitalerhöhungen häufig der so genannte »Frühzeichnerrabatt« eingesetzt, um über verbilligten Aktienbezug Privatanleger oder Kunden als Aktionäre zu gewinnen. In dieselbe Richtung zielt das Angebot von Produkten mit stärkerem »Privatanlegerfokus« wie beispielsweise Optionsanleihen und Wandelschuldverschreibungen.

In Deutschland – im Gegensatz zu den USA, wo 311 der S&P-500-Unternehmen diese Form des Aktienangebots nutzen – weniger verbreitet, aber nicht minder wirkungsvoll sind der so genannte **DRIP** (Dividend Reinvestment Plan, Preisnachlass bei Reinvestition der Dividende in Aktien des Unternehmens (»Mitgliederrabatt«)) sowie der **DSPP** (Direct Stock Purchase Plan, Preisnachlass bei direktem Kauf der Aktien beim Unternehmen (»Fabrikverkauf«)). Die Nutzung solcher Instrumente kann zu einer loyaleren Aktionärsbasis führen – was zugleich eine »verdeckte« Kapitalerhöhung ohne nennenswerte Gebühren ermöglicht und nur geringe Reaktionen des Kapitalmarkts zur Folge hat.

Noch immer nutzen nur wenige Unternehmen in vollem Umfang die Vorteile, die die Gewinnung von Mitarbeitern als Aktionäre mit sich bringt. Direkte bzw. indirekte Wege zum Mitarbeiteraktionär sind:

- *Aktienbeteiligungsprogramme –*
  direkte Beteiligung durch Aktienzuteilung
- *Aktienoptionsprogramme –*
  Möglichkeit der Beteiligung durch (Gratis-)Aktienoptionszuteilung
- *Wandelschuldverschreibungen/Optionsanleihen –*
  indirekte Beteiligung durch Anleihen mit Wandlungsrecht in Aktien beziehungsweise mit Bezugsrechten auf Aktien.

Die Vorteile der Mitarbeiterbeteiligung am Unternehmenserfolg haben sich in den vergangenen Jahren durch den Boom der »New Economy« und den auch durch sie ausgelösten »War for Talent« – den Kampf um die besten Mitarbeiter – immer deutlicher gezeigt. Eine entsprechende Kulturveränderung ist inzwischen auch außerhalb der Technologie- und Startup-Szene zu erkennen.

Besonders Unternehmen, die ein starkes Wachstum anstreben, und solche, deren Kapital vor allem das Know-how ihrer Mitarbeiter ist, greifen den Trend zur performanceabhängigen Entlohnung und zur Beteiligung an der Wertentwicklung auf.

2.3 Aktienangebot – Attraktivität steigern

Der organisierte Markt für Unternehmen ist durch eine Vielzahl von »Neuzugängen« erheblich wettbewerbsintensiver geworden. Unternehmen, die hier erfolgreich agieren wollen, bedürfen einer hohen Professionalität, nicht zuletzt in der Schaffung und Vermarktung ihres Aktienangebots.

• Wie kann eine Veränderung des Aktienangebots dazu beitragen, die gesetzten Wertziele des Unternehmens zu erreichen?
• Und über welche Instrumente können Unternehmen ihr Kapitalmarktangebot aktiv beeinflussen?

Der Aktienkurs ist als Marktpreis Resultat des Ausgleichs von Angebot und Nachfrage am Kapitalmarkt. Ein wesentlicher Hebel, direkten Einfluss auf dieses Angebot-Nachfrage-Verhältnis zu nehmen, besteht im aktiven Management des eigenen Aktienangebots. Ein gutes Management des Aktienangebots steigert die Nachfrage und trägt damit zur Erhöhung des Marktwerts des Unternehmens bei. Investoren müssen vom Unternehmen daher mit einem Produktangebot angesprochen werden, das genau auf ihre Anlageziele zugeschnitten ist sowie ihrem Risiko-Rendite-Profil entspricht.

Will ein Unternehmen sein bestehendes Aktienangebot verändern, so kommen dafür zwei Wege in Betracht: Entweder man ändert den »Zuschnitt« der Aktie, oder man verändert deren »Vermarktung«.

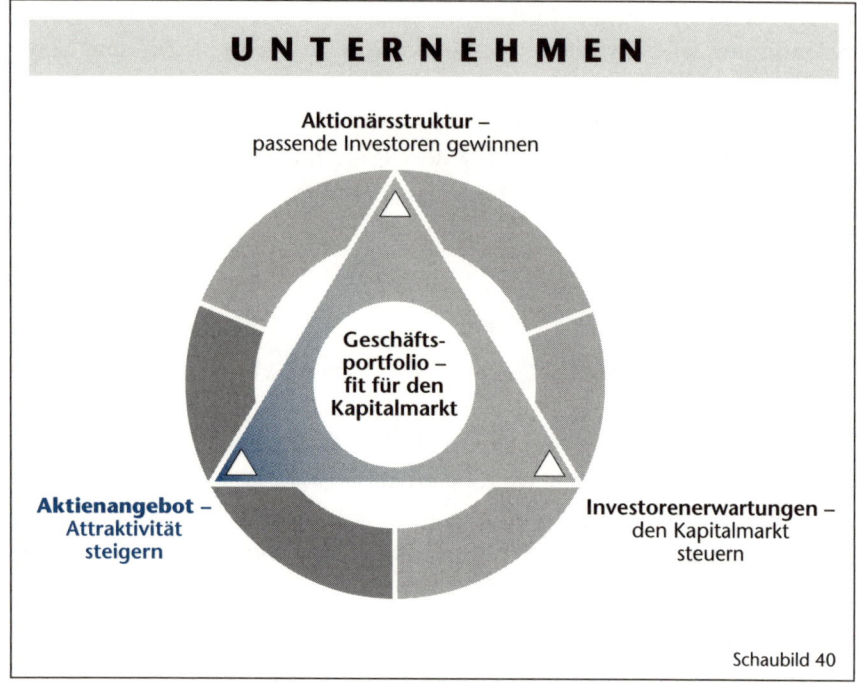

Schaubild 40

Beispiele für Änderungen des Zuschnitts einer Aktie:

Spin-offs, Equity Carve-outs und Tracking Stocks
Alle drei Instrumente dienen dazu, einzelne Geschäftsfelder aus dem Geschäftsportfolio klar hervortreten zu lassen. Dies soll das Profil des Geschäfts schärfen und letztlich eine bessere Bewertung des Gesamtunternehmens ermöglichen.

Aktiensplits
Der Kauf der Aktie soll durch Splitting (Reduktion des Aktienkurses) erleichtert werden.

Beispiele für Änderungen der Vermarktung einer Aktie:

Aktienrückkäufe
Kapital, das im Unternehmen verfügbar ist oder generiert werden kann, dessen Investition in vorhandene oder neue Geschäftsfelder aber keine Steigerung der Durchschnittsrendite des Geschäftsportfolios erwarten ließe, wird in eigene Aktien »investiert«.

Aufnahme in bestimmte Indizes

Da sich ein immer größerer Anteil der institutionellen Aktiennachfrage an der Performance bestimmter Aktienindizes orientiert, versucht ein Unternehmen, Aufnahmekriterien eines Index durch geeignete Maßnahmen zu erfüllen.

Internationales Listing

Die Nachfrage nach den eigenen Aktien kann durch die aktive Präsenz an Börsen anderer Länder – bei konstantem Aktienangebot – erhöht werden.

Zum Verständnis dieser Instrumente müssen nun die folgenden Fragen beantwortet werden:

- Welche Ziele sprechen für ein bestimmtes Instrument?
- Welchen Einfluss hat das Instrument auf die Kapitalmarktbewertung?
- Wie erfolgt die konkrete Umsetzung einer bestimmten Einzelmaßnahme?
- Was sind die Erfolgsfaktoren, was sind die Risiken?

Änderungen des Zuschnitts einer Aktie: Spin-offs, Equity Carve-outs, Tracking Stocks, Aktiensplits

Spin-offs, Equity Carve-outs und Tracking Stocks

Unternehmen, die vom Kapitalmarkt mit Bewertungsabschlägen, insbesondere mit »Conglomerate Discounts«, versehen werden, können durch Spin-offs, Equity Carve-outs und die weit seltener auftretenden Tracking Stocks ihrem Aktienangebot ein für den Investor klareres (Anlage-)Profil geben.

Spin-offs
Die Muttergesellschaft gibt das Eigentum an einer Tochtergesellschaft oder einer Division der Muttergesellschaft komplett ab. Die Unternehmenswerte der Tochter werden aus der Bilanz der Muttergesellschaft transferiert. Zwischen Mutter und ehemaliger Tochter bzw. Division bestehen nach Abschluss der Transaktionen keine Verbindungen mehr, beide Gesellschaften haben ein eigenes und voneinander unabhängiges Management.

Equity Carve-outs
Die Muttergesellschaft führt ihre Tochtergesellschaft an die Börse, wobei die angebotenen Aktien entweder aus einer Kapitalerhöhung der Tochtergesellschaft oder aus dem Bestand der Muttergesellschaft stammen. Üblicherweise hält die Mutter nach dem IPO noch die Mehrheit an der Tochter. In der Regel wird die Tochter in der Konzernbilanz der Mutter weiter konsolidiert. Die Tochter hat zwar einen eigenen Vorstand und Aufsichtsrat, allerdings kann die Mutter über ihre Mehrheitsbeteiligung nach wie vor maßgeblichen Einfluss ausüben.

Tracking Stocks
Unterform der Aktie der Muttergesellschaft, die sich ausschließlich auf einen Geschäftsbereich oder auf ein Tochterunternehmen bezieht und an dessen Performance gekoppelt ist. Eine Emission dieser Aktienform ist auch über ein IPO möglich. Vorhandene Unternehmenswerte werden nicht aus der Bilanz der Muttergesellschaft herausgenommen, wohl aber werden Gewinne separat ausgewiesen. Das Kontrollgremium bleibt der Aufsichtsrat der Muttergesellschaft.

Dennoch wird diesen Maßnahmen im deutschen Markt oftmals mit Skepsis begegnet: Sind diese Formen der Wertsteigerung möglicherweise ein US-amerikanisches Phänomen, das sich nicht ohne weiteres auf europäische Verhältnisse übertragen lässt?

Wir denken: nein. Denn auch deutsche Unternehmen haben Equity Carve-outs (zum Beispiel Commerzbank/comdirect, HypoVereinsbank/ DAB, Siemens/Epcos und Infineon, SAP/SAP Systems) und Spin-offs (zum Beispiel Hoechst/Celanese) durchgeführt.

Weitere Ausgliederungen aus deutschen Unternehmen sind geplant. So wird Degussa in naher Zukunft seine Biotechnologiesparte Zentaris an die Börse zu bringen versuchen (der erste Versuch im Juni 2001 war an der schlechten Börsenverfassung gescheitert). Gleiches plant die Deutsche Telekom mit ihrer Mobilfunktochter T-Mobil. Und Lufthansa hat die Cateringtochter LSG im Auge. Damit stellt sich die Frage: Was ist die Logik hinter diesen Instrumenten? Sind Wertsteigerungen durch Equity Carve-outs, Spin-offs und Tracking Stocks empirisch überhaupt nachweisbar? Und wenn ja, wie sind sie zu begründen?

Zunächst zur Logik bzw. zu Gründen für die genannten Instrumente. Für Investoren bieten Equity Carve-outs, Spin-offs und Tracking Stocks klar konturierte Anlagemöglichkeiten mit sehr spezifischen und transparenten Risiko-Rendite-Profilen.

Für Unternehmen haben alle drei Instrumente den potenziellen Vorteil, ähnliche Bewertungen für die Unternehmensteile zu erzielen wie bereits am Kapitalmarkt gehandelte fokussierte Unternehmen. Dies ist insbesondere dann relevant, wenn die einzelnen Geschäftsbereiche des Unternehmens sehr unterschiedlich, beispielsweise in Bezug auf Branchenfokus, Wachstumsdynamik oder Ertrags-/Risikoprofil, sind und damit große Bewertungsunterschiede vorliegen. Zudem führen alle genannten Instrumente durch die Restrukturierung des Geschäftsportfolios zu erhöhten strategischen Freiheitsgraden. Sie ermöglichen Merger und Akquisitionen. So wächst zum Beispiel durch das IPO eines Tochterunternehmens die Liquidität der Muttergesellschaft, welche möglicherweise für Akquisitionen benötigt wird. Auch können die neuen Aktien als Akquisitionswährung eingesetzt werden.

Welche Unternehmen sollten nun generell über die Restrukturierung des Geschäftsportfolios nachdenken? Treffen folgende Behauptungen auf ein Unternehmen zu, können Equity Carve-outs, Spin-offs oder Tracking Stocks für das Unternehmen eine sinnvolle Option sein:

- Mutter- und Tochtergesellschaft operieren in unterschiedlichen Branchen/Industrien.
- Die Tochtergesellschaft wächst sehr viel schneller oder in anderen Zyklen als die Mutter.
- Analysten erwähnen selten die Wachstums- und Ertragsperspektiven der Tochtergesellschaft.
- Der Konzern verliert wichtige Mitarbeiter an kleinere Wettbewerber.

Doch welches Instrument ist für ein Unternehmen das beste?

Spin-offs sind zu bevorzugen, wenn
- die Muttergesellschaft nicht mehr »Best Owner« des Geschäftsfelds ist, das heißt, wenn keine Wertsteigerung durch Synergien, Know-how oder Systeme erreicht werden kann.
- die strategischen Interessen der Mutter- und Tochtergesellschaft konkurrieren.

Equity Carve-outs sind das erfolgversprechendste Instrument, wenn
- der Wert der Tochter relativ zum Wert der Mutter wenigstens 10 bis 20 Prozent ausmacht.
- die Unterbewertung der Tochter in der Konzernstruktur des Mutterunternehmens mehr als 30 bis 40 Prozent beträgt.

- die Tochter mindestens die gleichen Ertrags- und Wachstumsperspektiven wie ihre »Pure Play«-Wettbewerber hat.

Die in Deutschland bisher unüblichen **Tracking Stocks**[54] sind zu präferieren, wenn

- die Geschäftsbereiche hohe Synergieeffekte aufweisen.
- der Geschäftsbereich von strategischer Bedeutung für das Unternehmen ist.
- die buchhalterische Konsolidierung des Geschäftsbereichs beibehalten werden soll.

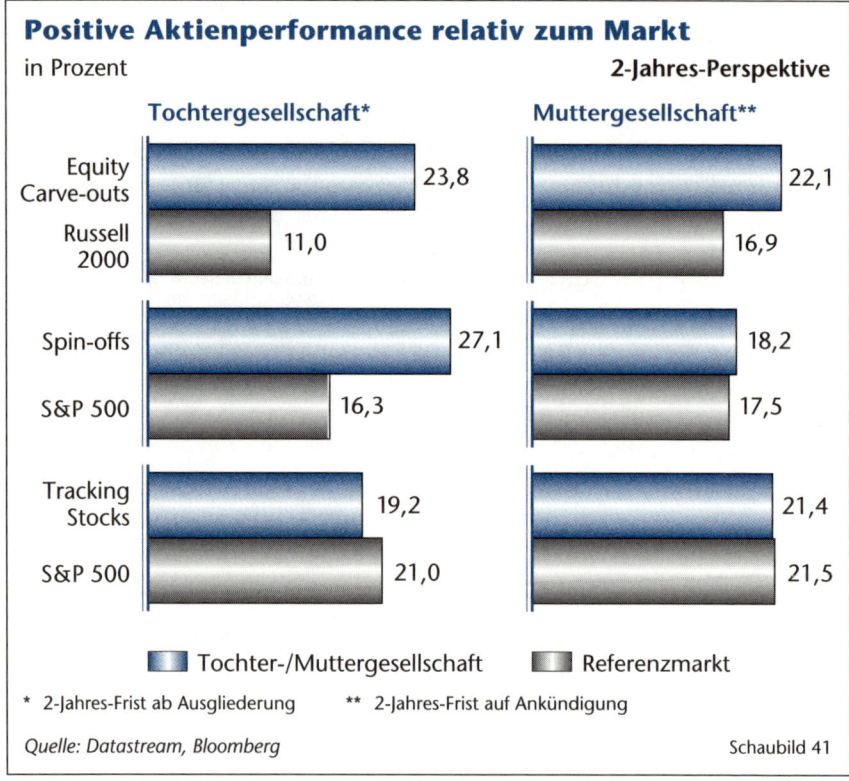

Positive Aktienperformance relativ zum Markt
in Prozent   2-Jahres-Perspektive

Tochtergesellschaft*   Muttergesellschaft**

Equity Carve-outs: 23,8 / 22,1
Russell 2000: 11,0 / 16,9

Spin-offs: 27,1 / 18,2
S&P 500: 16,3 / 17,5

Tracking Stocks: 19,2 / 21,4
S&P 500: 21,0 / 21,5

■ Tochter-/Muttergesellschaft   ■ Referenzmarkt

* 2-Jahres-Frist ab Ausgliederung   ** 2-Jahres-Frist auf Ankündigung

Quelle: Datastream, Bloomberg   Schaubild 41

Wie sieht nun der Einfluss auf die Kapitalmarktperformance dieser Instrumente aus? Verschiedene Studien haben für Equity Carve-outs und Spin-offs einen Wertsteigerungseffekt belegen können. Im Vergleich zum Markt erhöht sich die Aktienperformance (TRS = Aktienkurssteigerungen + Dividendenzahlungen) der Mutter- und Tochterunternehmen in den beiden

Folgejahren erheblich. Hingegen ist ein positiver Effekt durch Tracking Stocks empirisch nicht nachweisbar.

Auch für den deutschen Kapitalmarkt wurden diese Ergebnisse für Equity Carve-outs aktuell bestätigt, wie das nächste Schaubild zeigt.

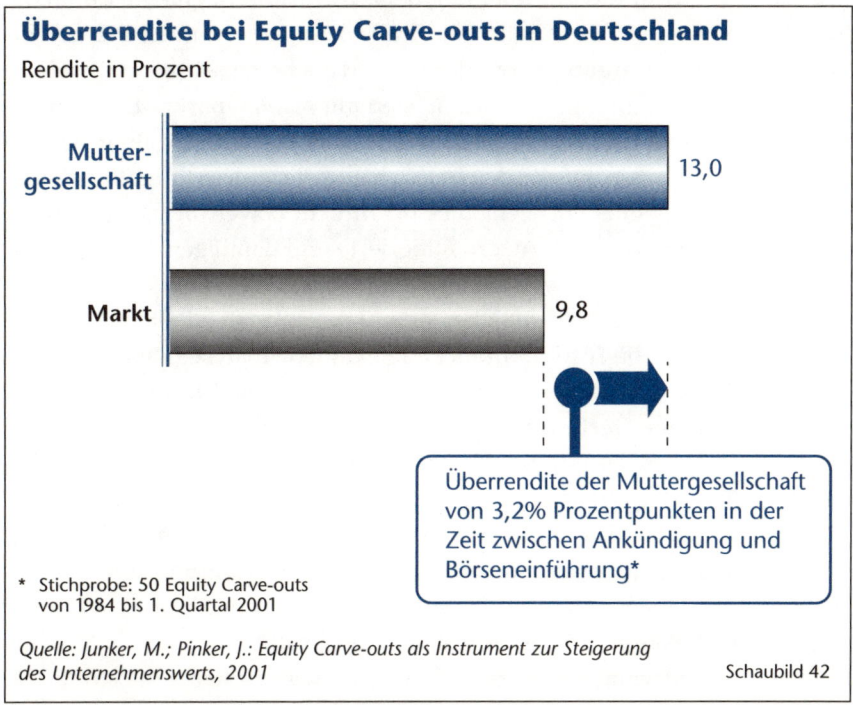

Überrendite bei Equity Carve-outs in Deutschland
Rendite in Prozent

Mutter-
gesellschaft   13,0

Markt   9,8

Überrendite der Muttergesellschaft von 3,2% Prozentpunkten in der Zeit zwischen Ankündigung und Börseneinführung*

* Stichprobe: 50 Equity Carve-outs
von 1984 bis 1. Quartal 2001

Quelle: Junker, M.; Pinker, J.: Equity Carve-outs als Instrument zur Steigerung des Unternehmenswerts, 2001

Schaubild 42

Wie kommt es zu diesen Reaktionen? Dafür gibt es unterschiedliche Gründe. Die Ausgliederung von Tochtergesellschaften kann zur **Erschließung neuer Investorensegmente** für die Mutter- und Tochtergesellschaft beitragen. Blicken wir dafür zurück auf die Neunzigerjahre, als große deutsche Energiekonzerne Tochtergesellschaften im schnell wachsenden Telekommunikationsbereich hatten. Welche Auswirkungen hatte das auf potenzielle Investoren? Investoren, die gerne in schnell wachsende und riskante Zukunftsbranchen investieren wollten, konnten sich für diese Aktie mit einem hohem Anteil nur langsam steigender Erträge aus dem Energiegeschäft kaum erwärmen. Umgekehrt schreckten den Aktionär, der die Konstanz der Energieaktie suchte, die schwankenden Erträge und hohen Geschäftsrisiken der Telekommunikationstochter ab. Keiner der beiden Investorentypen konnte also vollkommen zufrieden gestellt werden. Einem solchen Dilemma kann insbesondere durch Equity Carve-outs und Spin-offs entgegengewirkt werden. Denn nach der Restrukturierung besitzen empirisch nur 17 bis 27 Prozent der Investoren Aktien sowohl von der Mutter- als auch von der Tochtergesellschaft.[55]

Unterstützt wird die Erschließung neuer Investorensegmente durch die innerhalb von zwei Jahren nach der Transaktion um rund 25 Prozent **erhöhte Analystenbetreuung** von Mutter- und Tochtergesellschaft (bereinigt um die generelle Zunahme der Analysten am Kapitalmarkt). Die nun am Kapitalmarkt präsente Tochtergesellschaft zieht die auf ihre Branche spezialisierten Analysten an. Werden in Wachstumsbranchen tätige Tochtergesellschaften ausgegliedert, zieht dies oft direkte Bewertungssteigerungen nach sich. Bisher in einen Konzern integrierte und damit gemäß dem Kerngeschäft des Konzerns bewertete Einheiten können nun in den Genuss der Multiples ihrer »Pure Play«-Wettbewerber kommen. Sie erhalten neben der Betreuung durch die für ihre Branche relevanten Analysten auch eine Bewertung mit den relevanten (und in der Regel höheren) Multiples.

Aber auch eine **Verbesserung der operativen Performance** ist durch Equity Carve-outs (Umsatzwachstum um rund 32 Prozent pro Jahr in den ersten zwei Jahren) sowie Spin-offs und Tracking Stocks (ROIC-Wachstum um rund 60 bis 75 Prozent pro Jahr in den ersten zwei Jahren) zu beobachten. Hier spielen insbesondere neue Entlohnungsstrukturen und Anreizsysteme für Management und Mitarbeiter sowie Komplexitätsreduktion und erhöhte Fokussierung eine entscheidende Rolle.

Die Ausgliederung bietet dem Unternehmen zudem eine geeignete Plattform, Mitarbeiter durch fokussierte Beteiligungsprogramme an das (Tochter-)Unternehmen zu binden.

Weitere Änderungen des Zuschnitts einer Aktie: Aktiensplits

In vielen Kapitalmärkten, so auch in Deutschland oder den USA, fällt auf, dass es noch immer einige Aktienschwergewichte gibt. Ein Beispiel hierfür ist die Aktie der Allianz.

Aktiensplit

Ein Aktiensplit erhöht die Zahl der ausstehenden Aktien ohne Veränderung des wirtschaftlich vorhandenen Eigenkapitals zum Zeitpunkt des Aktiensplits; der Kurs einer Aktie sinkt.

Weiterhin »Aktienschwergewichte« in den Kapitalmärkten

Aktienkurse per 10.5.2001

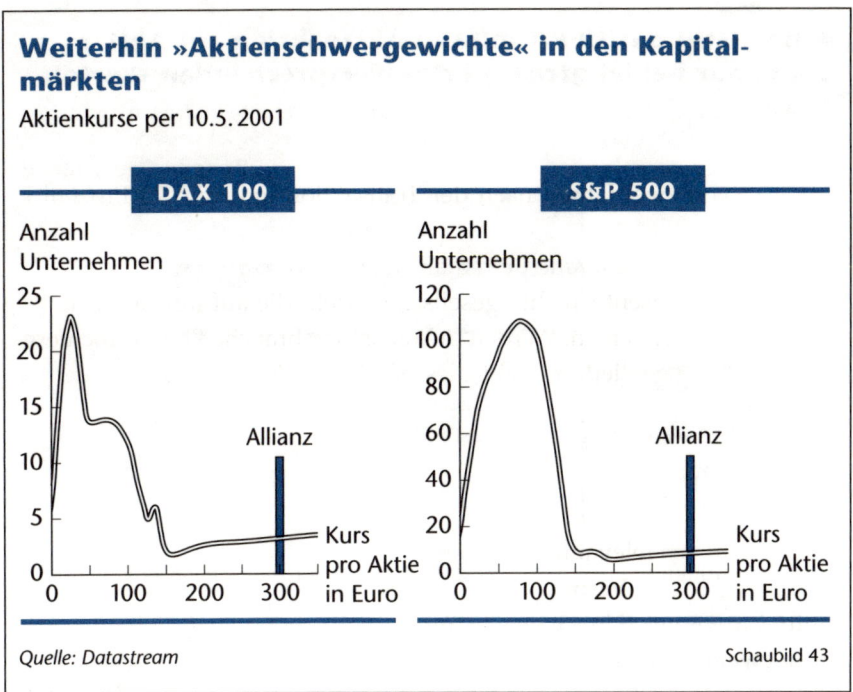

Quelle: Datastream   Schaubild 43

- Ist es für diese Unternehmen sinnvoll, einen Aktiensplit vorzunehmen?
- Kann ein Unternehmen durch einen Aktiensplit überhaupt eine Nachfragesteigerung und, damit verbunden, eine höhere Bewertung erreichen?

Manager können mit Aktiensplits zum Beispiel kommunizieren, dass sie von weiterhin steigenden Aktienkursen ausgehen. Dieser **Signaling-Effekt** kann ein Grund für positive Werteffekte sein. Eine Analyse der Kapitalmarktreaktionen auf Aktiensplits der DAX-30-Unternehmen zeigt, dass Aktiensplits insbesondere bei Unternehmen honoriert werden, die glaubhaft eine langfristige überdurchschnittliche Performance erwarten lassen (und die diese Performance im folgenden Jahr auch wirklich bieten!). Unternehmen, die aus Kapitalmarktsicht eine überzeugende Wachstumsstrategie vermissen ließen, konnten von Aktiensplits nicht profitieren. Die gewünschte Signalwirkung dieser rein taktischen Splits blieb aus.

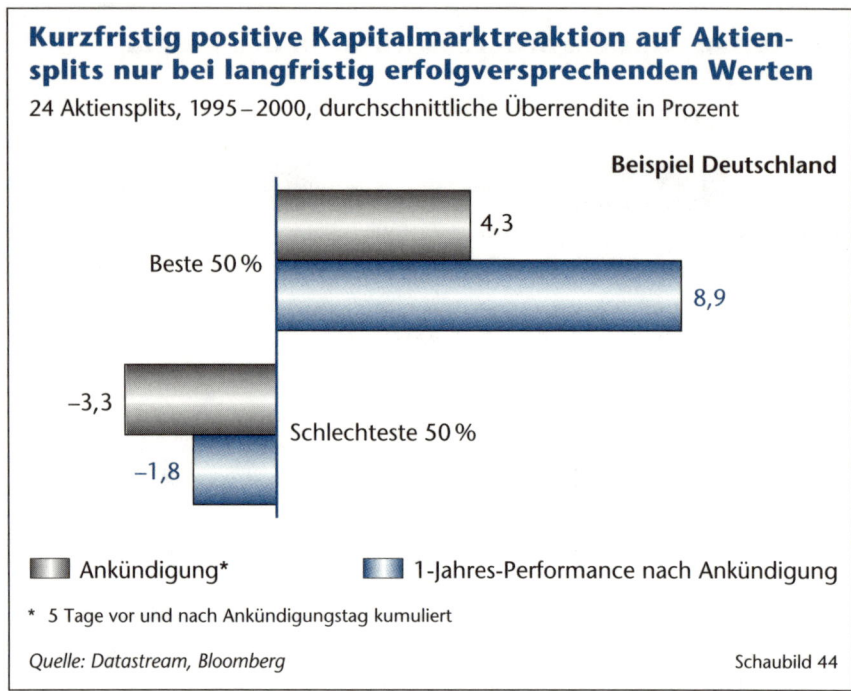

**Kurzfristig positive Kapitalmarktreaktion auf Aktien-
splits nur bei langfristig erfolgversprechenden Werten**

24 Aktiensplits, 1995–2000, durchschnittliche Überrendite in Prozent

Beispiel Deutschland

Beste 50% — 4,3 / 8,9

–3,3 / –1,8 — Schlechteste 50%

■ Ankündigung*   ■ 1-Jahres-Performance nach Ankündigung

* 5 Tage vor und nach Ankündigungstag kumuliert

Quelle: Datastream, Bloomberg   Schaubild 44

Darüber hinaus erklären auch Faktoren wie Mindesthandelsvolumen bei
Banken, Gebühren pro Transaktion, Vergleichbarkeit mit anderen Werten,
aber auch die Optik einer Transaktion (10 vs. 100 Stück) einer Aktie die
hohe praktische Bedeutung von Aktiensplits.[56]
Studien belegen, dass nach einem Aktiensplit

- die Anzahl der Aktionäre anstieg,
- sich die Anzahl kleiner Transaktionen und Orders erhöhte,
- die Handelstätigkeit privater Investoren signifikant zunahm.[57]

Obwohl es auf den ersten Blick keinen Unterschied zwischen dem Kauf
von 10 Aktien zu 100 Euro oder 100 Aktien zu 10 Euro gibt, scheinen Investoren die zweite Variante zu bevorzugen. Die Aktie erscheint nach dem
Aktiensplit für viele Investoren auf einmal wieder »billiger« im Vergleich
zu den vormaligen Höchstkursen.

Änderungen der Vermarktung einer Aktie:
Aktienrückkäufe, Indexaufnahmen, internationales Listing

Nachdem wir Änderungen des Aktienangebots über beispielsweise Equity Carve-outs, Spin-offs und Tracking Stocks sowie Aktiensplits und damit des Zuschnitts vorgestellt haben, werden wir im Folgenden potenzielle Verbesserungen der Vermarktung des Aktienangebots erläutern. Dies kann zum Beispiel Aktienrückkäufe, Indexaufnahmen, aber auch internationales Listing umfassen.

»Zurück mit den Schlafmünzen!« – Aktienrückkäufe

»The proposed tax reform should lead to the sale of the equity portfolios. The most value creative use for the proceeds of any sales is share buybacks.«

Lehman Brothers, 1999

Aussagen dieser oder ähnlicher Natur findet man immer häufiger in den Medien. Aber warum kann der Aktienrückkauf vorteilhaft sein? Was sind die Gründe für Aktienrückkäufe?

Aktienrückkäufe am deutschen Kapitalmarkt

Seit Einführung des »Gesetzes zur Kontrolle und Transparenz im Unternehmensbereich« (KonTraG) im Jahr 1998 sind Aktienrückkäufe als Instrument des aktiven Eigenkapitalmanagements zulässig (maximal 10 Prozent des Grundkapitals pro Jahr). Die aktuelle Änderung der Steuergesetzgebung bietet seit 2001 einen zusätzlichen steuerlichen Vorteil einbehaltener gegenüber ausgeschütteter Gewinne.

Durch diese Änderungen hat sich innerhalb von nur zwei Jahren die Zahl der Unternehmen, die Aktienrückkäufe in Betracht ziehen, vervierfacht: Bis Juni 1999 ließen sich 77 Unternehmen von ihren Hauptversammlungen zu Aktienrückkäufen ermächtigen. Im März 2001 waren es bereits 300 Unternehmen, die sich von ihren Hauptversammlungen Aktienrückkäufe haben absegnen lassen.

Häufiges Argument für einen Aktienrückkauf ist eine aus Sicht des Managements bestehende Unterbewertung des Unternehmens am Kapitalmarkt. Darüber hinaus kann durch einen Rückkauf eine Erhöhung der Kapitalproduktivität erzielt werden, wenn überschüssige Liquidität an die Anteilseigner ausgeschüttet wird. Vielfach wird auch die Optimierung der Kapitalstruktur als Grund für einen Aktienrückkauf genannt.

Weitere Argumente für einen Aktienrückkauf sind: Zurückgekaufte Aktien können als Akquisitionswährung zur flexiblen Finanzierung von Übernahmen eingesetzt werden. Die Reduzierung des am Kapitalmarkt aufkaufbaren Free Float kann die Abwehr feindlicher Übernahmen unterstützen. Und schließlich können zurückgekaufte Aktienpakete auch als Grundlage der Aktienoptionsprogramme für Mitarbeiter herangezogen werden, wodurch bei der Herausgabe von Mitarbeiteraktien der Verwässerungseffekt vermieden werden kann.

Ein bedeutender Grund in Theorie und Praxis zur Durchführung von Aktienrückkäufen ist das Argument der »**Unterbewertung**«. Das Management mindert durch die Kapitalrückführung und die damit verbundene Signalwirkung an den schlechter informierten Kapitalmarkt eine Informationsasymmetrie zwischen Investoren und Unternehmen. So signalisiert das Management durch die Rückkaufentscheidung glaubwürdig, dass nach interner Wahrnehmung eine Differenz zwischen aktuellem Aktienkurs und »fairem« Wert der Aktie besteht.

Allerdings birgt ein solches Vorgehen auch die Gefahr eines Missverständnisses. So kann der Eindruck entstehen, hier wolle das Unternehmen nicht auf eine Unterbewertung hinweisen, sondern durch bloße Angebotsverknappung eine mechanische Preisreaktion hervorrufen. Insbesondere bei Firmen, deren Management in ein Stock-Options-Programm eingebunden ist, kann das Argument »Unterbewertung« daher auch falsch aufgefasst werden.

Aktienrückkäufe sind ferner ein geeignetes Instrument, überschüssiges Kapital an den Kapitalmarkt zurückzugeben. Insbesondere die Auflösung stiller Reserven kann eine Überkapitalisierung verursachen, sodass das Unternehmen mehr Kapital zur Verfügung hat, als es wertstiftend investieren kann. Der Erwerb eigener Aktien ermöglicht es, diese überschüssige Liquidität effizient an die Anteilseigner auszuschütten und so eine **Erhöhung der Kapitalproduktivität** zu erzielen.

Die Attraktivität des Erwerbs eigener Aktien als Instrument der Ausschüttung gegenüber Dividendenzahlungen hat sich aufgrund der ab 2001 gültigen Steuergesetzgebung verstärkt. Eine zunehmende Dividendensubstitution durch Aktienrückkäufe ist zu erwarten.

Der dritte wichtige Beweggrund ist die beabsichtigte **Veränderung**

der Kapitalstruktur des Unternehmens. Unabhängig von der gewählten Finanzierung – liquide Mittel aus Beteiligungsverkauf, einbehaltener Gewinn oder auch Fremdkapital – erhöhen der Rückkauf und der Einzug eigener Aktien die Leverage Ratio (Verhältnis von Fremd- zu Eigenkapital) des Unternehmens; schließlich wird das Eigenkapital reduziert.

Dieser so genannte »Leverage-Effekt« kann insbesondere für Unternehmen mit geringer Fremdkapitalquote wertstiftend sein. Der Tax Shield wird vergrößert, und die Gesamtkapitalkosten des Unternehmens können gesenkt werden. Gleichwohl ist zu beachten, dass das höhere Risiko durch die neue Kapitalstruktur auch veränderte Renditeforderungen der Eigen- und Fremdkapitalgeber nach sich zieht, sodass eine unbegrenzte Erhöhung der Fremdkapitalquote nicht ratsam ist.

Auflösung stiller Reserven und Aktienrückkauf in ihrem Einfluss auf Finanzkennzahlen

Ein wichtiger Faktor für die zunehmende Bedeutung von Aktienrückkäufen in Deutschland ist die Möglichkeit der **steuerfreien Auflösung von Unternehmensbeteiligungen** ab 2002. Die stillen Reserven, über die deutsche Unternehmen dank vielfältiger Unternehmensbeteiligungen verfügen, belaufen sich derzeit – wie in Teil 1 gezeigt – auf fast 200 Milliarden Euro. Diese Auflösung kann für Unternehmen mit einer z. T. unerwünschten Erhöhung der Kapitalisierung verbunden sein. Aktienrückkäufe können in diesen Fällen die Überkapitalisierung reduzieren und damit eine Verbesserung der Kapitalproduktivität bewirken.

Wie aber verändern sich unter diesen Gegebenheiten die finanziellen Kennzahlen, die der Kapitalmarkt als Indikatoren für die Attraktivität und Rentabilität eines Unternehmens zugrunde legt?

Stille Reserven werden bei standardmäßig berechneter Market-to-Book Ratio (M/B Ratio) nicht berücksichtigt. Die so genannte »adjustierte M/B Ratio« hingegen korrigiert den Buchwert des Eigenkapitals um die vorhandenen stillen Reserven.

Veräußern deutsche Unternehmen ihre Beteiligungen, so erlebt der Buchwert ihres Eigenkapitals einen Mittelzufluss.

Diese Eigenkapitalerhöhung führt zur Erhöhung der Kapitalisierung und verschlechtert die standardmäßig gerechneten finanziellen Kennzahlen, wie beispielsweise bei Banken den ROE (Return on Equity, Eigenkapitalrendite) und die M/B Ratio. Auf Kennzahlen, welche die stillen Reserven bereits berücksichtigen, hat der Beteiligungsverkauf hingegen keinen Einfluss.

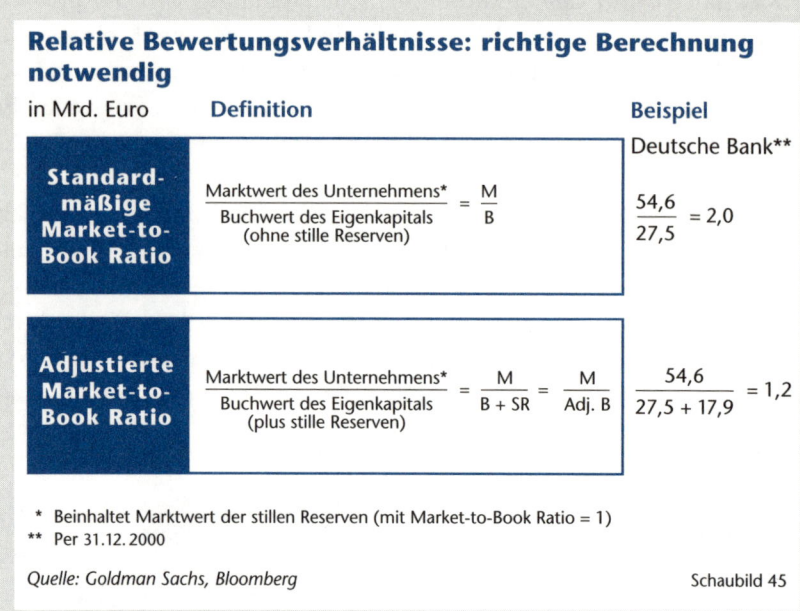

Relative Bewertungsverhältnisse: richtige Berechnung notwendig

in Mrd. Euro   **Definition**   **Beispiel**

Deutsche Bank**

| **Standard-mäßige Market-to-Book Ratio** | $\dfrac{\text{Marktwert des Unternehmens*}}{\substack{\text{Buchwert des Eigenkapitals}\\\text{(ohne stille Reserven)}}} = \dfrac{M}{B}$ | $\dfrac{54,6}{27,5} = 2,0$ |

| **Adjustierte Market-to-Book Ratio** | $\dfrac{\text{Marktwert des Unternehmens*}}{\substack{\text{Buchwert des Eigenkapitals}\\\text{(plus stille Reserven)}}} = \dfrac{M}{B + SR} = \dfrac{M}{\text{Adj. B}}$ | $\dfrac{54,6}{27,5 + 17,9} = 1,2$ |

* Beinhaltet Marktwert der stillen Reserven (mit Market-to-Book Ratio = 1)
** Per 31.12.2000

Quelle: Goldman Sachs, Bloomberg   Schaubild 45

Die mögliche, durch Auflösung der stillen Reserven erhöhte Kapitalisierung kann – wie bereits oben ausgeführt – beispielsweise über Aktienrückkäufe abgebaut werden. Die Folge ist eine Veränderung der Kapital- und Risikostruktur des Unternehmens. Das verbleibende Kapital ist im Vergleich zur Situation vor dem Beteiligungsverkauf stärker im Kerngeschäft des Unternehmens investiert. Die Rendite des operativen Geschäfts ist häufig höher als die einer Kapitalmarktinvestition durch das Unternehmen beziehungsweise die Dividendenzahlungen aus den aufgelösten Unternehmensbeteiligungen. Daher verbessern sich tendenziell die Renditekennzahlen (zum Beispiel ROE, ROIC) sowie – durch die Reduzierung der Aktienanzahl bei unterproportionaler Gewinnreduktion – der Gewinn pro Aktie (EPS).

Schauen wir von der Theorie auf die Praxis: Empirisch lässt sich nachweisen, dass der Kapitalmarkt kurzfristig positiv auf Ankündigungen von Aktienrückkäufen reagiert.[58]

Über diese kurzfristigen Reaktionen hinaus kommt es nur in bestimmten Fällen zu einem langfristigen Aktienkursanstieg. Signifikante Überrenditen sind langfristig vor allem bei Unternehmen zu beobachten, die zum Ankündigungszeitpunkt eine niedrige relative Bewertung (M/B Ratio) am Kapitalmarkt hatten (Value-Aktien). Im Gegensatz zu hoch bewer-

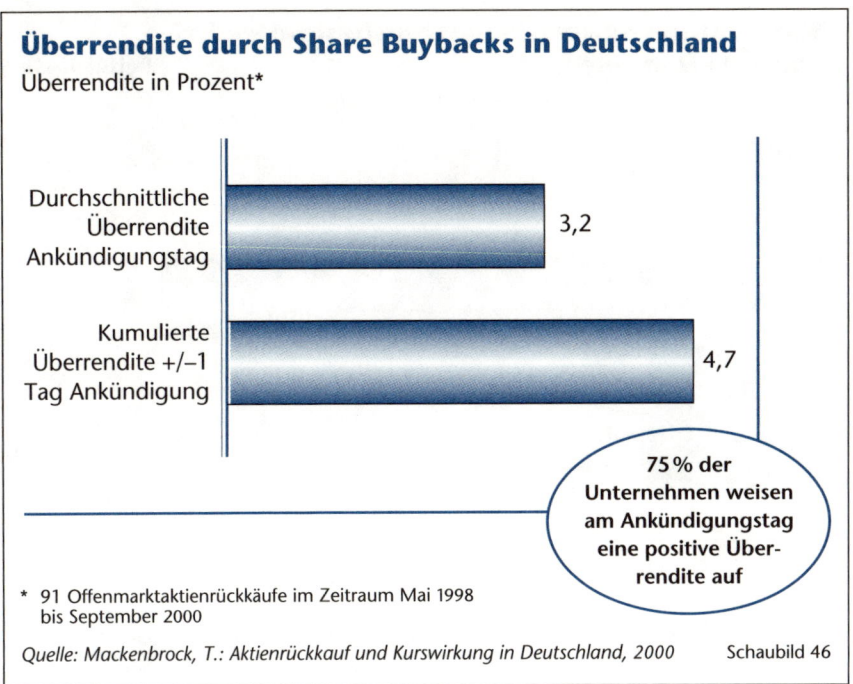

Überrendite durch Share Buybacks in Deutschland
Überrendite in Prozent*

Durchschnittliche Überrendite Ankündigungstag 3,2

Kumulierte Überrendite +/–1 Tag Ankündigung 4,7

75 % der Unternehmen weisen am Ankündigungstag eine positive Überrendite auf

* 91 Offenmarktaktienrückkäufe im Zeitraum Mai 1998 bis September 2000

Quelle: Mackenbrock, T.: Aktienrückkauf und Kurswirkung in Deutschland, 2000 Schaubild 46

teten Wachstumsunternehmen war für diese Firmen die Begründung »Unterbewertung« ein glaubhaftes Motiv, was durch eine nachhaltige Steigerung des Aktienkurses belohnt wurde (siehe Schaubild 47).

Empirische Daten belegen also einen in der Regel positiven Einfluss des Aktienrückkaufs auf die Aktienkursperformance. Der Gewinn je Aktie steigt theoretisch so lange, wie der zur Finanzierung des Rückkaufs verwendete Zinssatz (nach Steuern) unter der operativ erwirtschafteten Nachsteuerrendite des Gesamtvermögens liegt.

Wird der Aktienrückkauf mit Eigenmitteln finanziert, ist er so lange sinnvoll, wie sich absehbare Neuinvestitionen im operativen Bereich risikoadjustiert niedriger zu rentieren versprechen als der aktuelle Return on Equity. Natürlich spielen darüber hinaus auch strategische Aspekte (beispielsweise Finanzierungsspielraum, Akquisitionsvorhaben, Marktumfeld) in die Frage hinein, ob Rückkäufe eine geeignete Investition sind.

Bei der eigentlichen Umsetzung eines Aktienrückkaufprogramms ist ein besonderes Augenmerk auf die Wahl der Rückerwerbsmethode und auf eine gezielte Kommunikationsstrategie zu legen. Das Management muss, um nicht ein gegenteiliges Signal auszusenden (»Keine attraktiven

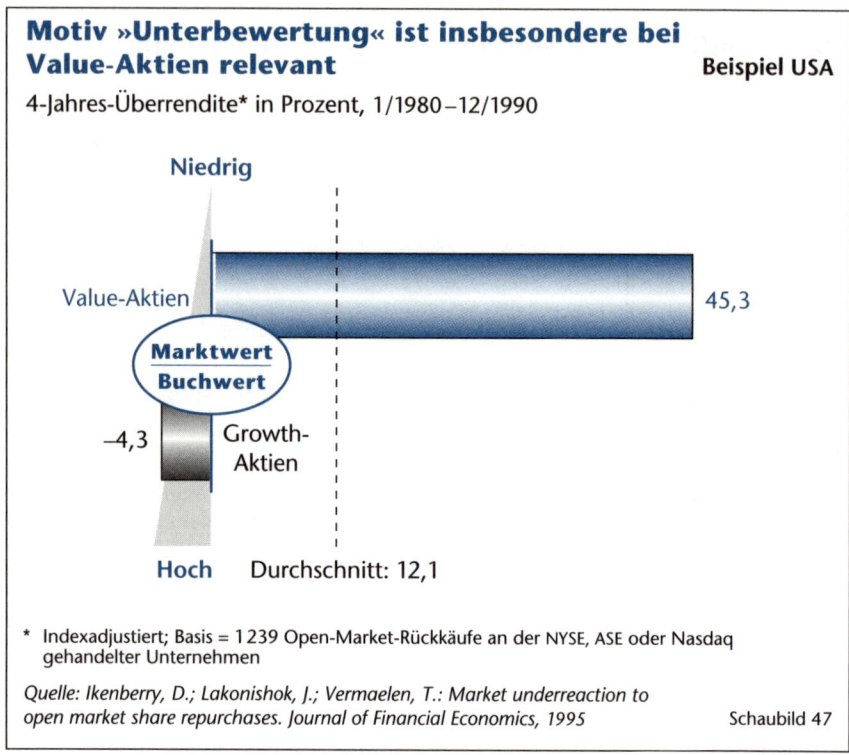

Motiv »Unterbewertung« ist insbesondere bei Value-Aktien relevant Beispiel USA

4-Jahres-Überrendite* in Prozent, 1/1980 – 12/1990

Niedrig

Value-Aktien 45,3

Marktwert
Buchwert

–4,3 Growth-
Aktien

Hoch Durchschnitt: 12,1

* Indexadjustiert; Basis = 1239 Open-Market-Rückkäufe an der NYSE, ASE oder Nasdaq gehandelter Unternehmen

Quelle: Ikenberry, D.; Lakonishok, J.; Vermaelen, T.: Market underreaction to open market share repurchases. Journal of Financial Economics, 1995 Schaubild 47

Investitionsmöglichkeiten mehr in Sicht!«), neben dem eigentlichen Erwerb eigener Aktien dem Kapitalmarkt die Motive und die Einbindung dieser Maßnahme in die Gesamtstrategie glaubhaft vermitteln können. Gelingt dies, ist für ein Unternehmen mit entsprechendem Profil ein Aktienrückkauf eine valide Option zur Steigerung der Attraktivität und des Werts des eigenen Aktienangebots.

Vorherrschende Techniken des Aktienrückkaufs

Open-Market-Verfahren

Rückkauf: Anonym über den Markt innerhalb eines längeren Zeitraums durch eine oder mehrere Banken.

Häufigkeit: Vorherrschende Methode sowohl in den USA als auch in Europa (>90 Prozent).

Charakteristika: Einfach, flexibel, geringe Transaktionskosten und geringes Preisfindungsrisiko, da am Kapitalmarkt nur der übliche Aktienkurs gezahlt werden muss. Durch die Kombination mit Optionen ist eine zusätzliche Begrenzung des Kursrisikos möglich.

Schwierigkeiten: Preisverzerrungen bei Aktien mit niedriger Liquidität oder bei zu schnellem Rückkaufprozess über große Transaktionen.

Tender-Offer-Verfahren

Rückkauf: Öffentliches Rückkaufangebot an Aktionäre über etwa ein bis zwei Monate.

Häufigkeit: Wenig genutzte Methode (<10 Prozent).

Charakteristika: Große Volumina sind auf diese Weise zu festen Preisen schnell aus dem Markt zu nehmen.

Schwierigkeiten: Das Verfahren ist – aufgrund der damit verbundenen hohen Rückkaufprämie (Festpreis-Tender oder Dutch Auction mit Preisspanne) – teurer und komplizierter als das Open-Market-Verfahren; es besteht stets die Notwendigkeit, einige Wochen vor Einsetzen des Rückkaufs den »richtigen« Rückkaufpreis festzulegen, was zusätzliche Risiken birgt.

Weitere Änderungen der Vermarktung einer Aktie: Aufnahme in Indizes

Wie bereits in Teil 1 beschrieben, sind Indizes relevant für die Investitionsentscheidung vieler – insbesondere institutioneller – Investoren.

Bezüglich der Bedeutung eines Index für die Wertstrategie eines Unternehmens stellt sich eine Reihe von Fragen:

• Kann die Aufnahme in einen Index zu einer Nachfrage- und damit zu einer Wertsteigerung führen?
• Welche Indizes sind wichtig?
• Nach welchen Kriterien werden die Aufnahmeentscheidungen getroffen?
• Wie kann das Unternehmen die Aufnahme in Indizes erreichen?

Die Aufnahme in einen Index, der für viele Marktteilnehmer eine Benchmark ist, verkörpert ein erhebliches Bewertungspotenzial für die aufgenommenen Unternehmen. Die jüngste Umstellung einiger bedeutender Indizes auf die Free-Float-Marktkapitalisierung verdeutlicht dies.

Indexumstellung = Investorenumstellung

Morgan Stanley Capital International (MSCI) hatte am Wochenende als letzter der großen Indexanbieter Pro-forma-Indizes vorgestellt, die die Anpassung an die Streubesitzregel berücksichtigen. Die Umstellung erfolgt in zwei Schritten zum 30. November 2001 und zum 31. Mai 2002. In Deutschland, Frankreich und Italien wurden zunächst deutliche Kursabschläge verzeichnet. (...) Verlierer waren BMW-Aktien, die zeitweise bis zu 4 Prozent nachgaben. Der Automobilhersteller wird überraschend auch künftig nicht in den MSCI-Indizes berücksichtigt. Am Ende blieb ein Verlust von 0,9 Prozent. Dagegen gewannen Aktien von Porsche, die von MSCI berücksichtigt wurden, 3,8 Prozent. *Financial Times Deutschland, 22.5.2001*

Das zweite große Diskussionsthema war der etwas überraschende Entschluss des Arbeitskreises Börsenindizes, die Aktien von Karstadt-Quelle aus dem DAX zu entfernen. Die meisten Marktbeobachter hatten mit einem Ausscheiden von Adidas-Salomon gerechnet. (...) Der Schritt wurde damit begründet, dass im Vorfeld der Kriterienänderung von der reinen Marktkapitalisierung zum Free-Float-Verfahren die Aktien von Adidas den Vorzug erhalten haben. Im Wochenvergleich festigten sich Adidas um 4,2 % (...), während Karstadt-Quelle um 4,1 % (...) abrutschten. *Finanz und Wirtschaft, 17.2.2001*

Welche Indizes sind für das Unternehmen wichtig? In den Indexfamilien von MSCI, Dow Jones Stoxx, DAX oder FTSE befinden sich über 1 000 Einzelindizes, beispielsweise Größen-, Länder-, (Gesamt-)Markt- oder Branchenindizes. Für das Unternehmen ist die Orientierung an den direkten (größeren) Wettbewerbern und an deren Indexabbildung relevant. Somit gilt es festzustellen, welcher Einfluss der spezifische Index aufgrund seiner Bekanntheit und Leitfunktion für die jeweilige Branche, Region oder für potenzielle (Ziel-)Investoren hat; dies kann zum Beispiel durch Gespräche mit Analysten untersucht werden. Basierend auf diesem Verständnis sind die Indizes durch das Unternehmen zu priorisieren, und entsprechend ist eine Aufnahme anzustreben.

Nach neuesten Erkenntnissen des Deutschen Aktieninstituts (DAI) gewinnen Indizes in den Augen der Unternehmen stetig an Bedeutung.[59] Zwar gibt es Unternehmen wie Porsche, die der Indexzugehörigkeit keine wesentliche Bedeutung zumessen. Aber immerhin 97 Prozent aller Indexunternehmen erklären, dass sie die Aufnahme in den Index respektive den Verbleib im Index als sehr wichtig bis wichtig einschätzen.

Trotz dieser Erkenntnis schlafen viele Unternehmen noch einen Dornröschenschlaf. So zeigt dieselbe Studie, dass nur 40 Prozent der Indexunternehmen detaillierte Kenntnisse darüber haben, nach welchen Kriterien eine Aufnahme in den beziehungsweise ein Verbleib im Index erfolgt. Noch schlechter sieht das Bild für Unternehmen aus, die bisher noch nicht in einem Index vertreten sind, aber potenziell für einen Index interessant sein könnten. Hier kennen nur knapp 11 Prozent besser als nur in Grundzügen die Kriterien der für sie relevanten Indizes.

Für Unternehmen gilt es, die zu erfüllenden Kriterien zu verstehen. Abhängig von der Indexfamilie umfassen diese Kriterien sowohl quantitative als auch qualitative Aspekte.

Quantitative Kriterien orientieren sich unter anderem an der Marktkapitalisierung (in der Regel nur Berücksichtigung des Free Float), am Börsenumsatz (Liquidität) oder am Branchengewicht. So ist es beispielsweise für eine Aufnahme in den DAX erforderlich, dass ein Unternehmen sowohl bei der Marktkapitalisierung (des Free Float) als auch beim Börsenumsatz unter den 35 größten Werten rangiert. Aus dieser Gruppe werden dann 30 Werte für den DAX 30 bestimmt.

Qualitative Kriterien können beispielsweise Publizitätsvorschriften umfassen. So sind DAX-Unternehmen unter anderem zu Quartalsberichten verpflichtet.

Indexprofile:
Dow-Jones-Stoxx-Blue-Chip-Indizes – Euro Stoxx 50

Häufigkeit der Umstellung:

Dow-Jones-Stoxx-Blue-Chip-Indizes werden jährlich auf ihre Zusammensetzung hin überprüft (Ausnahme: zeitnahe Berücksichtigung von Mergern oder Liquidationen).

Systematik der Zusammensetzung:

1. Für jeden der 18 Dow-Jones-TMI-Branchenindizes werden die Werte nach der Free-Float-Marktkapitalisierung eingestuft (TMI = Total Market Index). Für die »Preselection List« werden so lange Werte ergänzt, bis 60 Prozent der Free-Float-Marktkapitalisierung des jeweiligen Branchenindex enthalten sind. Somit deckt die »Preselection List« rund 60 Prozent der Marktkapitalisierung eines jeden der 18 Branchenindizes ab.
2. Die »Preselection List« wird um alle Werte ergänzt, die sich aktuell im Euro Stoxx 50 befinden, sollten sie noch nicht enthalten sein.

3. Alle Werte der »Preselection List« werden nach ihrer Free-Float-Marktkapitalisierung eingestuft.
4. Zur Auswahl des Euro Stoxx 50 aus der »Preselection List« wird die »40-60-Regel« angewendet. Werte auf den Rängen 1 bis 40 der Free-Float-Marktkapitalisierung werden direkt in den Euro Stoxx 50 aufgenommen. Die verbleibenden 10 Plätze im Index werden mit ausgewählten Werten der Ränge 41 bis 60 der »Preselection List« besetzt.
5. Für die Auswahl der letzten 10 Plätze des Index gilt in erster Linie das Kriterium der Stabilität des Index, das heißt Minimierung der Veränderungen in der Indexzusammensetzung. Bevorzugt werden daher bereits zuvor im Index enthaltene Werte. Sind nach der Selektion der bereits im Index enthaltenen Werte noch freie Plätze vorhanden, werden die ersten »Non-Components« in den Index aufgenommen.

Werfen wir einen Blick auf ST Microelectronics. Schafft dieses Unternehmen den Sprung auf Rang 40 – sei es durch einen Aktienkursanstieg um rund 4 Prozent oder eine Erhöhung des Free Float um etwa 1 Prozent –, wird es auf jeden Fall in den Euro Stoxx 50 aufgenommen. Verbleibt es aber auf einem der Ränge zwischen 41 und 60, so werden die bereits im Index enthaltenen Unternehmen vorgezogen, und zwar auch dann, wenn sie eine geringere Free-Float-Marktkapitalisierung (in diesem Fall Enel von Rang 51) aufweisen.

Durch die Umstellung aller Indizes auf Free Float statt normaler Marktkapitalisierung ergeben sich tendenziell erhebliche Chancen für Unternehmen, selbst zu beeinflussen, in einen Index aufgenommen zu werden. Wie im vorigen Kapitel gezeigt, kann durch Veränderung der Aktionärsstruktur diese Größe aktiv beeinflusst werden.

Ein anderer wichtiger Einflussfaktor ist bei der Indexaufnahme zu beachten: Bei Fusionen und Übernahmen wird durch die Wahl des Unternehmenssitzes die Aufnahme bzw. der Verbleib in bestimmten Indizes entscheidend beeinflusst: Lokale Indizes (z. B. DAX 30, Dow Jones Industrials) erfordern einen Unternehmenssitz im jeweiligen Land. Unternehmen sollten daher bei der Wahl des Firmensitzes auch Indexverbleib bzw. Indexaufnahme und damit verbundene Unternehmenswertveränderungen berücksichtigen.

Auf- und Abstiegskandidaten im Euro Stoxx 50

Marktkapitalisierung per 1.6. 2001 in Mrd. Euro

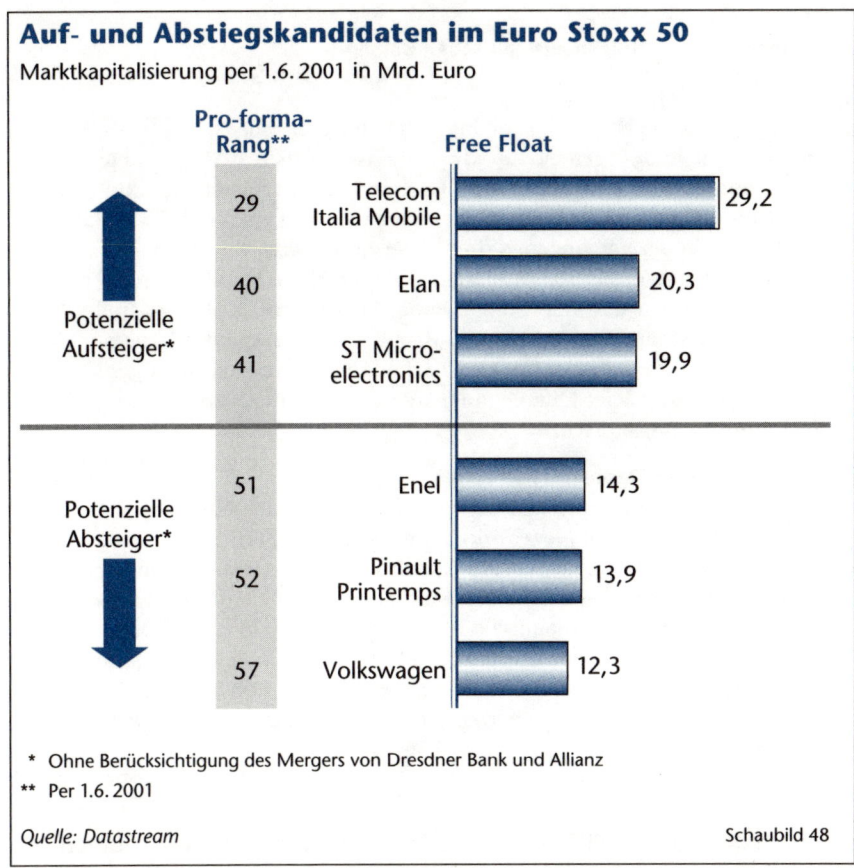

* Ohne Berücksichtigung des Mergers von Dresdner Bank und Allianz

** Per 1.6. 2001

Quelle: Datastream Schaubild 48

Weitere Änderungen der Vermarktung einer Aktie: internationales Listing

In den vergangenen fünf Jahren haben 11 der DAX-30-Unternehmen den Schritt an die New York Stock Exchange (NYSE) über direktes Listing oder ADRs (American Depository Receipts = Depositenzertifikate nach amerikanischem Recht) gewagt. BASF und DaimlerChrysler wählten ein direktes Listing, während beispielsweise Allianz, Deutsche Telekom, Epcos, e.on, Fresenius Medical Care, Infineon, SAP, Schering und Siemens den Schritt an den US-amerikanischen Kapitalmarkt über ADRs unternahmen.

Aktienexport: Listing an ausländischen Börsen

Direktes Listing
»Offering a global share«: Unabhängig davon, ob an einer US-Börse oder am Heimatkapitalmarkt gehandelt – die Aktie ist dieselbe. NYSE-Listingkandidaten müssen die entsprechenden Listingvoraussetzungen für internationale Unternehmen (zum Beispiel: Ertrag vor Steuern größer als 25 Millionen USD in einem der vergangenen drei Jahre; aggregierte Marktkapitalisierung aller Aktien größer als 100 Millionen USD) erfüllen. Darüber hinaus muss das Unternehmen den Reporting-Standards von US-GAAP (Generally Accepted Accounting Principles) und den Registrierungsanforderungen der Börsenaufsicht SEC (Securities and Exchange Commission) genügen, diese implizieren ein anderes Offenlegungsniveau im Vergleich zu IAS- und HGB-Rechnungslegungsvorschriften.

ADR (American Depository Receipt)
Von einer US-amerikanischen »Depot«-Bank (Hauptakteure: Citibank, J.P. Morgan Chase, Bank of New York) herausgegebene Zertifikate, die den Anspruch auf eine bestimmte Anzahl Aktien verbriefen (Hinterlegungsscheine oder auch Depositenzertifikate). Sie sind bei der SEC registriert, werden gehandelt wie andere amerikanische Wertpapiere auch und zahlen Dividenden in USD. Unternehmen können zwischen verschiedenen Arten von (öffentlich oder privat zu platzierenden) ADRs wählen. Werden DRs in mehr als einem internationalen Markt gehandelt, spricht man von GDRs (Global Depository Receipts).

Allein in den Jahren 1992 bis 2000 hat sich das ADR-Handelsvolumen von 125 auf 1 060 Milliarden USD mehr als verachtfacht. Deutschland zeigt auf dem US-amerikanischen Kapitalmarkt jedoch wenig Präsenz im Vergleich zu anderen europäischen Ländern. So nutzen bereits 67 britische Unternehmen ADRs in Höhe von 85 Milliarden USD. Deutschland weist hier gerade einmal 22 Unternehmen mit einem ADR-Volumen von 3 Milliarden USD auf.[60]

Was sind Motive von Unternehmen, sich an einer US-amerikanischen Börse notieren zu lassen? Ein häufiger Grund ist der Wunsch, den Anlegerkreis internationaler (institutioneller und privater) Investoren zu erschließen beziehungsweise zu erweitern, um Kapital auf einem internationalen Kapitalmarkt aufnehmen zu können. So können zum Teil immer noch einige lokale institutionelle Investoren nur in die jeweiligen lokalen Aktienmärkte investieren. Will man diese gewinnen, ist eine Präsenz an den jeweiligen Kapitalmärkten erforderlich.

Andere Gründe für eine Notierung in den USA umfassen zudem die niedrigeren Transaktionskosten für US-Investoren an ihren Heimatbörsen sowie die Ausweitung des »Handelszeitfensters«, während dessen die Aktien gehandelt werden können.[61]

Siemens: »USA, a target capital and telecommunications market«

Durch das Listing an der New Yorker Börse hat Siemens die Voraussetzung für weitere Akquisitionen und strategische Investitionen geschaffen.[62]
Mit der Notierung in den USA verfolgt der Konzern mehrere Ziele. Zum einen sei es für einen Weltkonzern wie Siemens fast schon Pflicht, am weltweit größten und wichtigsten Börsenplatz vertreten zu sein. [...] Zudem will Siemens auch den Bekanntheitsgrad in den USA steigern und das US-Geschäft anschieben. [...] Mit dem US-Listing gewinnt Siemens zudem eine Akquisitionswährung, mit der Übernahmen finanziert werden können.[63]

SAP – approaching NYSE

Die Schärfung des Profils der SAP am weltgrößten Markt für Informationstechnologie sowie die Verbreiterung der Aktionärsbasis in den USA zählen zu den wichtigsten Gründen für den Gang an die US-Börse. Außerdem soll der wachsenden Zahl von SAP-Mitarbeitern, externen Beratern, Kunden und Partnern in den USA der Zugang zur SAP-Aktie erleichtert werden.
»Unsere Notierung wird den Bekanntheitsgrad der SAP am US-Kapitalmarkt erhöhen und es uns darüber hinaus ermöglichen, von dem wachsenden Interesse in den USA sowohl an Technologie- als auch an ausländischen Aktien zu profitieren. Wir möchten US-Anlegern wie auch unseren Mitarbeitern die Möglichkeit erleichtern, an dem Erfolg der SAP teilzuhaben«, sagen Kagermann und Plattner. »Die Notierung an der NYSE unterstreicht unser Bekenntnis zum US-amerikanischen Markt und unseren dortigen Kunden.«[64]

Ein internationales Listing ist allerdings kein »Free Lunch«: Den erheblichen Vorteilen stehen höhere Kosten für Registrierungs- und Listinggebühren, für Rechts- und Bankberatung sowie für die Erfüllung zusätzlicher Reporting-Anforderungen gegenüber.

Haben die oben genannten Argumente aber überhaupt eine nachweisbare positive Wirkung auf die Bewertung des international gelisteten Unternehmens?

Eine Untersuchung von 181 ADR-Programmen im Zeitraum von 1985 bis 1995 konnte zeigen, dass ein internationales Listing durchaus die gewünschte Nachfragewirkung hervorrufen kann. Voraussetzung dafür ist jedoch, dass der gewählte Zielmarkt liquide und publikumsträchtig ist, das heißt ein Markt, in dem die internationalen Zielinvestoren auch wirklich aktiv sind.

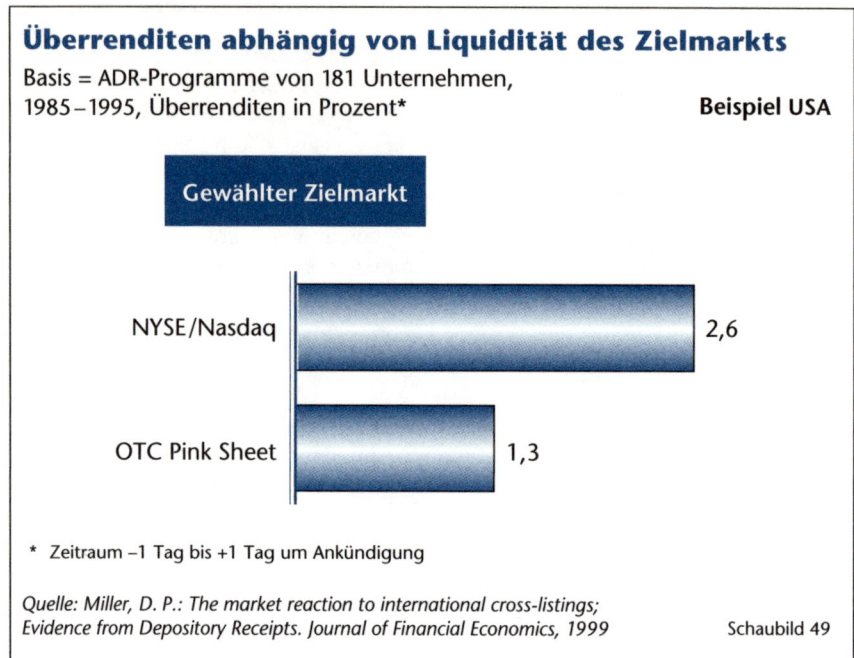

Überrenditen abhängig von Liquidität des Zielmarkts

Basis = ADR-Programme von 181 Unternehmen,
1985–1995, Überrenditen in Prozent*   **Beispiel USA**

Gewählter Zielmarkt

NYSE/Nasdaq   2,6

OTC Pink Sheet   1,3

* Zeitraum –1 Tag bis +1 Tag um Ankündigung

Quelle: Miller, D. P.: The market reaction to international cross-listings;
Evidence from Depository Receipts. Journal of Financial Economics, 1999   Schaubild 49

Allerdings: Auch ein Zweitlisting in einem Auslandsmarkt und insbesondere an einer US-amerikanischen Börse ist kein Selbstläufer. Es ist lediglich eine technische Voraussetzung dafür, die Investoren im dortigen Markt besser ansprechen zu können. Grundsätzlich beginnt der zusätzliche Vermarktungsaufwand der Equity Story erst mit dem »Dual Listing«.

Vor allem auf angelsächsischen Kapitalmärkten müssen Investoren als Kunden angesehen werden, denen die Aktie schmackhaft gemacht werden muss. Maßnahmen zur Erhöhung des Bekanntheitsgrads zahlen sich in der Regel aus.

So gehören die mit großen Kommunikationsanstrengungen an die US-Börsen gebrachten Werte auch zu den stärker gehandelten. Als Beispiel dafür sei an die Kampagne anlässlich der Börseneinführung von Daimler-

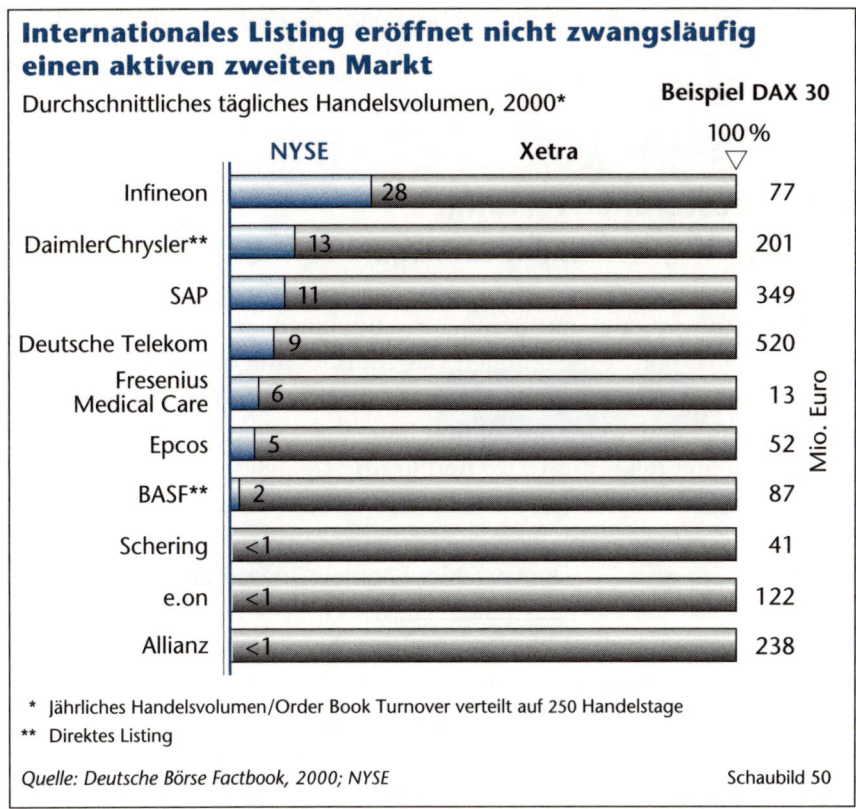

Internationales Listing eröffnet nicht zwangsläufig einen aktiven zweiten Markt

Durchschnittliches tägliches Handelsvolumen, 2000*

Beispiel DAX 30

NYSE   Xetra   100%

	NYSE	Xetra
Infineon	28	77
DaimlerChrysler**	13	201
SAP	11	349
Deutsche Telekom	9	520
Fresenius Medical Care	6	13
Epcos	5	52
BASF**	2	87
Schering	<1	41
e.on	<1	122
Allianz	<1	238

Mio. Euro

* Jährliches Handelsvolumen/Order Book Turnover verteilt auf 250 Handelstage
** Direktes Listing

Quelle: Deutsche Börse Factbook, 2000; NYSE   Schaubild 50

Chryslers »Global Share« erinnert: »In a groundbreaking move for the financial markets, the NYSE will begin trading shares of the first-ever global equity security.«[65]

Auch die innerhalb globaler IPOs parallel auf dem deutschen und dem US-amerikanischen Kapitalmarkt eingeführten Werte wie Infineon oder die Deutsche Telekom erfreuen sich noch immer einer regen Handelstätigkeit.

Allerdings ist davon auszugehen, dass dies nicht nur mit dem Doppellisting an sich, sondern vielmehr mit der strukturell angelegten doppelten Marktbearbeitung zu tun hat. Es ist sehr wahrscheinlich, dass ein Doppellisting von daher auch einen insgesamt deutlich höheren Aufwand für ein erfolgreiches Kapitalmarktmanagement hervorruft, will man die Chancen dieses Instruments effizient nutzen. Tendenziell wird es vor allem relativ großen Firmen mit globaler Ausrichtung möglich sein, die für ein erfolgreiches, wertstiftendes Dual Listing notwendigen fortlaufenden Investitionen zu tätigen.

2.4 Investorenerwartungen – den Kapitalmarkt steuern

Kursbewegungen, die nur schwer nachvollziehbar scheinen, werden gerne als »irrationale Reaktionen der Märkte« interpretiert, vor allem dann, wenn die Kursveränderungen auf Nachrichten folgen, die eigentlich eine ganz andere Marktreaktion hätten erwarten lassen. Ein Unternehmen meldet Rekordumsätze und kräftig steigende Erträge – und die Kurse fallen. Da kann etwas nicht mit rechten Dingen zugehen. Die Börse – ein Casino?

Nur auf den ersten Blick. Auch hier können Alltagserfahrungen helfen, die »Marktpsychologie«, das scheinbar Willkürliche besser zu verstehen: Enttäuschte Erwartungen können in allen Lebensbelangen zu einer negativen Reaktion führen, und zwar auch dann, wenn die Enttäuschung beispielsweise aus einem Geschenk besteht, das man eben erhalten hat. Wenn man mit mehr gerechnet hatte, ist das schönste Geschenk nicht ausreichend. Es hinterlässt möglicherweise sogar eine Stimmung, die schlechter ist, als die Stimmung war, bevor das Geschenk ein Thema wurde. Das ist nicht zwar klug, aber ganz normal.

Diese »Normalität« funktioniert auch an der Börse nicht anders. Die Börse ist ein Erwartungsmarkt. Da ist das absolute Ergebnis zweitrangig. Was zählt, ist, ob die Erwartungen erfüllt wurden oder nicht. Um also eine gute Kapitalmarktperformance zu haben, muss das Unternehmen nicht nur ordentliche Zahlen liefern, es muss vor allem auch die Erwartungen des Markts mindestens erfüllen. Damit das gelingt, müssen diese Erwartungen so gesteuert werden, dass sie sich letztlich mit der tatsächlichen Entwicklung decken oder von dieser übertroffen werden.

Erwartungen der Investoren müssen verstanden, gesteuert und genährt werden. Nur ein Unternehmen, das die Kapitalmarkterwartungen dirigiert, kann auf Dauer Erfolg am Kapitalmarkt haben. Der »Dreisprung« des professionellen Erwartungsmanagements lautet daher:

- Understand Expectations,
- Shape Expectations,
- Feed Expectations.

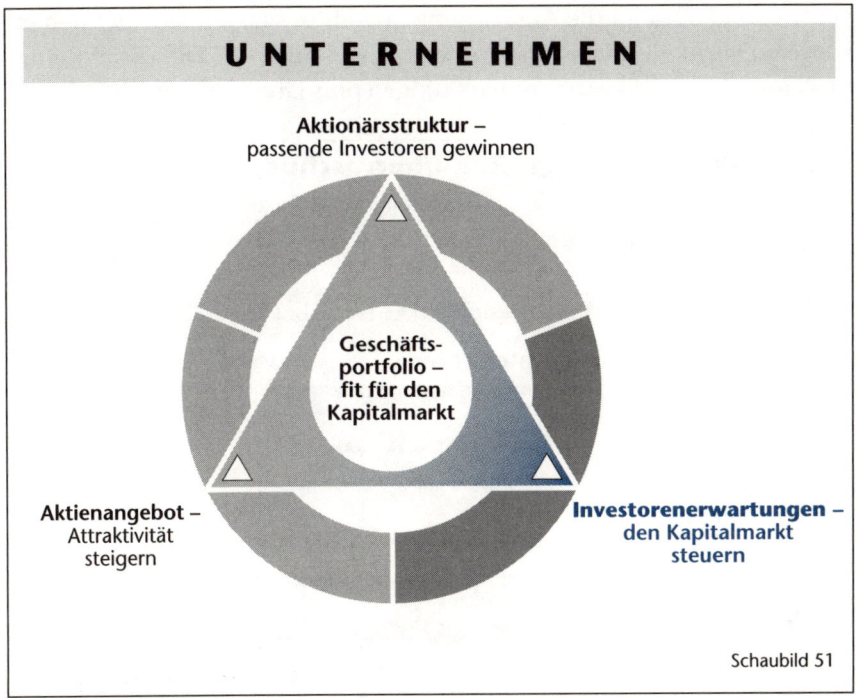

Schaubild 51

Understand Expectations – was denkt der Markt?

Der erste Schritt eines erfolgreichen Erwartungsmanagements ist das Verständnis aktueller Kapitalmarkterwartungen.

- Wie sehen die derzeitigen Erwartungen an das Unternehmen aus?
- Wer analysiert derzeit das Unternehmen?
- Welche Elemente bestimmen die zukünftigen Kapitalmarkterwartungen?

Aktienkursänderungen kommen nur durch Abweichungen von tatsächlichen zu erwarteten Entwicklungen zustande. Alle Informationen, die schon vollständig antizipiert werden, ändern den Aktienkurs nicht mehr. So folgen beispielsweise signifikante Kursreaktionen besonders bei größeren Abweichungen des geschätzten Gewinns pro Aktie (EPS) vom tatsächlichen EPS. Vor allem positive Abweichungen von mehr als 5 Prozent führen zu Kursanstiegen, wogegen negative Überraschungen mehrheitlich bestraft werden.

Schaubild 52 zeigt die Auswirkungen von Gewinnen, die über den erwarteten lagen. In solchen Fällen steigt gewöhnlich der TRS (Total Return to Shareholders = Aktienkurssteigerungen plus Dividendenzahlungen).

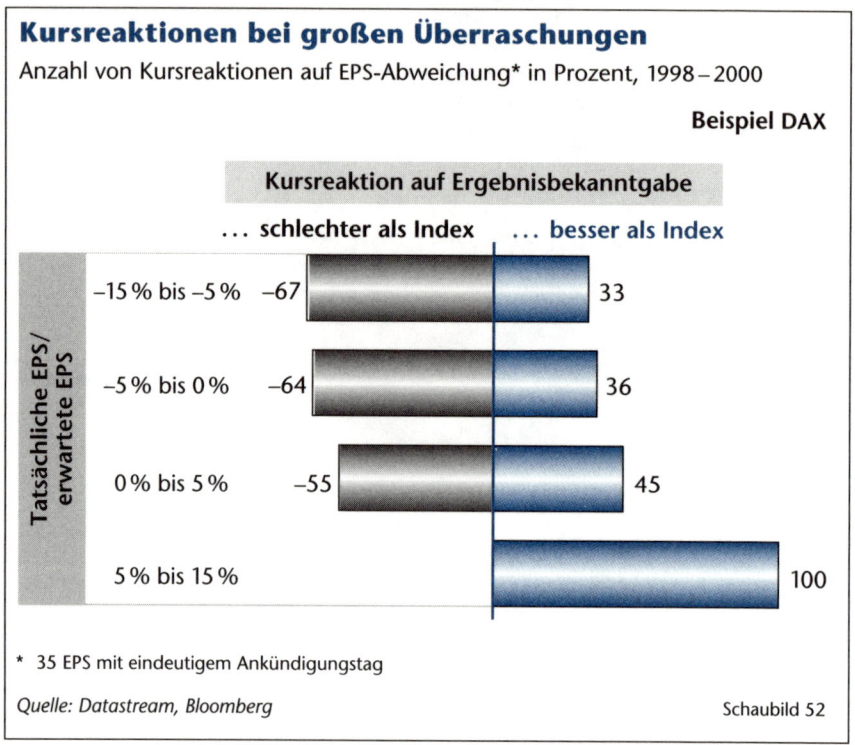

Kursreaktionen bei großen Überraschungen

Anzahl von Kursreaktionen auf EPS-Abweichung* in Prozent, 1998–2000

Beispiel DAX

Kursreaktion auf Ergebnisbekanntgabe

... schlechter als Index   ... besser als Index

Tatsächliche EPS / erwartete EPS

–15 % bis –5 %	–67	33
–5 % bis 0 %	–64	36
0 % bis 5 %	–55	45
5 % bis 15 %		100

* 35 EPS mit eindeutigem Ankündigungstag

Quelle: Datastream, Bloomberg   Schaubild 52

Tatsächlich kann eine positive TRS-Reaktion, also eine höhere Bewertung des Unternehmens, auch entstehen, wenn der betreffende Betrieb Verluste macht. Entscheidend ist ein über den Konsensuserwartungen des Markts liegendes Resultat: Was zählt, ist das Delta zwischen erwarteten und realisierten Ergebnissen.

Die derzeitigen **Erwartungen an das Unternehmen** können auf verschiedene Weise gemessen werden. Zu untersuchen sind für eine Bestandsaufnahme der Markterwartungen zum Beispiel für Earnings per Share (EPS):

- die Streuung der Analystenerwartungen,
- die Veränderung der Analystenerwartungen und
- die Abweichung der Analystenerwartungen vom tatsächlichen Ergebnis.

Eine breite Streuung von Schätzungen spricht für eine Unsicherheit hervorrufende Informationspolitik des Unternehmens. Denn nur das Unternehmen kann die Bandbreite der Schätzungen durch fundierte und transparente Informationen verringern.

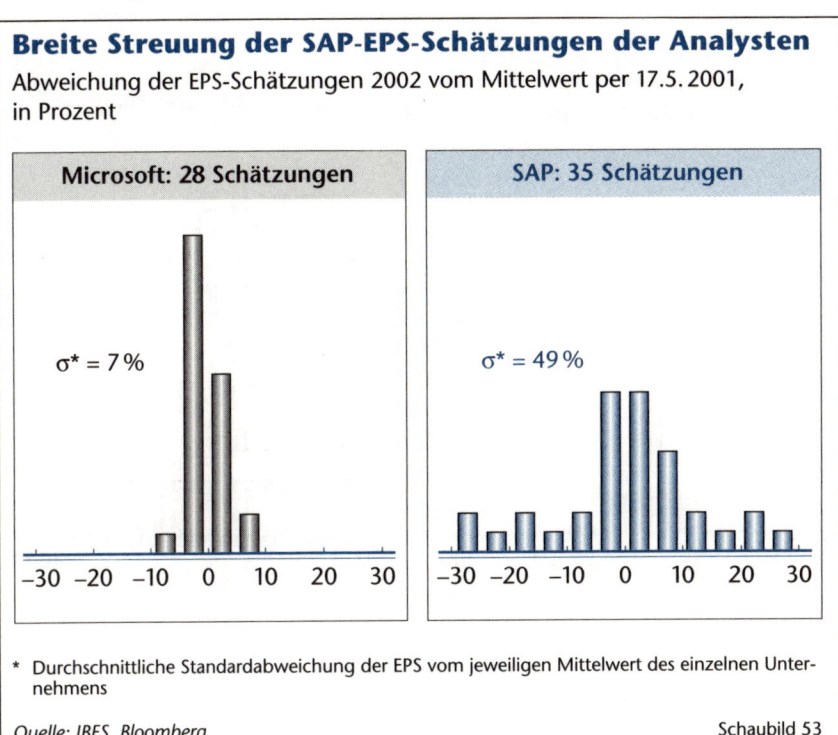

Breite Streuung der SAP-EPS-Schätzungen der Analysten

Abweichung der EPS-Schätzungen 2002 vom Mittelwert per 17.5.2001, in Prozent

Microsoft: 28 Schätzungen

$\sigma^* = 7\,\%$

SAP: 35 Schätzungen

$\sigma^* = 49\,\%$

* Durchschnittliche Standardabweichung der EPS vom jeweiligen Mittelwert des einzelnen Unternehmens

Quelle: IBES, Bloomberg   Schaubild 53

Im Mai 2001 lagen die Schätzungen der EPS 2002 für Microsoft alle sehr nahe beieinander. Die Standardabweichung (Delta) von fast 50 Prozent bei SAP reflektiert, dass einige Analysten die EPS 2002 für SAP nur halb so hoch einschätzen wie ihre Kollegen.

Ähnliche Phänomene lassen sich auch beim Vergleich der Gesamtmärkte in den USA und Deutschland beobachten. So ist die Schwankungsbreite (»Standardabweichung«) des erwarteten Gewinns pro Aktie bei DAX-Unternehmen viel größer als bei Dow-Jones-Unternehmen. Während in den USA eine Abweichung von mehr als 10 Prozent die Ausnahme ist, weichen Analysten in Deutschland durchschnittlich um rund 20 Prozent von der Konsensusschätzung ab.

Erwartungsmanagement in Deutschland noch nicht auf internationalem Niveau

Abweichung der EPS-Schätzungen 2002 vom Mittelwert per 17.5.2001, in Prozent

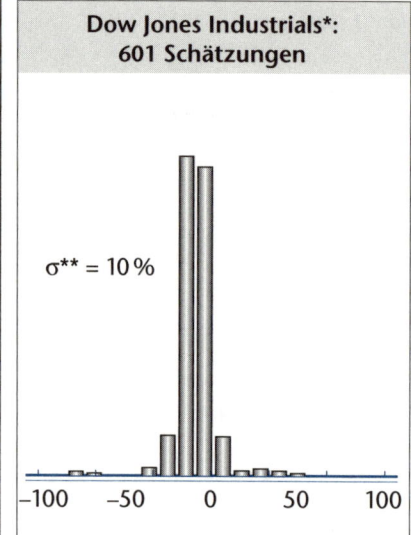

Dow Jones Industrials*: 601 Schätzungen

$\sigma^{**} = 10\%$

−100   −50   0   50   100

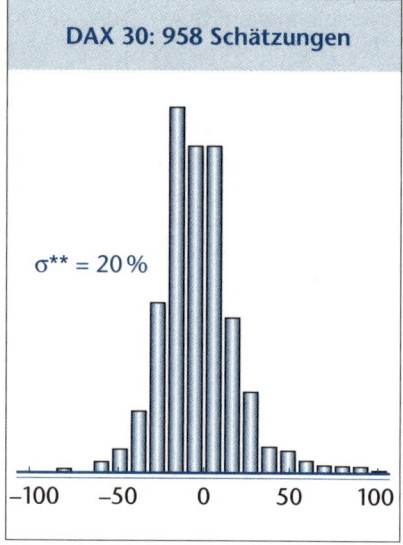

DAX 30: 958 Schätzungen

$\sigma^{**} = 20\%$

−100   −50   0   50   100

* Enthält die 30 größten US-Werte nach Marktkapitalisierung
** Durchschnittliche Standardabweichung der EPS vom jeweiligen Mittelwert des einzelnen Unternehmens

Quelle: IBES, Bloomberg   Schaubild 54

Die Analyse derzeitiger Erwartungen kann eine signifikante Unsicherheit des Kapitalmarkts gegenüber der Ergebnisentwicklung des Unternehmens offenbaren und somit Hinweise für ein zu optimierendes Erwartungsmanagement des Unternehmens geben, die wir später näher erläutern werden.

Eine weitere Analyse beschäftigt sich mit der Entwicklung der durchschnittlichen EPS-Analystenerwartungen in einem bestimmten Zeitraum. Natürlich ändern sich Erwartungen infolge neuer Informationen. Dieser Prozess ist jedoch durchaus steuerbar. Der Durchschnitt der Analystenerwartungen in einem definierten Zeitraum für die EPS eines bestimmten zukünftigen Jahrs sollte sich zielgenau auf das realisierte Ergebnis hin entwickeln, sollte nicht zu stark schwanken, und EPS-Schätzungen für Folgejahre sollten idealiter jeweils leicht höher über den laufenden liegen.

Neben der Betrachtung der Erwartungen ist deren Vorhersagegehalt für die realisierten EPS ausschlaggebend. Der letzte Schätzwert der Analysten vor Bekanntgabe des realisierten EPS-Werts ist ein weiteres Indiz dafür, wie gut ein Unternehmen die Analysten auf zukünftige Ereignisse vorbereitet. Im Erwartungsmanagement-Schaubild erkennt man dies anhand der Punkte am Ende der Linien, die die realisierten EPS ausdrücken.

Betrachtet man die Erwartungsmanagement-Schaubilder von Degussa und Pfizer, zeigen sich deutlich die Unterschiede im Erwartungsmanagement. Auf Schaubild 55 spiegelt dabei eine Linie die Erwartungen der Analysten für die EPS eines bestimmten Jahrs in der Zukunft wider. Während bei Degussa große Sprünge in den Erwartungen zu erkennen sind (durchschnittliche Varianz 6,7 Prozent), sind die Linien bei Pfizer fast gerade (durchschnittliche Varianz 1,8 Prozent).

Für die Ergebnisse der Jahre 1995 bis 1997 sieht das Erwartungsmanagement von Degussa noch wesentlich besser aus als beispielsweise für das Ergebnis 1999. Seit 1998 änderten die Analysten laufend ihre Meinung über das zukünftige Ergebnis des Unternehmens. Bei Pfizer dagegen wurden nur geringe Anpassungen vorgenommen – was für eine gute Unternehmensplanung, aber auch für eine kluge Kommunikationspolitik des Unternehmens spricht.

Bei guter Kommunikation enden die Linien exakt auf den Punkten, das heißt, die Prognosen der Analysten decken sich mit dem tatsächlichen Ergebnis. In den meisten Jahren ist dies sowohl bei Pfizer als auch bei Degussa der Fall. Im Jahr 2000 lagen Prognose und Ergebnis bei Degussa jedoch auseinander. Obwohl die Erwartungen schon vor der Verkündigung der Ergebnisse angepasst wurden (stark fallende EPS-Linie), lagen die Analysten am Ende daneben.

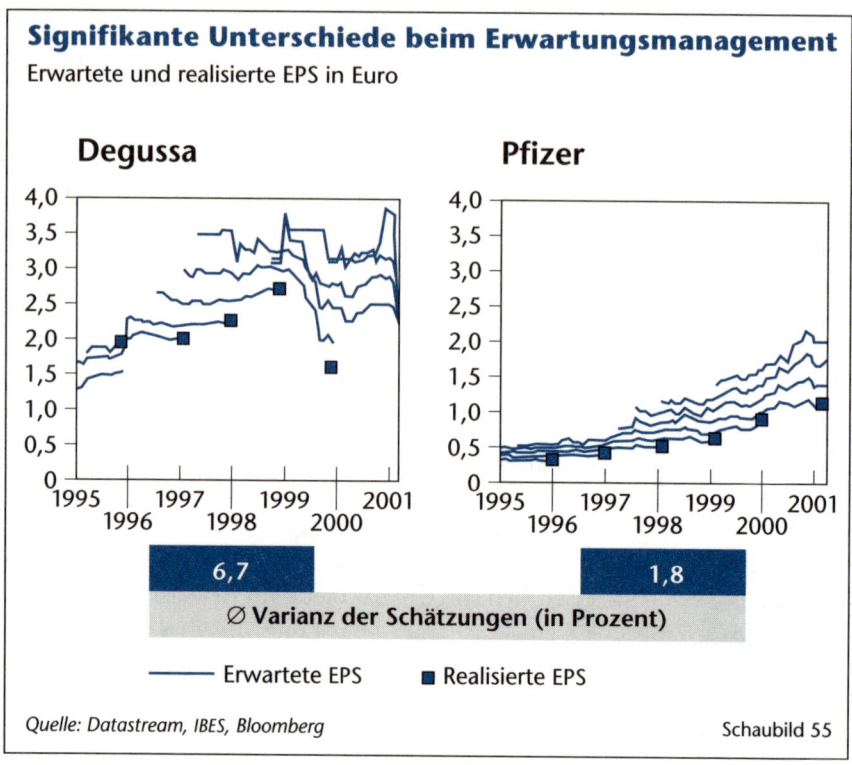

Signifikante Unterschiede beim Erwartungsmanagement
Erwartete und realisierte EPS in Euro

Degussa — Pfizer

6,7   1,8

∅ Varianz der Schätzungen (in Prozent)

—— Erwartete EPS   ■ Realisierte EPS

Quelle: Datastream, IBES, Bloomberg   Schaubild 55

Bedeutend für die Erwartungsbildung am Kapitalmarkt ist auch, **wer derzeit das Unternehmen analysiert** und damit die Erwartungen bestimmt.

Wie bereits beschrieben, bewerten Analysten Unternehmen häufig mithilfe von branchentypischen Multiples. So wird die Union Bank of Switzerland (UBS) beispielsweise fast durchweg mit klassischen Universalbank-Multiples bewertet.

Eine genauere Analyse zeigt, dass die UBS inzwischen einen großen Teil ihres Geschäfts als »Securities Firm« macht, in mancherlei Hinsicht vergleichbar mit Morgan Stanley und Merrill Lynch. So wurden in den letzten Jahren oft mehr als 50 Prozent des Geschäftsertrags allein durch die Investmentbank UBS Warburg erzielt. Und trotzdem wird die UBS in der Regel als klassische Universalbank bewertet.

Die für die UBS zuständigen Analysten von Goldman Sachs, Lehman Brothers und DLJ bewerten neben der UBS überwiegend Universalbanken. Auch so ist zu erklären, dass sie bei der UBS dieselbe Methodik anwenden wie bei den anderen von ihnen betreuten Banken.

Ein direkter Vergleich mit den Analysten, die Morgan Stanley hat, zeigt: Morgan Stanley wird im Gegensatz zur UBS als Securities Firm eingeordnet und von den entsprechenden Wertpapieranalysten untersucht. So betreut zum Beispiel der Analyst von Goldman Sachs, der die UBS bewertet, 40 Banken. Davon sind die überwiegende Zahl, nämlich 37, Universalbanken (Commercial Banks). Dagegen untersucht derjenige Analyst von Goldman Sachs, der Morgan Stanley betreut, mit 33 von 37 Banken fast ausschließlich Securities Firms. Offensichtlich wird die UBS nach wie vor als Universalbank gesehen und mit solchen Instituten verglichen.

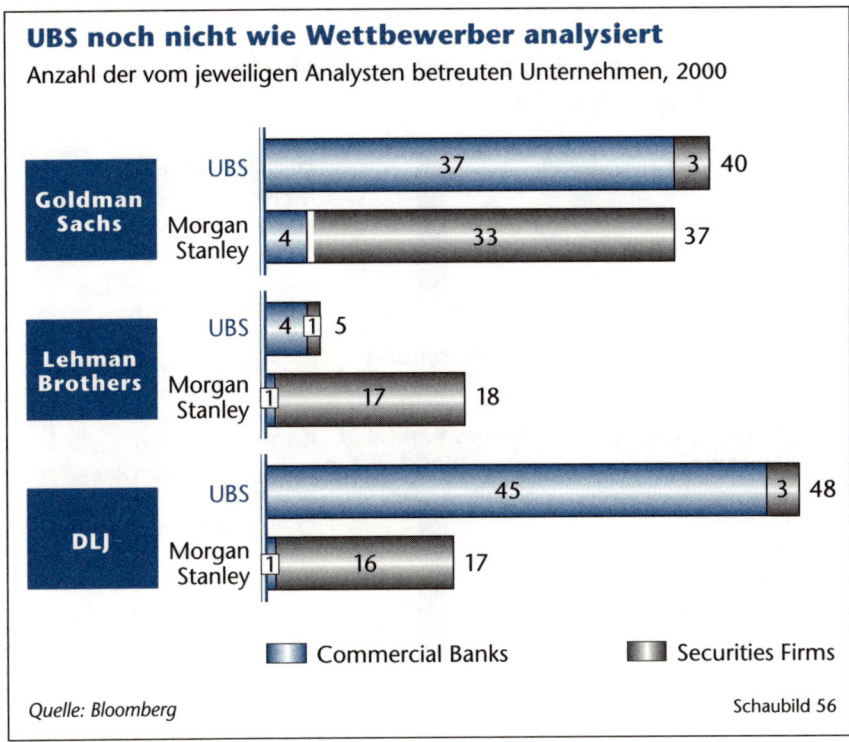

UBS noch nicht wie Wettbewerber analysiert

Anzahl der vom jeweiligen Analysten betreuten Unternehmen, 2000

Quelle: Bloomberg · Schaubild 56

Die Multiples, die die UBS bei der Bewertung erhält, sind den im Vergleich zu Securities Firms geringeren Multiples von klassischen Universalbanken sehr ähnlich. So wird die UBS mit einem P/E Multiple auf das erwartete Ergebnis 2001 von 15 bewertet, während mehr als 50 Prozent des Geschäftsertrags – analog zur Bewertung von Morgan Stanley – mit einem P/E Multiple von rund 18 versehen werden könnten. UBS erhält also durch diese Zuordnung der Analysten möglicherweise einen Bewertungsabschlag.

Ein solcher Bewertungsabschlag (also niedrigere Multiples als andere vergleichbare Unternehmen) aufgrund von Wahrnehmungsunterschieden (Perception Discount) basiert auf einer unterschiedlichen Interpretation des Unternehmens und seines Geschäftsportfolios durch den Kapitalmarkt.

Letztlich gilt es zu verstehen, **welche Elemente die Kapitalmarkterwartungen bestimmen.** Vier Elemente sind regelmäßig ausschlaggebend: operative Leistung, Strategie, Managementqualität und – nicht zuletzt – die Kommunikation dieser Elemente.

Vier Elemente für das Entstehen von Erwartungen auf dem Kapitalmarkt

1 Operative Leistung
- Kontinuierliche Erfüllung von Profitabilitäts- und Wachstumserwartungen
  - Steigende, nachhaltige Profitabilität
  - Starkes Leistungswachstum
- Freisetzung von Eigenkapital

2 Differenzierte, präzise Strategie
- Kompromisslose Wertorientierung
- Klar definierte und anspruchsvolle Ziele
- Klarer Fokus auf Kerngeschäft/ Portfolioanpassung

Entstehung der Erwartung, Bewertung auf dem Kapitalmarkt

3 Qualität des Managements
- Klare Führungsrolle des CEO in der Organisation
- Bekenntnis zu Shareholder Value/Erfüllung von Erwartungen
- Bereitschaft zur Realisierung von radikalen Veränderungen

4 Kommunikation
- Dialog mit richtigen Analysten zu strategischen Themen
- Gründe für Abweichungen vom Plan
- Zugang zum Topmanagement
- Transparente, aktuelle Informationen

Quelle: Analysteninterviews   Schaubild 57

Die operative Leistung ist einer der wichtigsten Hebel bei der Generierung von Erwartungen.

Neben die operative Leistung muss eine vielversprechende Zukunftsperspektive treten, die mit einem klaren Fokus auf Wertsteigerung zukünftige Profitabilität und Wachstum bietet.

Wichtiges Element für überdurchschnittliche Performance ist die Qualität des Managements. Die Unternehmensführung muss einerseits die kurzfristigen Erwartungen erfüllen, andererseits langfristige Erwartungen gegenüber den Stakeholdern wecken und umsetzen. Um beides erfolgreich zu tun, muss das Management die Fähigkeit besitzen, auf Veränderungen im Markt sowohl kurz- als auch langfristig mit einer nachvollziehbaren Strategie zu reagieren. Die Bedeutung der Qualität des Managements aus Kapitalmarktsicht zeigt sich zum Beispiel an Analystenreports, die nicht selten einen Großteil des Berichts darauf verwenden, das Management und dessen Umsetzungsfähigkeit zu bewerten.

Jedoch: Operative Leistung, Strategien und das Management können noch so gut sein – erfolgreiche Kapitalmarktperformance bedarf auch guter Kommunikation. Operative und visionäre Qualitäten müssen nach außen klar von einem glaubwürdigen Management kommuniziert werden.

Jede Änderung in der Unternehmensstrategie muss dabei ebenso klar kommuniziert werden wie eine erfolgreiche Umsetzung von Zielen. Transparenz und Glaubwürdigkeit sind der Schlüssel zu einer gelungenen Kommunikation am Kapitalmarkt – und damit zu einer erfolgreichen Steuerung der Erwartungen.

Shape Expectations – Grundsätze des Erwartungsmanagements

Wie sollen nun aber die Erwartungen am besten gemanagt werden? Worauf ist zu achten, damit Enttäuschungen bei den Analysten nicht die Regel werden? Gibt es feste Spielregeln für ein erfolgreiches Erwartungsmanagement?

Fünf Grundsätze eines erfolgreichen Erwartungsmanagements

1. Steuern Sie die Markterwartungen aktiv und frühzeitig.
2. Wecken Sie nicht zu hohe oder zu niedrige, sondern genau die richtigen Erwartungen – zur richtigen Zeit.
3. Versprechen Sie nie zu viel. Im Zweifelsfalle ist es besser tiefzustapeln als zu enttäuschen.
4. Wenn der Markt in Begeisterung umschlägt, versuchen Sie, ihn zu bremsen. Vermeiden Sie es, durch andauernde positive Überraschungen zu hohe Erwartungen zu wecken.
5. Reden Sie »mit einer Zunge«. Steuern Sie die Erwartungen einheitlich und erst nach sorgfältiger interner Abstimmung.

1. Steuern Sie die Markterwartungen aktiv und frühzeitig

Erwartungen können gesteuert werden, ohne dass dadurch Unwahrheiten verkündet oder dem Markt Informationen vorenthalten würden. Die Wissenschaft der Behavioral Finance schlägt hierzu so genannte »Ankerpunkte der Wahrnehmung« vor, die in der Kommunikation verwendet werden. Dabei werden Informationen jeweils in Referenz zu bestimmten Ankerpunkten ausgegeben, sodass auch die Interpretation der Information aktiv beeinflusst wird. Die Erwartungen werden also immer an dem (vorgegebenen) Ankerpunkt ausgerichtet und gemessen.

Wird beispielsweise nach einer drastischen Änderung der Unternehmensstrategie »klar Schiff« gemacht und werden im Zuge dessen alle nur möglichen Risiken der alten Strategie durch Wertberichtigungen ergebniswirksam, entsteht oft ein dramatischer Verlust – so bei Daimler-Benz im Jahr 1995, als die Firma einen Jahresfehlbetrag von 5,7 Milliarden DM auswies.

Der Verlust, der mit der neuen Strategie im ersten Jahr eingefahren wurde, wird damit auch zum Referenzpunkt für die Bewertung des neuen Managementteams. Vor dem Hintergrund der Krisenzahlen im Jahr der Geschäftsübernahme könnte sogar eine mittelmäßige Performance wie ein großer Erfolg aussehen. Andere mögliche Ankerpunkte sind beispielsweise Zielkennzahlen – etwa die 6,5 Prozent Umsatzrendite, der sich VW-Chef Piëch verschrieben hat, oder die Einsparungsziele aus Synergieeffekten, die bei Fusionen bekannt gegeben werden.

Solche selbst gesetzten Referenzpunkte sind besonders dann nützlich, wenn größere Umbauten und Neuausrichtungen anstehen und wenn die ausgegebenen Ziele auch tatsächlich erreichbar sind. Aber: Wenn das mit viel Aufwand kommunizierte Ziel verfehlt wird, folgt in der Regel eine härtere Bestrafung durch die Anleger, als es ohne die vorgegebenen Meilensteine der Fall gewesen wäre.

2. Wecken Sie die richtigen Erwartungen zur richtigen Zeit

Analystenschätzungen sollten so nahe wie möglich beieinander liegen, die durchschnittlichen Erwartungen in einem bestimmten Zeitraum nicht stark schwanken und im Endeffekt die realisierten EPS vorhersagen. Je klarer das Erwartungsmanagement, desto geringere Unterschiede werden die Prognosen der Analysten aufweisen. Das ist schon insofern wahrscheinlich, als die Werkzeuge der Analysten so verschieden nicht sind.

Gewinnwarnungen kompakt, gute Nachrichten scheibchenweise

Die Abneigung von Investoren gegenüber negativen Überraschungen ist allgemein bekannt. Erfolgreiche Unternehmen lenken bereits im Vorfeld von Quartalszahlen die Analystenvorhersagen auf das richtige Niveau. Wichtiger noch sind aber die Implikationen für die Kommunikationsform und -frequenz von guten und schlechten Nachrichten.

Ein Tipp für die Unternehmenskommunikation lautet: Schlechte Nachrichten nicht nach Salami-Taktik in den Markt geben, sondern so stark zusammenfassen, wie es die Pflicht zur Ad-hoc-Publizität zulässt. Die dritte oder vierte Hiobsbotschaft, so sie in einem Bündel mit der ersten und zweiten kommuniziert wird, verursacht nur noch geringe Veränderungen in der Wahrnehmung.

Gute Nachrichten sollten stattdessen eher »scheibchenweise« an die Öffentlichkeit gelangen. Bei einer ganzen Reihe neuer, positiver Überraschungen wächst in der Wahrnehmung der Anleger nicht nur das Vertrauen (»das Unternehmen liefert konstant gute Ergebnisse«). Die Veränderung in der Wahrnehmung fällt auch größer aus, als wenn alle guten Nachrichten zugleich platziert werden.

Bei Gewinnwarnungen sollten außerdem allgemeine Markt- und Industrietrends ausgenutzt werden. Fällt der Markt aus unternehmensexternen Gründen ohnehin, so wird eine weitere schlechte Nachricht nicht als schwerwiegend bewertet. Andererseits kann die Bewertung durch das Ausnutzen von Markttrends auch nach oben hin positiv beeinflusst werden. Dies war beispielsweise bei der Deutschen Bank der Fall, als sie in der Blütezeit des Internets das »Global-e-Konzept« vorstellte und die Bank damit als E-Commerce-Unternehmen präsentiert wurde. Die Strategie wurde am 21.2.2000 bekannt gegeben und führte zu einer Aktienkurssteigerung von mehr als 10 Prozent.

Gutes Erwartungsmanagement klärt die Investoren möglichst frühzeitig über neue Erkenntnisse auf und ermöglicht so eine kontinuierliche Anpassung der Erwartungen. Dadurch werden extreme Sprünge vermieden. Je eher Informationen an den Markt gelangen, desto weniger ausschlaggebend werden die Informationen für Gewinne in einigen Jahren sein.

3. Versprechen Sie nie zu viel

Enttäuschungen des Kapitalmarkts wiegen besonders stark. Daher sollten sie um jeden Preis vermieden werden. Ist ein exaktes Steuern der Erwartungen nicht möglich, sollte eher ein Untersteuern als ein Übersteuern in Kauf genommen werden. Denn die anfangs etwas schlechteren Erwartungen können dem Kapitalmarkt aktiv und geschickt vermittelt werden. Spätere Überraschungen werden dann zumeist wohlwollend aufgenommen – sofern diese Vorgehensweise nicht zur »Masche« wird. Erwartet der Markt dagegen mehr, als letztlich verkündet wird, macht sich Enttäuschung breit, Kursabschläge sind die Folge.

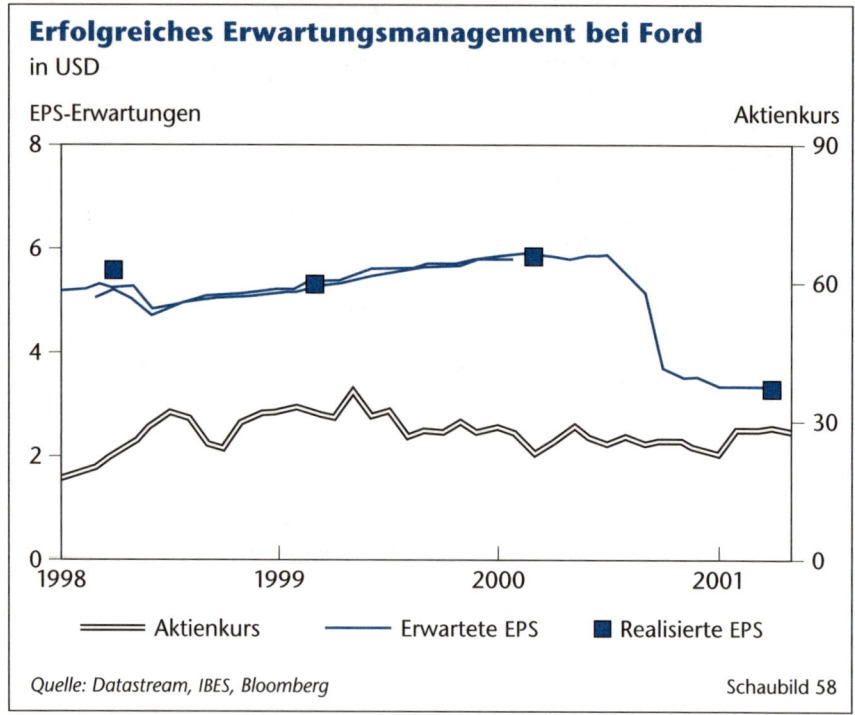

Erfolgreiches Erwartungsmanagement bei Ford
in USD

Quelle: Datastream, IBES, Bloomberg   Schaubild 58

Ein Beispiel für geschickte Kommunikation und Erwartungssteuerung ist Ford. Dank der guten Kommunikationspolitik des Unternehmens deckten sich die Erwartungen der Analysten stets mit den tatsächlichen Ergebnissen. Zwischen 1998 und 1999 wurden die Investoren kontinuierlich über die steigende Performance informiert. Im Jahr 2000 ist dagegen ein erheblicher Gewinneinbruch zu erkennen. Auch wenn die geringeren Gewinne erst recht spät am Markt erwartet wurden, war Ford in der Lage, diese in einer Art und Weise zu kommunizieren, dass die Auswirkungen auf den Aktienkurs nicht von großer Bedeutung waren. Hier erkennt man den Nutzen einer frühzeitigen Information der Investoren.

4. Vermeiden Sie es, zu hohe Erwartungen zu wecken

Wie bereits erwähnt, kann – theoriegemäß – nur eine Verschiebung des durchschnittlichen Erwartungswerts zu Aktienpreisveränderungen führen.

- Was aber, wenn die Erwartungen bereits extrem hoch sind?
- Wie können die Erwartungen weiter gesteigert werden?
- Sollen sie in solch einer Situation überhaupt weiter gesteigert werden?

Man kann sich diese Mechanismen gut am Beispiel einer Tretmühle verdeutlichen. Eine Tretmühle läuft auch dann noch weiter, wenn niemand mehr tritt. Sie zu bremsen ist schwierig, kostet Zeit und Kraft.

Übertragen auf den Kapitalmarkt, repräsentiert die Geschwindigkeit der Tretmühle die Erwartungen an die finanzielle Performance, die im Aktienpreis zum Ausdruck kommt. Durch immer höhere Erwartungen erhöht sich die Geschwindigkeit. Irgendwann kommt – durch »Erschöpfung« (beispielsweise durch eine Rezession) – der Punkt, an dem man dem Tempo operativ nicht mehr folgen kann.

Für besonders erfolgreiche Unternehmen, die »chronischen Outperformer«, dreht sich die Erwartungstretmühle wesentlich schneller als für andere Firmen – und eine weitere Beschleunigung der Mühle wird immer schwieriger.

Wal-Mart befand sich Mitte der Neunzigerjahre in einer solchen Tretmühle.[66] Die Erwartungen an Wal-Mart waren wesentlich höher als an Konkurrenten wie Sears. Obwohl die Performance von Wal-Mart die von Sears in Umsatzwachstum und Verzinsung des Kapitals bei weitem übertraf, wurden die Erwartungen des Kapitalmarkts enttäuscht. Die Gesamtaktienrendite (TRS) von Wal-Mart war im Endeffekt geringer als die von Sears, obwohl auch diese den Kapitalmarkt leicht enttäuschte. Im Aktienpreis von Wal-Mart waren – aufgrund zu hoher Erwartungen – wesentlich höhere operative Ergebnisse beinhaltet.

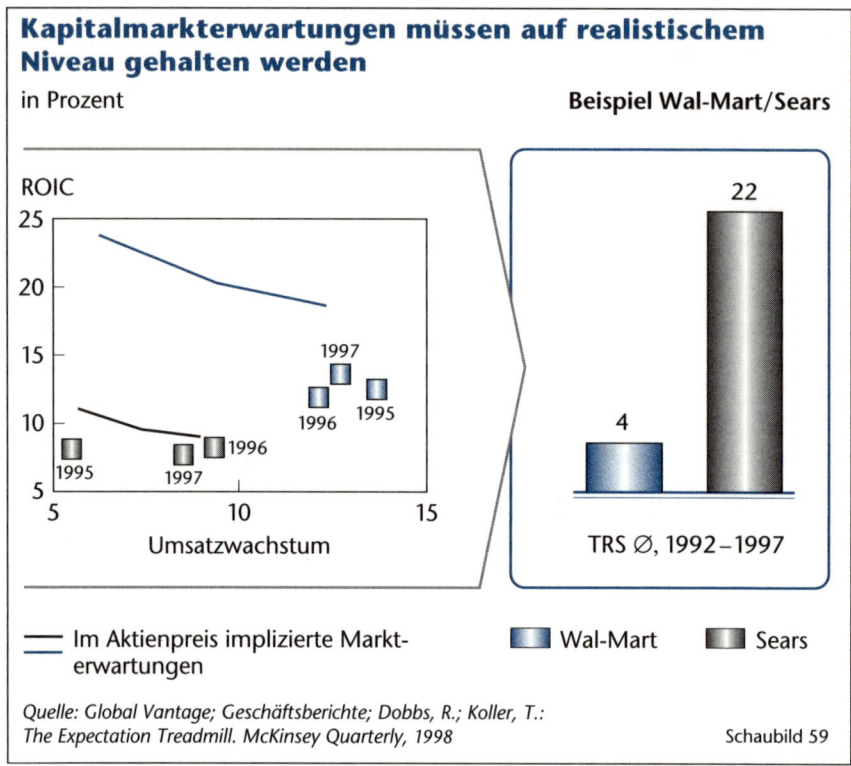

Kapitalmarkterwartungen müssen auf realistischem Niveau gehalten werden

in Prozent   **Beispiel Wal-Mart/Sears**

—— Im Aktienpreis implizierte Markt-   ■ Wal-Mart   ■ Sears
erwartungen

Quelle: Global Vantage; Geschäftsberichte; Dobbs, R.; Koller, T.:
The Expectation Treadmill. McKinsey Quarterly, 1998   Schaubild 59

Eine ähnliche Situation trat aber im Jahre 2000 bei SAP ein: Die Erwartungen für die EPS in den Jahren 2000 bis 2003 waren so hoch, dass der Aktienkurs Ende 1999 auf ein Hoch kletterte.

Zu diesem Zeitpunkt steckte SAP längst in der beschriebenen Tretmühle, deren Tempo die Firma nicht mithalten konnte. Prompt sackte der Kurs im Jahr 2000 ab, nur weil sich die Erwartungen des Kapitalmarkts langsam, aber sicher wieder mit den realisierten Ergebnissen deckten, die das Unternehmen seit Jahren erzielte. Zwar sind die EPS über die Jahre beständig gestiegen (bis heute (Mitte 2001) wurde kein einziges Mal der Wert des Vorjahrs unterschritten), doch wurden damit auch die Erwartungen an das Unternehmen immer so hoch, dass sie irgendwann nicht mehr erfüllt werden konnten.

Was hätte SAP anders machen können? Waren die übertriebenen Erwartungen nicht ein allgemeiner Trend in der gesamten Computerbranche? Sicher kann es für ein Unternehmen schwierig sein, bei allgemein positiver Stimmung gegen den Trend zu steuern. Doch gerade dies kann

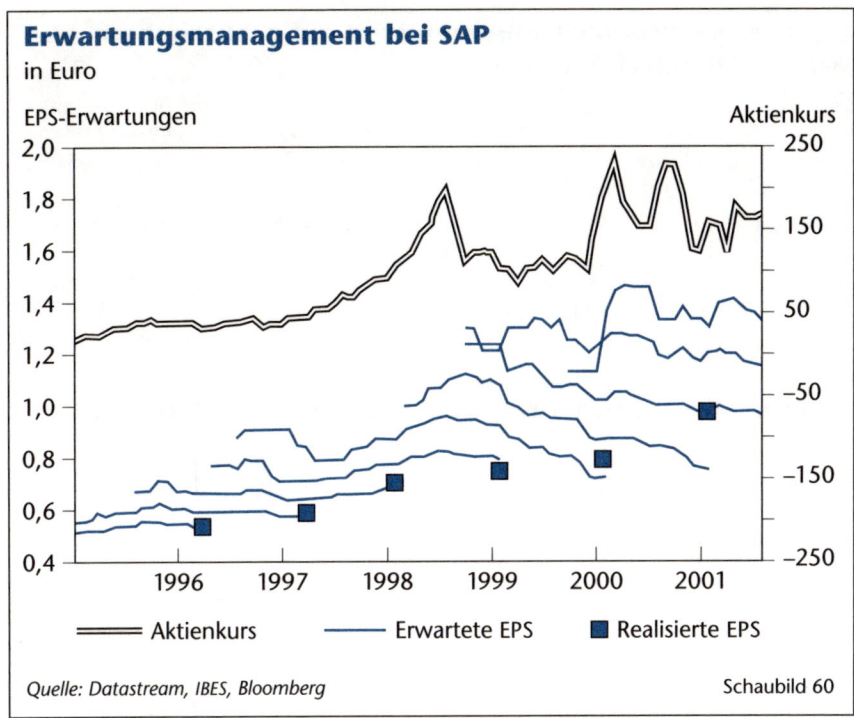

Erwartungsmanagement bei SAP
in Euro

EPS-Erwartungen   Aktienkurs

Legende: Aktienkurs | Erwartete EPS | ■ Realisierte EPS

Quelle: Datastream, IBES, Bloomberg   Schaubild 60

es vor einer überzogenen Kursrallye schützen. Der Schlüssel zum Erfolg liegt in einer konsequenten Kommunikation, die auch in optimistischen Zeiten nicht von realistischen Umsatz- und Gewinnzielen abweicht. Andere Unternehmen waren zur gleichen Zeit in der Lage, die Erwartungen weitgehend im Zaum zu halten, wie man am Beispiel Microsoft sieht.

Dauertiefstapelei ist jedoch ein Spiel mit dem Feuer, das gelernt sein will. Immer mehr Firmen versuchen, Analysten etwas pessimistischer zu stimmen, um sich Raum für positive Überraschungen zu verschaffen. Doch immer weniger Analysten spielen dieses Spiel mit. Mittlerweile reflektieren offizielle Analystenschätzungen immer auch die inoffiziellen Analystenerwartungen. Dieses Phänomen wird auch »Whisper Earnings« genannt. Es ist dafür verantwortlich, dass Aktienkurse trotz scheinbar positiver Überraschungen am Ende fallen können.

Same procedure, Mr. Gates

»Nach einer wie üblich düsteren Präsentation von CEO Bill Gates und seinem Vertriebschef Steve Ballmer auf einem Analystentreffen vor zwei Jahren begegnete Goldman-Sachs-Analyst Rick Sherlund den beiden vor dem Saal und sagte: ›Herzlichen Glückwunsch! Sie haben Ihr Publikum zu Tode erschreckt.‹ Ihre Reaktion? ›Sie schlugen sich gegenseitig auf die Schulter‹, erinnert sich Sherlund. Im Gegensatz zu Unternehmen, die mit den Regeln dieses Spiels nicht so vertraut sind, lässt Microsoft die Analysten allerdings auch wissen, wenn ihre Einschätzungen übertrieben pessimistisch sind.«[67]

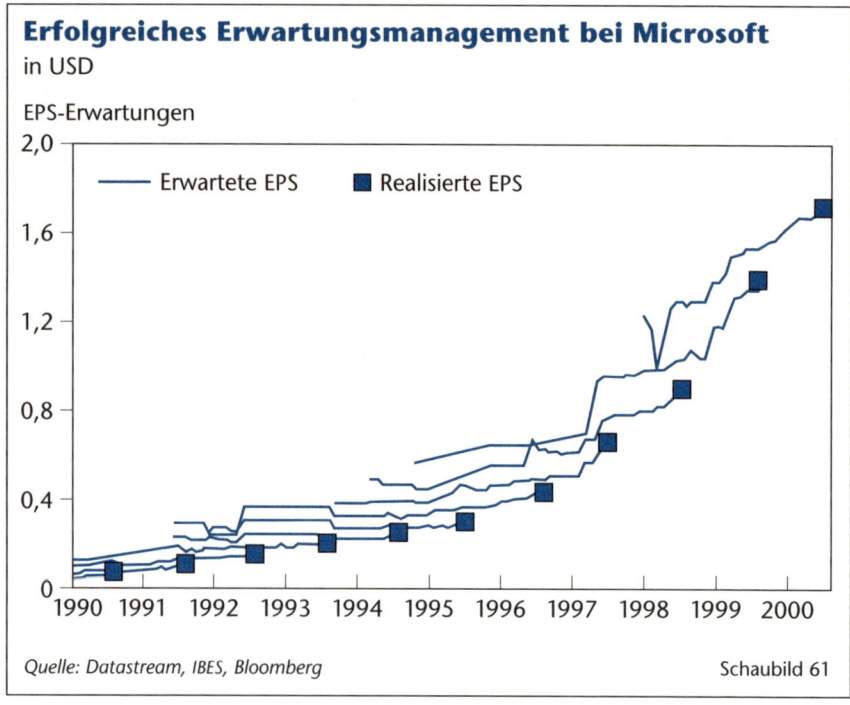

Erfolgreiches Erwartungsmanagement bei Microsoft
in USD

Quelle: Datastream, IBES, Bloomberg Schaubild 61

5. Reden Sie mit »einer Zunge«

Auf Hauptversammlungen und in Gesprächen mit wichtigen Investoren, Analysten oder Multiplikatoren wird das Management selbst das Wort ergreifen. Und da ist es wichtig, dass die Abstimmung zwischen den einzelnen Vorständen, aber auch mit der Investor-Relations-Abteilung reibungslos funktioniert. Nichts ist schwieriger für eine gute Investor-Relations-Arbeit, als unterschiedliche Aussagen und/oder Zahlen von unterschiedlichen Vorständen des gleichen Unternehmens. Hier bietet sich an, eine einheitliche, für alle Vorstände verbindliche Sprachregelung bzw. Managementpräsentation vorzugeben und einzuhalten.

Bedeutend ist bei der Kommunikation mit dem Kapitalmarkt auch die Gleichbehandlung der unterschiedlichen Investoren und Interessentenkreise, wie dies z. B. der Deutsche Investor Relations Kreis (DIRK) in seinen Grundsätzen formuliert hat.

Welche Rolle spielt der IR-Manager?

- Schnittstelle zwischen Finanzbuchhaltung, Analysten, Controlling, Konzernplanung, Presse, Divisionen, Vorstand intern und Investoren extern
- Enge Abstimmung nach außen mit Vorstandsmitgliedern, Divisionen und Presse, da die Einheitlichkeit der IR-Botschaft gewährleistet sein muss
- Enge Zusammenarbeit mit dem Vorstand bei der Vorbereitung von Reden, Pressegesprächen, Roadshows etc.
- Vorbereitung des Fragenkatalogs für die Hauptversammlung und Koordination der Beantwortung der »Fragen hinter der Bühne«
- Schlüsselfunktion: Equity Story pflegen und verkaufen durch kontinuierliches Update mit Zahlen und Beispielen sowie durch eine »Bibel« mit Sprachregelungen für Finanzkommunikation über den Vorstand und andere befugte Personen

Feed Expectations – die Kunst der Kommunikation

Herzstück der Kommunikation: die Equity Story

Die Equity Story ist Kern und Grundlage der gesamten Investor-Relations-Arbeit, Voraussetzung für erfolgreiches Finanzmarketing während eines IPO und danach. Sie enthält die Antwort auf die Frage: »Warum soll ich diese Aktie kaufen beziehungsweise nicht verkaufen?«

Die Antwort auf diese Frage muss die Unternehmenswert-Strategie kurz und verständlich erklären, die Stellung des Unternehmens im Wettbewerb deutlich machen und die eigene Entwicklung mit den Gesamtaussichten der Branche abgleichen. Sie muss glaubwürdig sein, also vertretbare und erreichbare Ziele sowie eine Erfolgsgeschichte für zurückliegende Prognosen und Ansagen beinhalten (z. B. nachhaltige und stetige Ergebnissteigerung, erfolgreiche M&A-Strategie, kontinuierliche Produktivitätssteigerung).

Schwerpunkt der Equity Story ist darüber hinaus die Kommunikation von aktuellen Unternehmensentwicklungen und deren Kontext zur gesamten Unternehmenswert-Strategie.

Die Bedeutung einer griffigen, einprägsamen »Equity Story« kann man gar nicht hoch genug einschätzen. Während eine erfolgreiche Unternehmensführung in hohem Maße das Abwägen von Wahrscheinlichkeiten und Erfolgsaussichten neuer Projekte sowie deren quantitative Analyse benötigt, kommt den Bedürfnissen der Investoren nur entgegen, wer **eine einfache und dabei unverwechselbare Botschaft** zu kommunizieren versteht.

Dabei ist vor allem die Verbindung der eigenen Unternehmenswert-Strategie mit so genannten »Metatrends« hilfreich. Neuartige Entwicklungen und Umwälzungen, an deren Bedeutung nahezu alle Investoren glauben, werden mit den hervorstechenden Charakteristika der eigenen Firma verknüpft.

Das Schlüsselwort für viele Equity Storys ist damit gefallen: Positionierung. Ist eine Aktie positioniert, müssen Investoren nur noch ein beschränktes Urteil fällen. Der Referenzrahmen, die Frage nach den Schlüsselfaktoren für den Erfolg in einem neuartigen, verwirrenden, unsicheren Umfeld, wird dadurch delegiert, dass der Glaube an »Metatrends« beschworen wird. Die Firma muss dann noch kommunizieren, warum sie besonders geeignet ist, von diesen Veränderungen zu profitieren.

Die Equity Story muss faszinieren, das heißt, das Geschäftsmodell und die Zukunftsaussichten müssen von ihrem Potenzial her überzeugen. Andererseits muss möglichst klar dokumentiert sein, dass das Potenzial letztlich auch umgesetzt werden kann. Hier spielt nun die Glaubwürdigkeit der Annahmen, der Prognosen und des Managements beziehungsweise der Organisation die entscheidende Rolle.

So gut eine Equity Story auch sein mag, sie muss vom Markt auch verstanden werden und gewollt sein.

Eine hervorragende Arbeit hat hierbei die Deutsche Post im Rahmen des IPO geleistet. Sie unterstrich das Potenzial eines Anbieters integrierter Logistik mithilfe des E-Commerce-Trends. Die Überlegung, dass bei allen E-Commerce-Aktivitäten die Ware nach wie vor von A nach B transportiert werden muss, ist schlüssig und einprägsam. Diese Nachricht kombinierte die Post mit globalem Auftreten, wodurch eine überzeugende Formel geschaffen wurde. Die Post positionierte sich als erfolgreiches Unternehmen in einem wachsenden, zukunftsträchtigen Bereich.

Bewertungsabschlag aufgrund von Intransparenz

So genannte »**Intransparency Discounts**« findet man bei Unternehmen, die nicht transparent genug auftreten, kommunizieren oder bilanzieren. Diese Unternehmen können ähnlich hohe Gewinne, Umsätze und Wachstumsraten haben wie ihre direkten Wettbewerber (Peers). Dennoch werden sie niedriger bewertet, da das Unternehmen für den Kapitalmarkt nicht durchsichtig ist. Beispiele:

- Wichtige Entscheidungen werden ohne (nachvollziehbare) Begründung getroffen.
- Das präsentierte Zahlenwerk kann nicht nachvollzogen werden und ist im Zeitablauf nicht ineinander überführbar/konsistent.
- Änderungen im Geschäftsverlauf werden nicht ausreichend erklärt.

Im Ganzen kann der Markt das Unternehmen nur unvollständig oder gar nicht verstehen – und damit nicht genau beurteilen. Eine eher vorsichtige Bewertung durch den Kapitalmarkt ist die Folge.

Die Anforderungen der Investoren richten sich nach dem international üblichen Niveau. Dieses fordert:

- Integrität,
- Relevanz,
- Detailgrad,
- Konsistenz und
- internationale Rechnungslegungsstandards.

Die Übereinstimmung mit Rechnungslegungsgrundsätzen und ein so genannter »true and fair view« sind die wichtigsten Faktoren für **Integrität**. Eigentlich sollten sie für ein börsennotiertes Unternehmen selbstverständlich sein, denn jeder Eigentümer muss möglichst exakt über sein Unternehmen und dessen aktuellen Zustand informiert sein.

Die vom Unternehmen kommunizierten Informationen müssen zudem hinreichende **Relevanz** für Investoren besitzen. So banal sich dieser Satz liest, so schwierig scheint es für einige Unternehmen zu sein, sich an diese Leitlinie zu halten. Ein Investor möchte über kursrelevante Aktionen unterrichtet werden, und er hat das Recht, sämtliche Informationen, die die Lage der Firma und ihre Zukunft verdeutlichen, zu erfahren. Hierzu gehört beispielsweise ein Fokus auf die einzelnen Geschäftsfelder und -einheiten durch detaillierte Segmentberichterstattung.

Welcher **Detailgrad der Informationen** ist notwendig? Welche Tiefe ist für Investoren noch sinnvoll, und von welchem Detailgrad an wird mehr Verwirrung gestiftet als Klarheit geschaffen?

Um Finanztransparenz sicherzustellen, muss ein Unternehmen mehr als das gesetzlich Vorgeschriebene kommunizieren. So sollten »komplizierte Sammelposten wie Sonstige Betriebliche Erträge oder Sonstige Rückstellungen [...] aus Gründen der Transparenz bis in die letzte Einzelheit aufgeschlüsselt« werden.[68] Kritische Themen müssen sofort und detailliert veröffentlicht werden. Die UBS geht hierbei mit gutem Beispiel voran und präsentiert detailliert ihre Anlagebestände oder gibt exakte Auskunft über das Kreditportfolio – inklusive notleidender Kredite.

Nach **internationalen Standards** zu bilanzieren und zu kommunizieren wird zukünftig noch stärker ausschlaggebend sein für die transparente Interaktion mit Investoren und Analysten. Insbesondere bei internationalem Wettbewerb kann eine Bilanzierung nach internationalen Standards erforderlich und nicht selten unternehmenswertschaffend sein, da dadurch kompetente Investoren angezogen und internationale Bewertungsverhältnisse geschaffen werden können.

Die Forderung nach **Konsistenz** der bereitgestellten Information sollte eine Selbstverständlichkeit sein. Sowohl das Berichtswesen im Zeitablauf, nach verschiedenen Segmentebenen als auch bei verschiedenen Berichtsformen muss stimmig sein. Die Citigroup ist ein positives Beispiel sowohl für langfristige Konsistenz im Berichtswesen als auch für die nachträgliche Darstellung von Pre-Merger-Ergebnissen auf konsolidierter Basis.

2.5 Kapitalmärkte lesen, Kapitalmärkte schreiben, besser verstanden werden

Nun liegt es auf der Hand und ist nachvollziehbar dokumentiert: Performance ist kein Schicksal.

In den letzten vier Kapiteln von Teil 2 unseres Buchs haben wir den Terminus vom »Management des Kapitalmarkts« mit Leben zu füllen versucht. Management des Kapitalmarkts – das ist die Chance, die jedes Börsenunternehmen hat. Dass dies bislang kaum erkannt wird, ist nach unserer Auffassung einer der wesentlichen Gründe dafür, dass die Bewertung der deutschen Börsenunternehmen im Vergleich zu führenden Börsen wie New York oder London noch immer hinterherhinkt. Es ist zudem sicherlich auch ein wichtiger Grund dafür, dass im Zuge des Einbruchs der Wachstumsmärkte seit dem zweiten Quartal 2000 der Neue Markt in Frankfurt deutlich schlechter abgeschnitten hat als beispielsweise die amerikanische Wachstumsbörse Nasdaq.

Natürlich gibt es eine Markttendenz, gibt es eine allgemeine Bewegung, von der die meisten Firmen – und auch die exzellenten »Kapitalmarktmanager« unter ihnen – nicht unberührt bleiben.

Doch jenseits der großen Marktbeweger Zins-, Konjunktur-, Inflations- und Wechselkurserwartungen hat jedes einzelne Unternehmen eine Menge Möglichkeiten, um sein individuelles Wertpotenzial besser auszuschöpfen.

Unter »Management des Kapitalmarkts« verstehen wir, die Diagnose und Wahrnehmungsmethoden der Akteure des Kapitalmarkts aufzunehmen (»Kapitalmarkt lesen«), aber zugleich auch transparente, aus einer konsistenten, fokussierten Unternehmensstrategie abgeleitete Informationen fortlaufend und erwartungsbildend in den Markt hineinzutragen (»Kapitalmarkt schreiben«).

Professionell betrieben, geben der Kapitalmarkt und seine Kriterien dem Unternehmen ein wertvolles und kritisches Feedback bei der Verfolgung und laufenden Weiterentwicklung der Unternehmensstrategie.

Das ist die eine Seite: Der Kapitalmarkt ist das handelnde Subjekt, wenn man vom »Management des Kapitalmarkts« spricht.

Umgekehrt ist es aber genauso möglich und auch wichtig, den Kapitalmarkt durch eine wertorientierte Ausrichtung des Geschäftsportfolios sowie durch ein effizientes Investorenmanagement aktiv zu beeinflussen.

In diesem Fall ist das Unternehmen das handelnde Subjekt, wenn man vom »Management des Kapitalmarkts« spricht.

Neben dem wertorientierten Management des Geschäftsportfolios (Kapitel 2.1) hat jedes Unternehmen die Möglichkeit, seine Investoren zu »managen«. Letzterer Aspekt hat im Wesentlichen drei Hebel, mit deren Hilfe sich die individuelle Börsenperformance verbessern lässt:

- der strategieadäquate Aufbau des Investorenmix des Unternehmens (Kapitel 2.2),
- das investorenadäquate Kapitalmarktangebot (Kapitel 2.3) und
- die kapitalmarktadäquate Erwartungssteuerung (Kapitel 2.4).

Ein Unternehmen, das diese Hebel professionell nutzt, ist langfristig den allgemeinen Marktbewegungen weniger ausgesetzt und kann seine Kapitalmarktperformance mittel- und langfristig entscheidend beeinflussen.

Teil 3:

Kapitalmarkt – Treffpunkt für Investoren und Unternehmen

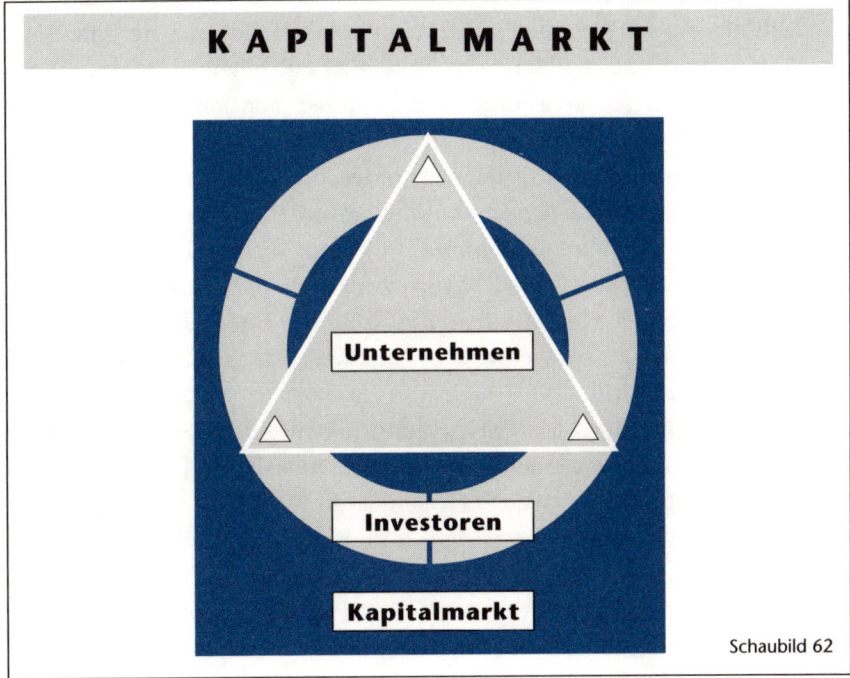

Schaubild 62

Im dritten Teil unseres Buchs wollen wir die Investoren- und die Unternehmensperspektiven zusammenführen und den Beitrag des Kapitalmarkts diskutieren. Damit ist ein Wechsel der Fragestellung verbunden. Statt die Anforderungen der Investoren an die Unternehmen zu analysieren oder die Art und Weise zu beschreiben, wie Firmen über ihre Aktionäre nachdenken, gehen wir diesen Fragen nach:

- Wie müssen Kapitalmärkte und speziell Börsen organisiert sein, damit Angebot und Nachfrage zum Wohl aller zusammengeführt werden können?
- Was sind aus Investoren- und Unternehmenssicht die erfolgskritischen strukturellen Elemente für einen effizienten Kapitalmarkt? Was muss ein Kapitalmarkt bieten, um für kapitalbereitstellende Investoren und kapitalsuchende Unternehmen der richtige zu sein?
- Wie weit ist in diesem Sinne der deutsche Kapitalmarkt entwickelt? Wie vergleicht er sich international, und wie ordnet er sich in den europäischen Kontext ein? Was bleibt zu tun?

Diese Fragen sind wichtig, weil effiziente Märkte nicht vom Himmel fallen. Mittlerweile hat sich die Einsicht durchgesetzt, dass aus der Maximierung des Eigennutzes nur dann das Wohl aller entstehen kann, wenn Käufern und Verkäufern, Investoren und Unternehmen klare, einfache und sinnvolle Regeln mit auf den Weg gegeben werden. Wettbewerb, Fairness und Transparenz sind aus Effizienzgründen notwendig für das Funktionieren von Märkten. Wie aber muss die Plattform, auf der Investoren und Unternehmen »zusammenkommen«, in einem technischen, rechtlichen und politischen Sinne aussehen? Dabei konzentrieren wir uns auf die Organisationsform des Markts selbst; die Rolle der Intermediäre steht hier nicht im Mittelpunkt, so wichtig diese auch für das tatsächliche Funktionieren der Märkte sind.

Um die Qualität und das Entwicklungsniveau eines Kapitalmarkts zu beurteilen, benötigt man einen **umfassenden, messbaren Indikator.** Denn verbessern lässt sich nur, was auch gemessen werden kann. Dies sollten die **Kapitalkosten** der Unternehmen sein. Preiswertere Finanzierung ermöglicht umfangreichere Investitionen, die Arbeitsplätze schaffen oder sichern. Der Unternehmenswert steigt – auch zum Nutzen der Investoren. Wie Kapitalkosten zu messen sind, soll eingehender im folgenden Kapitel diskutiert werden.

Kapitalkosten lassen sich – marktkonform – nur begrenzt direkt beeinflussen. Ein Faktor der Kapitalkosten sind die **direkten Handelskosten** in Form von Transaktionskosten und Courtagen, die unmittelbar einen Keil zwischen die Aktienrendite (erwirtschaftet von den Unternehmen) und den Erfolg des Anlegers treiben. Wichtiger noch sind eine Reihe von indirekten Hebeln, die zur Minderung der Kapitalkosten genutzt werden können. Die Form der Marktorganisation ist ausschlaggebend für den zweiten bedeutenden Faktor, der die Kapitalkosten nach oben treiben kann – die **indirekten Handelskosten.** Die Art, wie Kauf- und Verkaufsorders zusammengeführt werden, beeinflusst diesen Kostenfaktor.

Darüber hinaus gibt es eine Reihe von Faktoren, die direkt und indirekt auf die Qualität eines Kapitalmarkts einwirken. Hierbei spielt die rechtliche Ausgestaltung der Rechtsform »Aktiengesellschaft« ebenso eine Rolle wie die Industriestruktur und die Verfügbarkeit von Risikokapital. Für den Kapitalmarkt im engeren Sinne sind die Rechtsordnung, die Regeln der Börsenorganisation und die Überwachungsbehörden wichtig. Sie wirken auf die Gütekriterien **Neutralität und Fairness, Transparenz und Liquidität** ein – und auf diese wollen wir uns in diesem Kapitel konzentrieren. Um effizient und attraktiv zu sein, muss ein Kapitalmarkt als Grundeigenschaften Neutralität und Fairness gegenüber allen Marktteilnehmern mitbringen. Transparenz der Preisbildung und Zulassungsbestimmungen etc. erhöhen nicht nur das Vertrauen der Marktteilnehmer, sie ermöglichen letztlich auch, eine höhere Anzahl von ihnen zu gewinnen. Diese wiederum bringen höhere Handelsvolumina – die so genannte »Liquidität« der gehandelten Aktien steigt. Liquidität ist wichtig, weil nur sie – in Kombination mit dem richtigen Marktmodell – die indirekten Handelskosten niedrig halten kann. Ausreichende Liquidität in einer Aktie hilft, dass diese Aktie einen vergleichsweise geringen »Spread« (Spanne zwischen Geld- und Briefkursen) aufweist und der Kurs nicht durch einzelne Käufe oder Verkäufe überdurchschnittlichen Schwankungen unterliegt.

Die meisten vergleichenden Analysen bestätigen dem deutschen Kapitalmarkt in allen genannten Punkten immer wieder einen guten Entwicklungsstand. Doch die Weiterentwicklung technischer und regulatorischer Details ist ein fortlaufender und niemals endender Prozess; bei einer Reihe von Punkten gibt es Verbesserungspotenzial. Letztlich lohnen sich alle Anstrengungen in diesem Bereich, denn die möglichen Einsparungen bei den Kapitalkosten einer Volkswirtschaft sind in der Regel um ein Vielfaches höher als die Kosten.

Die verschiedenen Stellhebel zur Verringerung der Kapitalkosten lassen sich zum Vorteil des deutschen Markts und der deutschen Volkswirtschaft nutzen. Hierzu beleuchten wir im Folgenden beispielhaft eine **Reihe von Problembereichen,** die unserer Meinung nach von besonderer Relevanz für den deutschen Kapitalmarkt sind:

- Verschärfung der Vorschriften gegen den Insiderhandel als Beispiel für die Bedeutung von Neutralität und Fairness,
- Einführung eines Analystenkodex und bessere Regulierung der Unternehmenskommunikation als Beispiel für die Bedeutung von Transparenz,
- internationale Integration der Kapitalmärkte und Harmonisierung der europäischen Kapitalmarktregulierung als Beispiel für die Bedeutung von Liquidität.

3.1 Erfolgreiche Kapitalmärkte – Kapitalkosten als zentraler Indikator

Viele Ökonomen, Journalisten und Juristen werden nicht müde, die Wichtigkeit funktionierender Institutionen zu betonen. Der Nobelpreisträger Douglas North erhielt seine Auszeichnung insbesondere für seine Arbeiten zum Thema »Warum fand die Industrielle Revolution in England/in Europa statt?« Seine – verblüffend einfache – Antwort: Weil erst durch die Glorreiche Revolution 1688, in der das Parlament das Recht zur Besetzung des englischen Throns durchsetzte, die Form von Rechtssicherheit geschaffen wurde, die Voraussetzung für die Entwicklung des modernen Kapitalismus war. Während Könige vor 1688 Staatskredit wie ihre persönlichen Schulden behandelten und immer mal wieder Bankrott anmeldeten, wurde durch die »Machtübernahme« des Parlaments auch der Staatskredit auf eine feste Grundlage gestellt. Nichts zeigt den Erfolg der Politik so eindrucksvoll wie die schlagartig fallenden Zinsen in England nach 1688.[69]

Für jeden Kapitalmarkt gilt: Gute Institutionen – wie klare rechtliche Rahmenbedingungen, strenge Bilanzierungsrichtlinien und eine effiziente Marktorganisation – sind von entscheidender Bedeutung. Woran erkennen Investoren und Unternehmen die Qualität eines Kapitalmarkts? Welche Messgröße kann als Gütekriterium herangezogen werden?

Als umfassender Indikator für die Qualität eines spezifischen Kapitalmarkts eignen sich die **Kapitalkosten** an diesem Kapitalmarkt. Diese haben direkten Einfluss auf den Unternehmenswert bzw. die Marktkapitalisierung des Unternehmens. Verringern sich die Kapitalkosten, so steigt der Wert des Unternehmens. Die Anlage des Investors gewinnt an Wert; das Unternehmen kann preiswerter investieren.

Kapitalkosten

Kapitalkosten sind theoretisch als Opportunitätskosten definiert, die mit der Investition in ein bestimmtes Unternehmen verbunden sind, d. h. für den Verzicht auf die Investition in andere Anlagen mit gleichem Risiko. Eigenkapitalkosten werden häufig über das Capital Asset Pricing Model (CAPM) bestimmt, das besagt, dass die Opportunitätskosten des Eigenkapitals der Rendite risikofreier Wertpapiere plus dem Marktpreis des Risikos (Risikoprämie oder Überrendite im Vergleich zu risikolosen Staatsanleihen), multipliziert mit dem systematischen Risiko des Unternehmens (Beta), entsprechen.

Für Unternehmen liegt der Vorteil niedriger Kapitalkosten klar auf der Hand: Je geringer die Kapitalkosten sind, desto geringer ist die »Prämie«, die ein Unternehmen den Eigenkapitalgebern für die Bereitstellung der Mittel zahlen muss. Das Unternehmen kann also billiger finanziert werden. Aber auch für Investoren ist die Verringerung von Kapitalkosten von höchster Relevanz. Der Unternehmenswert bzw. der Aktienkurs resultiert aus mit den Kapitalkosten abgezinsten zukünftigen Cashflows des Unternehmens. Verringert sich der Diskontfaktor in Form der Kapitalkosten, so sollte dies eine Aktienkurssteigerung nach sich ziehen, da die zukünftigen Überschüsse mit einem niedrigeren Zins diskontiert werden. Daher sollten sowohl Investoren als auch Unternehmen die zu beobachtenden Kapitalkosten als **Indikator für die Effizienz und Attraktivität eines Kapitalmarkts** heranziehen.

Einen Indikator für Kapitalkosten kann zum Beispiel die **Price/Earnings Ratio** (P/E) bilden: Eine hohe P/E bedeutet letztendlich niedrigere Kapitalkosten bei einer Refinanzierung über die Börse, denn die P/E Ratio gibt das für einen bestimmten Anteil am Grundkapital bezahlte Vielfache des darauf entfallenen Gewinnanteils an. Bei einer hohen P/E Ratio kann das von einem Unternehmen benötigte Eigenkapital günstiger beschafft werden als bei einem vergleichbaren Unternehmen mit niedrigerer Kursprämie.[70]

Zieht man die P/E Ratio als Maß für Kapitalkosten heran, erkennt man, dass der deutsche Kapitalmarkt auf hohem, aber noch nicht auf Spitzenniveau ist. Was bleibt also zu tun?

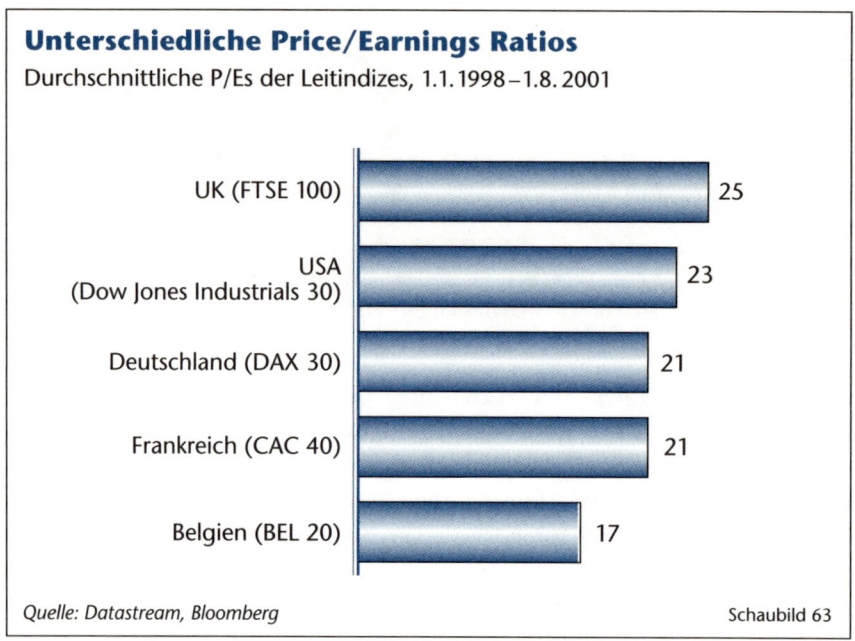

Unterschiedliche Price/Earnings Ratios

Durchschnittliche P/Es der Leitindizes, 1.1.1998–1.8.2001

UK (FTSE 100)	25
USA (Dow Jones Industrials 30)	23
Deutschland (DAX 30)	21
Frankreich (CAC 40)	21
Belgien (BEL 20)	17

Quelle: Datastream, Bloomberg   Schaubild 63

Direkte und indirekte Transaktionskosten

Was kostet der Kauf und Verkauf von Aktien? Neben den Maklergebühren und anderen, direkten Transaktionskosten wie den Ordergebühren der Banken wird ein Faktor meist vernachlässigt – die indirekten Handelskosten. Sie bemessen sich nach der Differenz zwischen An- und Verkaufspreisen (Geld- und Briefkurse), dem so genannten »Spread«. Dabei ist der Spread nur ein Teil der Gesamtkosten. Noch wichtiger für die großen Marktteilnehmer ist das Ausmaß der Preisänderung, das durch die eigene Kauf- oder Verkaufsorder entsteht (»Price Impact«). Die Möglichkeit, größere Aktienpakete zu handeln, ohne dass sich der Preis zu stark verändert, ist für institutionelle Investoren essenziell. Während die direkten Handelskosten durch die Regulierung der Gebührenordnungen, das Ausmaß des Wettbewerbs zwischen Brokern etc. beeinflusst werden, sind Marktmodell und Liquidität entscheidend für die indirekten Handelskosten in Form von Spreads und dem »Price Impact«.

Deutschland schlägt sich bezüglich beider Kostendimensionen im Vergleich mit dem Rest der Welt recht gut. Schaubild 64 zeigt einen Vergleich der Handelskosten: In Summe sind die Handelskosten in Deutschland niedriger als etwa in Großbritannien oder der Schweiz. Verantwortlich hierfür sind vor allem die sehr geringen indirekten Kosten. Dies ist insbesondere auf die Verwendung computergestützter Order-Matching-Verfahren zurückzuführen. Vergleiche mit den USA zeigen oft widersprüchliche Ergebnisse; teilweise liegen die Gesamtkosten dort niedriger als in Deutschland.[71] Dies ist vor allem in den höheren direkten Handelskosten begründet. Trotz der enormen Liquidität der NYSE sind dort – wegen des Handels über Makler (»Specialists«) – die indirekten Handelskosten deutlich höher als beispielsweise in Deutschland, wo mit Xetra ein vollelektronisches Handelssystem zur Verfügung steht, das für liquide Titel intermediärfreien Handel erlaubt.

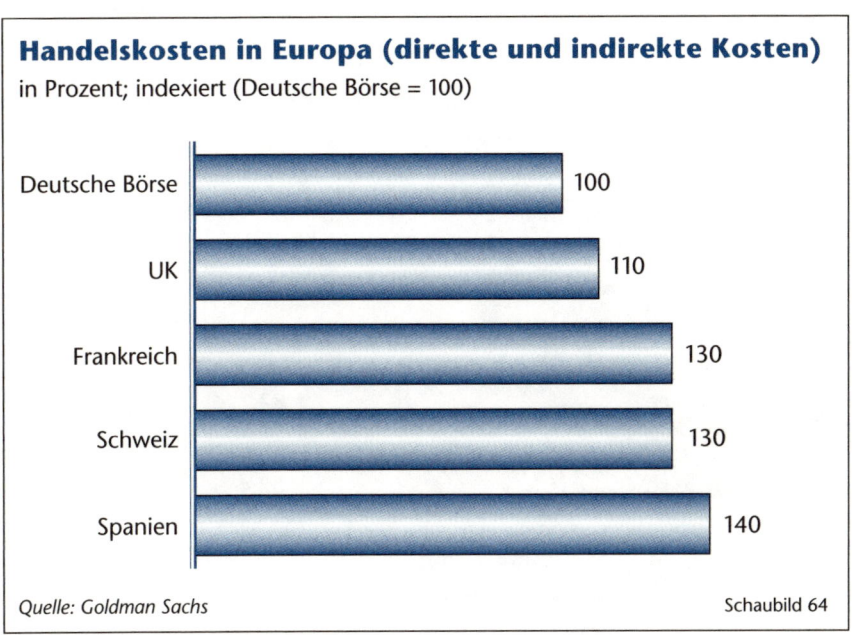

Handelskosten in Europa (direkte und indirekte Kosten)
in Prozent; indexiert (Deutsche Börse = 100)

Deutsche Börse	100
UK	110
Frankreich	130
Schweiz	130
Spanien	140

Quelle: Goldman Sachs   Schaubild 64

Amerikanische Studien[72] haben kürzlich den Effekt niedrigerer Handelskosten auf die Kapitalkosten untersucht. Transaktionskosten wirken sich doppelt auf die Kapitalkosten aus. Erstens verringern geringere Transaktionskosten die zugrunde liegende Rendite, die Investoren von einer Aktie erwarten (die Handelskosten sinken, und damit kann eine geringere Bruttorendite immer noch die gleiche Nettorendite garantieren). Zweitens senken höhere Handelsvolumina die indirekten Handelskosten.

Die Studie kommt zu folgendem Ergebnis: Reduzieren sich die Handelskosten um 10 Prozent, nimmt das Handelsvolumen um rund 8 Prozent zu. Insgesamt – als Summe direkter und indirekter Effekte – nehmen die Kapitalkosten im Regelfall um 2 bis 3 Prozentpunkte ab. Auch wenn zukünftige Forschungsergebnisse geringere Veränderungen nachweisen, so dürfte die Tendenz der Ergebnisse insgesamt stabil sein.

Auch in puncto Liquidität schlägt sich der deutsche Markt relativ gut: Bezüglich der Liquidität, definiert als der an einer bestimmten Börse gemachte Umsatz in einer Aktie im Verhältnis zu deren Marktkapitalisierung, liegt Deutschland in Europa mit Abstand vorn. Weltweit liegen lediglich die USA noch weit davor, was vor allem mit der dort schon weitgehend abgeschlossenen Konsolidierung der Börsenlandschaft erklärt werden kann.

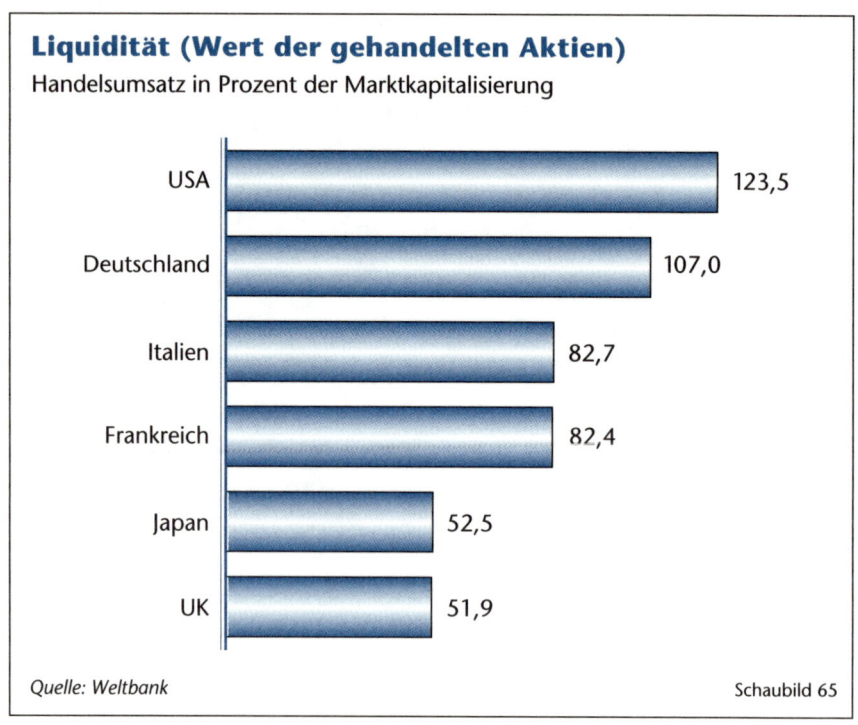

Liquidität (Wert der gehandelten Aktien)
Handelsumsatz in Prozent der Marktkapitalisierung

Land	Wert
USA	123,5
Deutschland	107,0
Italien	82,7
Frankreich	82,4
Japan	52,5
UK	51,9

Quelle: Weltbank   Schaubild 65

Verbesserungsbedarf besteht in Deutschland vor allem bei den direkten Handelskosten. Der Wettbewerbsdruck auf die Intermediäre ist dabei nur ein Faktor. Wichtiger noch ist die notwendige Vereinfachung, Vereinheitlichung und Automatisierung in der Abwicklung, die einen erheblichen Teil der Gesamtkosten ausmacht.

Verschärfung der Vorschriften gegen den Insiderhandel

Das Verbot des Insiderhandels kann als besonders gutes Beispiel für die Bedeutung von Fairness gelten. Viele Länder haben den Insiderhandel erst spät verboten, und effektiv umgesetzt wurde das Verbot in der Vergangenheit nur selten. In Amerika wurden Bestimmungen gegen die unfaire Nutzung von Informationsvorteilen bereits 1934 erlassen; in Großbritannien dauerte das bis 1980, in Deutschland gar bis 1994. Seit den Neunzigerjahren haben sich immer mehr Märkte dem Insiderverbot angeschlossen. 1990 galten in gerade einmal 34 von 79 Märkten entsprechende Bestimmungen, zehn Jahre später war der Insiderhandel bereits in rund 85 Prozent der Märkte verboten.

Dass ein Verbot des Insiderhandels ökonomisch sinnvoll ist, ist nicht ganz so offensichtlich, wie es auf den ersten Blick scheinen mag. Denn wo Insider nicht handeln dürfen, spiegeln Märkte nicht mit höchstmöglicher Geschwindigkeit neue Informationen wider – die Effizienz des Preissignals leidet. Andererseits meiden andere Investoren einen Markt ganz, wenn sie fürchten müssen, übervorteilt zu werden; dadurch sinkt die Liquidität, und den Investoren geht ein Teil der potenziellen Investorenschaft verloren. Die beiden Effekte gehen in entgegengesetzte Richtungen. Deshalb ist es eine rein empirische Frage, ob das Verhindern des Insiderhandels tatsächlich die Kapitalkosten senkt.

An der Universität Indiana wurde jüngst untersucht, ob die strikte Anwendung des Insiderverbots Auswirkungen auf die Kapitalkosten hat. Dabei diente die Anzahl der Anklagen als Indikator dafür, wie streng das Verbot umgesetzt wird. Es zeigte sich: Besser regulierte Märkte weisen geringere Überrenditen auf (definiert als Unterschied der erwarteten Rendite des Marktportefeuilles und der risikofreien Rendite, z. B. der Rendite von langfristigen Staatsanleihen). Die Kapitalkosten sind in denjenigen Märkten niedriger, in denen höchstmögliche Fairness bei der Preisbildung gewährleistet ist. Denn wenn Insiderhandel verboten ist, sind Investoren ohne spezielle Informationsvorteile eher geneigt zu handeln. Dadurch steigt die Liquidität, und die Risikoprämie für Aktienengagements kann sinken.

Die Ergebnisse von Bhattacharya und Daouk zeigen: Die durchschnittlichen Kapitalkosten reduzieren sich um etwa 5 Prozent, wenn Verstöße rigoros verfolgt werden. Diese Reduktion ist so groß, dass sie nicht mehr allein durch die höhere Liquidität zu erklären ist, die zusätzliche Investoren mitbringen.[73]

Wie schlägt sich Deutschland im internationalen Vergleich? Die Einführung des Insiderverbots erfolgte für ein hoch entwickeltes Industrieland sehr spät. Wichtiger noch – nach den Ergebnissen von Bhattacharya und Daouk – ist allerdings die effektive, zeitnahe und mit massiven Sanktionen bedrohte Umsetzung. Hierbei sind die Erfolge noch recht beschränkt.

In den vergangenen sechs Jahren wurde mit über 300 Untersuchungen des BAWe zwar ein erheblicher Aufwand bei der Überwachung betrieben; allerdings ist die Erfolgsquote bisher relativ gering. So wurden vom BAWe 40 Fälle an die Staatsanwaltschaft abgegeben, allerdings erfolgte seit 1995 nur eine rechtskräftige Verurteilung. Marktteilnehmer selbst verlangen mittlerweile nach besserer Überwachung.

Einführung eines Analystenkodex und bessere Regulierung der Unternehmenskommunikation

Kapitalmärkte leben von der Zuverlässigkeit, Genauigkeit und zeitnahen Verfügbarkeit von Informationen. Jährlich werden Milliarden von Euro ausgegeben, damit Marktteilnehmer schnellstmöglich über Informationen verfügen. Doch mit dem Einsatz von Glasfaserkabeln, mit CNN-FN und Bloomberg über Internet ist das Ziel noch nicht erreicht – die Bereitstellung von Informationen muss bestimmten Regeln gehorchen, damit die ausgetauschten Informationen auch vertrauenswürdig sind. Die Bedeutung relevanter Information wird beispielsweise dadurch dokumentiert, dass bessere Bilanzierungsbestimmungen regelmäßig Hand in Hand mit höherer Marktkapitalisierung und Liquidität gehen.

Defizite bei der Qualität der Informationen, die im öffentlichen Raum platziert werden, sind vor allem auf drei Gebieten auszumachen. Erstens mangelt es in Deutschland an Regeln für eine sinnvolle, wohl strukturierte Unternehmenskommunikation mit den Anlegern und Marktteilnehmern. Zweitens sind die Informationen, die Analysten aufbereiten und zur Verfügung stellen, nicht immer ausreichend. Drittens sind Informationen über den Handel von Managern und Eigentümern mit den Aktien des eigenen Unternehmens entweder schlecht verfügbar oder gar nicht zu erhalten.

Neu geschaffene kursrelevante Tatsachen müssen gemäß dem deutschen Wertpapierhandelsgesetz sofort (»ad hoc«) veröffentlicht werden. Die Ad-hoc-Publizität verpflichtet börsennotierte Gesellschaften, kursrelevante Tatsachen unmittelbar nach ihrem Zustandekommen über einen bestimmten Kanal dem gesamten Markt zur Verfügung zu stellen. Auf diese Weise soll systematisch verhindert werden, dass Insider überhaupt erst Informationsvorsprünge gewinnen können.

Diese Regelung hat in den letzten Jahren erheblich an Bedeutung zugenommen. Waren es im Jahr 1992 noch rund 1 000 Ad-hoc-Mitteilungen, so hat sich diese Zahl im Jahr 2000 bereits knapp versechsfacht. Ursprünglich sollten Ad-hoc-Mitteilungen gemäß § 15 des Wertpapierhandelsgesetzes dazu dienen, alle Anleger zum selben Zeitpunkt mit neuen Tatsachen zu versorgen, die sich auf die Vermögens- oder Finanzlage des Unternehmens auswirken und den Börsenpreis erheblich beeinflussen können. Heute stellt sich die Welt oft anders dar: Viele Unternehmen missbrauchen die Ad-hoc-Mitteilung als PR-Plattform und verärgern damit Investoren, Analysten und das Bundesaufsichtsamt für den Wertpapierhandel als Kontrollorgan für Ad-hoc-Meldungen.

Stilblütenweide Ad-hoc-Publizität

artnet.com am 5. Oktober 1999
»Eine Analystenpräsentation für artnet.com AG wird am 31. März 2000 stattfinden. Die Uhrzeit und der Ort werden zu einem späteren Zeitpunkt bekannt gegeben.«

MB Software am 17. Juni 1999
»Nach erfolgreicher Etablierung des Aktionärsforums im Februar dieses Jahres startet die MB Software AG nun die zweite Stufe des innovativen Investorenbetreuungsprogramms: den MB-Aktionärsclub.«

Hier ist dringender Handlungsbedarf gegeben. Das Bundesaufsichtsamt sollte mit der Befugnis ausgestattet werden, Unternehmen, die falsche, unnütze oder lediglich PR-relevante Informationen in Umlauf bringen, mit Sanktionen zu belegen.

Im Zusammenhang mit der Frage nach der Qualität im Umgang mit Informationen ist auch das Thema »**Analystenkodex**« seit dem Ende der

Spekulationsblase an den Technologiebörsen der Welt in aller Munde. Mit dem neuen Verhaltenskodex für Wertpapieranalysten will das Bundeswirtschaftsministerium die Investoren am deutschen Kapitalmarkt besser schützen. Die Einführung dieses Ehrenkodex für Analysten und Finanzjournalisten ist vorerst im Rahmen einer Testphase von zwei Jahren auf freiwilliger Basis vorgesehen. Grundlage für diesen Kodex soll ein von den Professoren Wolfgang Gerke und Rüdiger von Rosen erstelltes Gutachten sein. Angesichts der teils massiven Kritik der betroffenen Verbände an diesem Gutachten ist derzeit unsicher, ob das Vorhaben Berlins realisiert werden kann.

Die vorgeschlagenen Strafbestimmungen erscheinen oft harsch, und Maßnahmen, die vor allem auf die Reputation der Beteiligten abzielen, dafür aber umfangreichere und schnellere Beurteilungen bieten, könnten angemessener sein. So ist es beispielsweise am Neuen Markt üblich, die Leistungen der so genannten »Betreuer« zu bewerten und die Listen zu veröffentlichen. Die entsprechenden Banken sind sehr daran interessiert, auf diesen Listen gut abzuschneiden, und bemühen sich entsprechend. Ähnliche Listen von »schwarzen Schafen«, erstellt von einer unabhängigen Institution, könnten möglicherweise mehr zur Eindämmung von Missbräuchen erreichen als ein Analystenkodex.

Insiderhandel ist nicht das einzige Problem bei Geschäften von Personen mit Zugang zu wichtigen Informationen. Auch wenn der Staatsanwalt nichts an einer Transaktion auszusetzen hat, die beispielsweise der Finanzchef eines Unternehmens durchführt, so hat der Handel selbst Informationswert. So lässt sich beispielsweise im elektronischen Informationssystem EDGAR (Electronic Data Gathering, Analysis and Retrieval System) der SEC leicht nachlesen, dass Angestellte von Amazon.com, dem Online-Retailer, zwischen Januar und Juni 2001 insgesamt 675 000 Aktien verkauft haben – während der Aktienkurs um ein weiteres Drittel absackte. Zufall? Vielleicht. Doch das Vertrauen der Anleger dürfte leichter zurückzugewinnen sein, wenn alle »Directors' Dealings« vor der Transaktion bekannt gegeben werden müssen. Dementsprechend wäre ein standardisiertes, europaweites System für alle aktienrelevanten Informationen – ähnlich EDGAR – ein wichtiger Schritt nach vorn, um die Transparenz und Vertrauenswürdigkeit der europäischen Aktienmärkte zu stärken. Insbesondere an den Börsen für Wachstumstitel wie dem Neuen Markt wäre eine Stärkung des Anlegervertrauens von erheblichem Wert. Als beispielsweise die belgischen Behörden die Aktivitäten der Übersetzungssoftware-Firma Lernout & Hauspie untersuchten, mussten sie Hilfe von der SEC in Anspruch nehmen – Informationen über die Optionen, die beispielsweise das Topmanagement ausgeübt hatte, waren nur auf EDGAR zu finden.[74]

3.2 Internationale Integration der Kapitalmärkte und Harmonisierung des europäischen Rechtsrahmens

Wie wichtig ist ein europäischer Aktienmarkt, und wie teuer wäre ein Verzicht darauf?

In den vergangenen Jahren sind in Deutschland Hunderte von Unternehmen an die Börse gegangen; die milliardenschweren Emissionen von Telekom und Post, von Infineon und T-Online wurden relativ problemlos »verdaut«, und das Bewertungsniveau ist, gemessen an der P/E Ratio, im langfristigen Mittel deutlich gestiegen. Was also fehlt dem deutschen Aktienmarkt? Werden nicht alle wesentlichen Funktionen weitgehend erfüllt? Und wenn es Defizite gibt – können diese durch die Integration der europäischen Märkte wirklich abgebaut werden?

Verglichen mit Märkten in Entwicklungsländern und mit den Kapitalmärkten während der vergangenen 100 Jahre sind Europas Finanzmärkte effizient, liquide, transparent und wohl reguliert. Doch wenn wir die Weltspitze, das heißt die USA, als Vergleichsmaßstab nehmen, sieht das Bild weniger rosig aus. Der Weg in die erste Liga ist noch weit. Aber er lohnt sich.

Dabei geht es nicht allein um höhere Markteffizienz. Reibungslos funktionierende Kapitalmärkte sind kein Wert an sich. Wichtig sind vielmehr die Impulse, die den europäischen Volkswirtschaften verloren gehen: Aktienmärkte sind – wenn sie gut funktionieren – einer der entscheidenden Katalysatoren technischer Innovation und wirtschaftlichen Fortschritts. Je besser sie funktionieren, desto größer ist die Chance, im globalen Wettbewerb mitzuhalten.

Zu hohe Kosten für die Intermediäre, zu geringe Diversifikation für die Anleger und zu hohe Kapitalkosten für die Firmen sind die Nachteile der Marktverfassung in Europa heute. Statt einer Hand voll großer Aktien-

und Derivatebörsen besitzt Europa Dutzende. Jedes Land kann mindestens eine eigene vorweisen, häufig sind es mehrere.

Verbesserungen sind vor allem auch deshalb dringend notwendig, weil die USA dabei sind, ihren Rückstand bei den Handelssystemen und den verwandten Marktmodellen zu beseitigen. So führt derzeit die NYSE das offene Orderbuch ein. Auch wenn die so genannten »Specialists« weiterhin als Makler fungieren und vollelektronische Systeme nicht eingeführt werden, wird damit einer der Hauptnachteile der NYSE beseitigt. Damit werden die USA bei den indirekten Handelskosten aufholen können – ihrem bisherigen Problemfeld. Dank der hochgradig »gebündelten« Liquidität dürften dann die Handelskosten insgesamt – und damit die Kapitalkosten – deutlich unter das europäische Niveau fallen. Dies gilt insbesondere dann, wenn die NYSE letztlich die logische Konsequenz aus den bisherigen Verbesserungen zieht und auf vollelektronische Systeme umschaltet.

In Europa lautet heute immer noch die Wahl: hohe Gebühren oder hohe Handelsspannen. Die Liquidität europäischer Aktien ist nahezu ausschließlich an den Heimatbörsen konzentriert. Wollen europäische Anleger Aktien aus einem Nachbarland erwerben, so können sie ihrer Bank den Auftrag zum Kauf an der Hauptbörse im Ausland erteilen. Dann können die Gebühren schnell das Dreifache des Normalniveaus erreichen. Freilich werden viele ausländische Titel auch an deutschen Börsen gehandelt. So waren beispielsweise in Frankfurt im Dezember 2000 die Aktien von mehr als 4 700 ausländischen Unternehmen gelistet. Allerdings sind hier die Handelsspannen wegen der geringeren Liquidität in der Regel höher. Während in London durchschnittlich eine Spanne von 0,11 Prozent für die 10 (nach Marktkapitalisierung) größten Titel anfällt, sind es in Frankfurt 1,6 Prozent für die gleichen Aktien. Hinzu kommt die schlechte Qualität der Preisfindung, mit erheblichen Preissprüngen im Tagesverlauf und großen Abweichungen gegenüber den Preisen in London. Der Handel mit deutschen Aktien in London ist ähnlich ineffizient und teuer.

Werden Aktienmärkte zusammengeschlossen, sinken die Handelsspannen. Diese Spannen stellen bei weitem den größten Kostenfaktor dar. In den USA wurden beispielsweise in der Nachkriegszeit drei Börsen zusammengeführt; im Durchschnitt fiel die Differenz von An- und Verkaufspreisen um 16 Prozent.[75] Bei durchschnittlichen Spannen von 0,25 Prozent im Jahr 2000 trugen deutsche und englische Anleger 35,7 Milliarden DM an indirekten

Handelskosten. Eine Reduktion um 16 Prozent würde eine Einsparung von 5,8 Milliarden DM bedeuten. Kein Wunder also, dass europäische Anleger mit ihrem Geld am liebsten zu Hause bleiben. Investitionen im Ausland sind, trotz Euro, immer noch die Ausnahme und nicht die Regel.

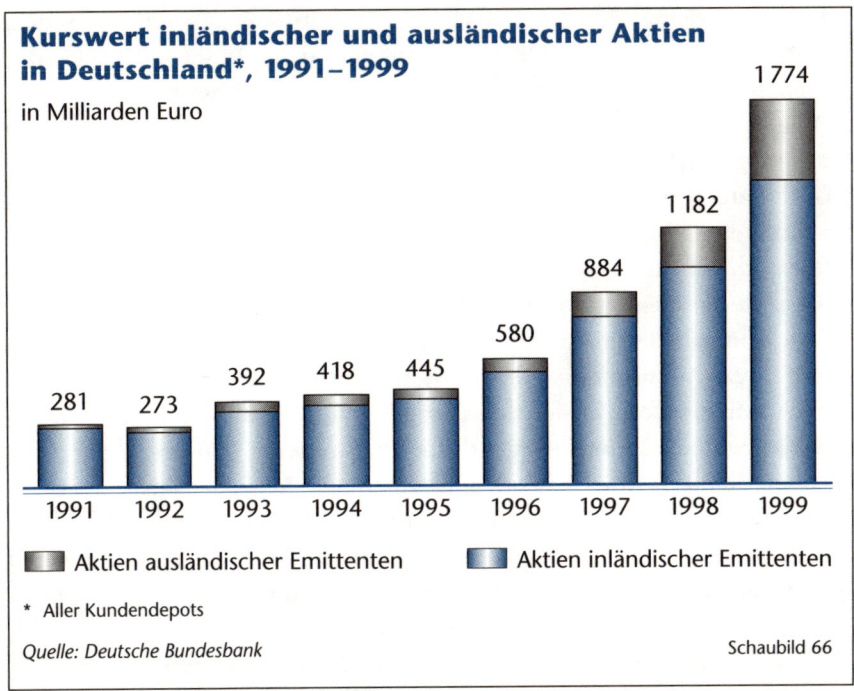

Kurswert inländischer und ausländischer Aktien in Deutschland*, 1991–1999

in Milliarden Euro

1991: 281
1992: 273
1993: 392
1994: 418
1995: 445
1996: 580
1997: 884
1998: 1 182
1999: 1 774

◼ Aktien ausländischer Emittenten   ◼ Aktien inländischer Emittenten

* Aller Kundendepots

Quelle: Deutsche Bundesbank   Schaubild 66

Dass trotz dieser Hindernisse die Investitionen in ausländische Titel in den vergangenen Jahren stark zugenommen haben, zeigt, wie groß die Vorteile sind. Durch die Anlage in ausländische Titel lässt sich die Volatilität eines Anlegerportfolios deutlich vermindern. Wie in Teil 1 dargelegt, hängen die Renditen einheimischer Papiere normalerweise nur in geringem Maße mit denen ausländischer Emittenten zusammen.[76] Hinzu kommen Vorteile durch die Möglichkeit, in einzelne, im Heimatland nicht oder nur gering vertretene Branchen investieren zu können und so höhere Renditen zu erzielen.

Nicht nur Banken und Anleger, auch die Unternehmen hätten erhebliche Vorteile von einer Integration der europäischen Aktienmärkte zu erwarten. Kapital kann von Investoren preiswerter zur Verfügung gestellt werden, wenn das Investitionsrisiko sinkt.[77] In jedem einzelnen nationalen Markt lässt sich ein Großteil der Risiken, die beispielsweise die Investition in eine einzelne Aktie birgt, diversifizieren. Andere Aktien bringen andere Risiken mit, sodass sich in einem Portfolio die Schwankungen ausgleichen. Was bleibt, ist das nicht diversifizierbare Risiko, und nur hierfür erhalten Investoren (entsprechend den Annahmen des so genannten »Capital Asset Pricing Model«, CAPM) eine Risikoprämie. Damit ist lediglich das Ausmaß, in dem die Aktie mit dem nationalen Index schwankt (das so genannte »Beta«), ausschlaggebend für die Kapitalkosten.

Wie kann eine bessere Integration der Kapitalmärkte die Kapitalkosten für Unternehmen konkret verringern?

Zur Verdeutlichung ein Gedankenexperiment: Nehmen wir an, dass zwei nationale Märkte komplett voneinander getrennt sind und dass die Aktien eines Unternehmens aus dem einen Markt ebenso wie die Aktien eines Unternehmens aus dem anderen Markt ein Beta von eins aufweisen. Fallen nun die Barrieren für den freien Kapitalverkehr (weil beispielsweise Devisentransaktionen liberalisiert oder Investitionsbeschränkungen für die Anlagen von Pensionsfonds abgeschafft werden), so können Investoren in beiden Ländern Aktien des jeweils anderen Lands erwerben. Sie erhalten damit die Möglichkeit, auch einen Teil des Risikos des jeweils eigenen Lands zu diversifizieren. Die Schwankungsbreite eines Portfolios, das zu gleichen Teilen aus Aktien der beiden Länder besteht, fällt – und damit auch die Prämie, die Investoren als Kompensation für das eingegangene Risiko benötigen.[78] Aus nicht diversifizierbarem wird diversifizierbares Risiko, und dank der geringeren Unsicherheiten bei der Investition in Unternehmenstitel können die Kapitalkosten sinken. Damit werden Investitionen des Unternehmenssektors erleichtert.

Internationale Studien weisen diese positiven Effekte der Kapitalmarktintegration regelmäßig nach. Zumeist wird hierbei die Überrendite von Aktien gegenüber risikolosen Wertpapieren als Indikator der Kapitalkosten verwendet. Da allerdings aufgrund der Volatilität der Aktienmärkte relativ lange Beobachtungszeiträume notwendig sind, sind Effekte auf Grundlage dieser Variablen häufig nur schwer feststellbar. Stattdessen analysieren neuere Studien die Veränderung der Marktkapitalisierung von Aktienmärkten, die sich im Liberalisierungsprozess befinden.

In Kapitalmärkten der Dritten Welt waren nach der Öffnung der Aktienmärkte pro Monat Überrenditen (relativ zu risikolosen Staatsanleihen) von 4,6 Prozent zu verzeichnen. Insgesamt nahm die Marktkapitalisierung um 36,8 Prozent zu.[79] Ähnliche Effekte ließen sich in Westeuropa nach dem Ende der Devisenbewirtschaftung 1959 beobachten.[80] In den meisten Bewertungsmodellen legt eine Zunahme der Marktkapitalisierung um einen solchen Wert eine deutliche Reduktion der Kapitalkosten nahe; unter relativ konservativen Annahmen lässt sich zeigen, dass eine solche Wertveränderung beispielsweise eine Reduktion der Kapitalkosten von 20 Prozent auf 15 Prozent impliziert.[81]

Analysen von Dividendenrenditen weisen ähnliche Ergebnisse auf.[82] Nach der ersten Notierung von ADRs (American Depository Receipts) für Aktien eines Markts kam es durchschnittlich zu einer Reduktion der Dividendenrendite um 16 bis 57 Basispunkte – eine signifikante, aber relativ kleine Veränderung.

Höhere Marktintegration führt somit nicht nur in der Theorie zu geringeren Kapitalkosten; der Zusammenhang ist auch empirisch nachweisbar. Er ist in jedem Falle groß genug, um hieraus eine elementare Bedeutung für die Wettbewerbsfähigkeit einer Volkswirtschaft abzuleiten. Aus diesen Gründen ist eine bessere Integration der europäischen Aktienmärkte sehr wünschenswert.

Einheitliche Regeln für einen einheitlichen Kapitalmarkt – bisherige Entwicklung und Status quo

Zur Verwirklichung eines einheitlichen europäischen Kapitalmarkts bedarf es noch vieler Anstrengungen. Die Wertpapiermärkte als Kapitalmärkte im engeren Sinne unterliegen in der Europäischen Union noch weitgehend nationaler Kontrolle. Der Finanzsektor ist damit trotz der Einführung noch von einer vollständigen Integration weit entfernt.

Dabei sind in kaum einem anderen Wirtschaftsbereich die Vorteile der Integration so offensichtlich:

- Ein einheitlicher europäischer Kapitalmarkt führt zu mehr Liquidität und Wettbewerb und damit zu niedrigeren Transaktions- und Kapitalkosten.
- Die Kapitalaufnahme ist für Unternehmen umso einfacher, je tiefer und breiter die Handelsplätze sind, auf denen Unternehmen ihre Emission platzieren. Der Kapitaleinsatz wird optimiert.
- Die Verbraucher können Finanzdienstleistungen und Wertpapiere leichter als bisher von den jeweils besten europäischen Versicherungs-, Investmentfonds- und Pensionsfondsanbietern beziehen.

Bisherige Entwicklung und Status quo

Erste Schritte zur Harmonisierung des europäischen Kapitalmarkts wurden Ende der Siebzigerjahre unternommen:

1979 wurde die **Börsenzulassungsrichtlinie** verabschiedet, die für den amtlichen Kapitalmarkt eine Angleichung der Börsenzulassungsbedingungen vorsieht.

Ein Jahr später folgte die **Börsenzulassungsprospektrichtlinie**, mit der die Mitgliedsstaaten veranlasst werden sollten, die Zulassung von Wertpapieren zur amtlichen Notierung von der Veröffentlichung eines Prospekts abhängig zu machen.

Diese Richtlinie wurde **1987** durch die **Richtlinie zur gegenseitigen Anerkennung** der **Börsenzulassungsprospekte** erweitert.

Im Jahr **1989** wurde mit der **Emissionsprospektrichtlinie** die Verpflichtung zur Publikumsinformation auf den Zeitpunkt vorverlagert, da Wertpapiere erstmals öffentlich angeboten werden. Auch wurden die Informationen festgelegt, die ein solcher Prospekt enthalten muss. Die Verkaufsprospekte sollen zudem in allen Mitgliedsstaaten gleichermaßen anerkannt werden.

Erwähnenswert ist ferner die **Insiderrichtlinie** aus dem Jahr **1989**, mit der die Integrität der Wertpapiermärkte und damit das Vertrauen des Publikums gestärkt werden sollen.

Etwas weiter hat sich der europäische Gesetzgeber im Jahr **1993** mit der **Wertpapierdienstleistungsrichtlinie** (Investment Services Directive, ISD) gewagt. Mit dieser Richtlinie, die **1998** mit dem 3. Finanzmarktförderungsgesetz auch **in deutsches Recht umgesetzt** wurde, sollen nationale Zugangshürden für Wertpapierdienstleistungen abgebaut und der freie und faire Wettbewerb unter den Anbietern gewährleistet werden. Vor allem aber sollen die Anleger geschützt werden. Dafür wurde unter anderem ein so genannter »Europäischer Pass« eingeführt. Dieser gewährleistet, dass eine in einem EU-Mitgliedsland zugelassene Wertpapierfirma ihre Dienstleistungen in der gesamten Gemeinschaft erbringen kann.

Allerdings hat die Wertpapierdienstleistungsrichtlinie auch Schwächen. So ist die Begriffsbestimmung der geregelten Märkte relativ unscharf. Auch das Anerkennungsprozedere ist noch zu kompliziert. Zudem gibt es noch immer keine einheitliche europäische Rechnungslegung.

Noch kann also von einem integrierten europäischen Kapitalmarkt nicht die Rede sein. Die bisherigen Maßnahmen haben lediglich einige Bereiche erfasst – ein einheitliches Regelungskonzept aber steht noch aus.

Die europäische Integration hat die Entwicklung der Aktienkultur in Europa enorm vorangetrieben. Dennoch gibt es eine Reihe traditioneller Hemmnisse, die den Konsolidierungsprozess behindern. Besonders ein

Vergleich mit amerikanischen und britischen Kapitalmärkten zeigt, dass Europa noch einen großen Nachholbedarf hat. Dafür gibt es mehrere Ursachen.

Für die Attraktivität eines Finanzplatzes spielt zunächst das Vertrauen der Marktteilnehmer in die Seriosität des Markts eine zentrale Rolle. Internationale und institutionelle Investoren, aber auch private Kleinanleger fordern eine aktive und offene Kommunikationspolitik der Unternehmen. Je transparenter sich Aktiengesellschaften darstellen, desto interessanter wird die Anlage in diese Titel. Sprachbarrieren auf dem europäischen Kontinent stehen einer optimalen Transparenz entgegen. Zwar schreibt das Regelwerk des Neuen Markts die Veröffentlichung von Unternehmensberichten auch in englischer Sprache vor, doch gilt dieser Standard noch längst nicht auf allen europäischen Märkten.

Die Integration der Kapitalmärkte entwickelt sich in Europa sehr uneinheitlich. Während die Bond-, Derivate- und Devisenmärkte in Euroland nahezu vollständig integriert zu sein scheinen, bleiben die Aktienmärkte hier zurück. Sie sind stärker differenziert durch unterschiedliche rechtliche Rahmenbedingungen, unterschiedliche Formen und Kulturen der Unternehmensfinanzierung und durch unterschiedliches Verhalten der Investoren.

Europäische Investoren sind traditionell stark auf nationale Unternehmen und nationale Börsen fixiert. So gibt es etwa in Deutschland den Begriff der »Volksaktie«. Damit ist einerseits eine besonders breite Streuung des Anteilsbesitzes unter Privatanlegern gemeint. Andererseits schwingt hier aber auch eine gewisse nationale Verbundenheit mit. In anderen europäischen Staaten zeigt sich die nationale Fixiertheit in Form von »goldenen Aktien« oder anhaltend hohen Staatsanteilen an großen Unternehmen.

Das entscheidende Hindernis auf dem Weg zu einem einheitlichen europäischen Kapitalmarkt freilich ist historischer Natur. Anders als Nordamerika ist Europa ein Nebeneinander verschiedener Staaten mit jeweils eigener Historie und Prägung. Dabei steht die politische Fragmentierung in einem zunehmenden Kontrast zur wirtschaftlichen Integration des Kontinents, wie sie von den Unternehmen gefordert und durch die Einführung des Euro beschleunigt wird. Problematisch wird dies vor allem durch die Bedeutung der De-facto-Umsetzung von europaweiten Richtlinien. Dank des Subsidiaritätsprinzips können die Mitgliedsstaaten entscheiden, wie sie diese in nationales Recht »übersetzen«; dies geschieht zumeist schleppend, und die Anwendung der Rechtsbestimmungen ist alles andere als einheitlich.

Die mangelnde und oft unvollständige Umsetzung europäischer Richtlinien in nationales Recht ist eines der Haupthindernisse auf dem Weg zu einem integrierten europäischen Kapitalmarkt. Viele der Kernbestimmungen der Wertpapierdienstleistungsrichtlinie wurden in Deutschland erst 1998 im Rahmen des 3. Finanzmarktförderungsgesetzes implementiert, und andere europäische Länder waren nicht wesentlich schneller.

Häufig blieb das Anerkennungsverfahren mühsam – die Behörden des »Aufnahmestaats« unterlaufen häufig den Geist der Wertpapierdienstleistungsrichtlinie, indem sie langwierige Zusatzprüfungen vornehmen. Von automatischer Anerkennung kann keine Rede sein.

Hinzu kommen weitere Defizite, die über die Zersplitterung der Börsen- und Abwicklungsstruktur hinausgehen. Der europäische Kapitalmarkt als Markt für Verfügungsrechte funktioniert nicht. Übernahmen sind selten, über Grenzen hinweg noch seltener, und einheitliche Spielregeln sind nicht in Sicht. Die Übernahmedirektive, seit zwölf Jahren in Brüssel in der Planung, ist im Juli 2001 im Europäischen Parlament gescheitert. Eine Harmonisierung der Übernahmeregeln wird nun vermutlich noch viele Jahre auf sich warten lassen. Nichts zeigt die Grenzen des »europäischen« Gesetzgebungsprozesses deutlicher als diese Entscheidung des Europäischen Parlaments.

Blick nach vorne: Notwendigkeit der Weiterentwicklung länderübergreifender Regeln

In den vergangenen Jahren hat sich besonders durch die Einführung des Euro sowie durch die Ausbreitung von elektronischen, grenzüberschreitenden Handelssystemen der Reformdruck erhöht. Die Europäische Kommission hat darauf mit der Verabschiedung eines »Financial Services Action Plan (FSAP)« reagiert. Der Rat der Wirtschafts- und Finanzminister der Europäischen Union hat einen »Ausschuss der Weisen über die Reglementierung der europäischen Wertpapiermärkte« eingesetzt.

Unter Vorsitz von Alexandre Lamfalussy hat dieser Ausschuss am 15. Februar 2001 einen Bericht vorgelegt, der die derzeitige Lage der europäischen Wertpapiermärkte analysiert und Vorschläge für die Behebung der bestehenden Mängel unterbreitet. Die Vorschläge werden von zwei Komitees – einem für regulatorische, einem für Wertpapierfragen – diskutiert und zur Entscheidung gebracht. Parallel zur Vereinfachung des Gesetzgebungsverfahrens soll die Umsetzung bestehender Richtlinien durch ein mit außen stehenden Mitgliedern besetztes Komitee stetig überwacht werden.

Wichtiger noch sind die anderen Elemente des FSAP, wie

- die geplante Einführung einheitlicher Listingbestimmungen bis 2003,
- eine Stärkung des »Europäischen Passes«,
- die Harmonisierung der Bilanzierungsrichtlinien auf der Grundlage von IAS (International Accounting Standards),
- die Abschaffung nicht mehr aktueller Investmentbestimmungen für Pensionsfonds und andere Investmentfonds sowie
- die Vereinfachung der Zulassung von Börsen, elektronischen Handelssystemen und Clearingorganisationen eines EU-Mitgliedsstaats in anderen Mitgliedsstaaten.

Bis 2004, so die Pläne der Lamfalussy-Kommission, sollen alle Maßnahmen implementiert sein. Ob allerdings angesichts der zunehmend skeptischen Einstellung des Europäischen Parlaments mit einer fristgerechten Umsetzung gerechnet werden kann, bleibt fraglich.

Sollte eine Änderung der EU-Regeln für Gesetzgebungsverfahren den Einfluss des Parlaments nicht zurückdrängen, können auch die anderen Vorschläge vermutlich nur mit Schwierigkeiten umgesetzt werden. Über die Etablierung von einheitlichen nationalen Regulierungsbehörden hinaus halten einige Beobachter die Schaffung einer für ganz Europa zuständigen Regulierungsbehörde für notwendig. Alexandre Lamfalussy selbst sieht in den Vorschlägen keine Alternative zu einem einheitlichen europäischen Regulator – analog der amerikanischen SEC oder der englischen FSA –, sondern lediglich eine Vorstufe.[83]

Wichtiger als die administrative Ausprägung ist allerdings die Erkenntnis, dass die gegenwärtige Situation dringend verbesserungsbedürftig ist. Schon eine striktere Überwachung der bereits verabschiedeten Regulierungen kann für deutliche Verbesserungen sorgen, erst recht, wenn noch einige relativ leicht umsetzbare Reformen hinzukommen wie die Einführung eines europaweiten elektronischen Informationssystems für Unternehmensdaten, ähnlich dem EDGAR-System (Electronic Data Gathering, Analysis and Retrieval System), das die SEC verwendet. Freilich birgt eine

übergeordnete neue EU-Regulierungsinstanz auch die Gefahr einer Über-
regulierung und Lähmung.

Der Integrationsgedanke verlangt allerdings nicht zwingend eine Voll-
vereinheitlichung des Kapitalmarktrechts und -systems in der Europäischen Union. Das wäre auch schwierig, denn dazu sind die bestehenden
Rechtsordnungen noch zu unterschiedlich; es gilt weiterhin das Subsidia-
ritätsprinzip in der Europäischen Union. Entsprechend dem Konzept der
Mindestharmonisierung und der wechselseitigen Annäherung der nationalen Regelungen, das die Politik der Europäischen Union in der Vergangenheit geprägt hat, stehen vielmehr zunächst folgende Ziele im Vordergrund der aktuellen politischen Bemühungen:

• Vereinheitlichung der Börsenzulassungsverfahren (insbesondere Nach-
  besserung der Wertpapierdienstleistungs- und Prospektrichtlinien),
• Vereinheitlichung der europäischen Wertpapieraufsicht sowie
• Vereinheitlichung und Stärkung des Anlegerschutzes (hierfür gibt es
  seit kurzem einen Entwurf der EU-Kommission (Marktmissbrauchs-
  richtlinie)).

Ohne jeden Zynismus lässt sich festhalten, dass die EU selbst nur wenig zur
Schaffung eines einheitlichen europaweiten Kapitalmarkts beigetragen hat.
Wenn die Vorteile aber – in den Augen fast aller Marktbeobachter und -teil-
nehmer – groß sind, und die einzige Institution, deren Aufgabe es wäre, für
Verbesserungen zu sorgen, versagt, was muss dann getan werden? Die Inte-
grationsbemühungen der europäischen Börsenorganisationen selbst sind
keine vollständig befriedigende Alternative – aber sie stellen den einzigen
Weg dar, der wahrscheinlich pragmatisch möglich erscheint.

3.3 Effiziente Kapitalmärkte senken Kapitalkosten und stärken den Standort

Wie kommen Käufer und Verkäufer zusammen? An den Kapitalmärkten
wird aus dieser einfachen Frage schnell eine scheinbar obskure, hochgradig technisch wirkende Diskussion über Marktmodelle, Spreads und Liquidität, über Order-Matching-Verfahren und den regulatorischen Rahmen für die Berichtspflichten von Unternehmen.

Was unter dem Jargon begraben wird, sind allerdings entscheidende

Fragen für die Funktionstüchtigkeit eines Aktienmarkts, eines Finanzsystems und letztlich einer ganzen Volkswirtschaft. Kapitel 3 hat gezeigt: Die Schlüsselgröße »Kapitalkosten« stellt einen klaren, einfachen Qualitätsindikator dar, der zugleich die ökonomische Bedeutung der Qualität von Börsen veranschaulicht.

Die Kapitalkosten lassen sich durch eine Reihe von Maßnahmen verringern. Der Weg zur Weltspitze ist nicht überall gleich weit, aber ihn zu beschreiten lohnt sich auf allen Gebieten. Schlüsselbereiche zur Verbesserung des regulatorischen Umfelds und der Marktqualität sind die Integration der europäischen Kapitalmärkte und die Verbesserung der öffentlich verfügbaren Informationen. Hier sind die möglichen Verbesserungen bei den Kapitalkosten erheblich, insbesondere durch eine Beseitigung indirekter Hemmnisse für die Entstehung eines einheitlichen europäischen Kapitalmarkts. Gleichzeitig sind die Widerstände vielfältiger Natur, und die beschriebenen Probleme erweisen sich seit vielen Jahren als schwierig.

Fortschritte dürften leichter zu erzielen sein bei der Informationsverfügbarkeit sowie beim Kampf gegen den Insiderhandel. Deutschland hat sich erst spät entschieden, hier das Prinzip des Fairplay zu akzeptieren. Bei der Umsetzung scheint es noch immer Verbesserungspotenzial zu geben. Das BAWe sollte schnellstmöglich eine Mittelausstattung und Befugnisse wie die SEC oder FSA erhalten. Die geringe Zahl an Verurteilungen von Insidern kann nicht länger toleriert werden. Es ist nicht anzunehmen, dass Insiderhandel nur anderswo stattfindet, nicht aber in Deutschland.

Im Vergleich zu den Märkten und Spielregeln zur Zeit der Wiedervereinigung ist in Deutschland ein großer Sprung nach vorn gelungen. Der rechtliche Rahmen für die Bestrafung von Insidern ist geschaffen, und die Regulatoren fangen an, gegen Verstöße durchzugreifen. Der Weg zur Spitze auch beim regulatorischen Umfeld ist nicht mehr weit, und er wird sich lohnen. Ihn zu beschreiten stellt einen der wenigen, nahezu komplett schmerzfreien Wege zur Verbesserung der Wettbewerbsfähigkeit dar – ein »Free Lunch«, den es in einer Welt komplett reibungsfreier, perfekter Märkte nicht geben dürfte.

Zügig umgesetzt, kann das von uns vorgeschlagene Maßnahmenbündel durch eine Senkung der Kapitalkosten dabei helfen, deutsche Unternehmen kräftig nach vorn zu bringen. Gleichzeitig werden Investoren den Wert ihrer Anlagen steigen sehen. So trocken das Thema »Marktinfrastruktur und regulatorischer Rahmen« auf den ersten Blick scheinen mag, so ungewöhnlich lohnend sind die Verbesserungsmöglichkeiten und ihre Auswirkungen, die sich hier ergeben.

Epilog:

Die Deutsche Börse geht selbst an die Börse

Es gibt kaum eine traditionsreichere Branche als die der Börsen: Sowohl Geschäftsansatz als auch Eigentümerkreis haben sich über Hunderte von Jahren kaum verändert. So existiert der Kern der Deutschen Börse AG, die Frankfurter Wertpapierbörse, seit 1585; einige Börsen sind sogar noch älter. Hunderte von Jahren arbeiteten diese Börsen nach ähnlichem »Strickmuster«, und ihre Anzahl nahm stark zu. Allein in Europa gibt es heute noch Dutzende von Kassa- und Terminbörsen, einige Länder, wie zum Beispiel Deutschland, haben nicht nur eine Leitbörse, sondern zusätzlich mehrere Regionalbörsen. In Deutschland gibt es derzeit sieben. Da im Handel vereinbarte Wertpapiergeschäfte nach dem Prinzip »Geld gegen Wertpapier« abgewickelt werden, findet sich auch in jedem Land mit einer Börse mindestens eine Abwicklungsorganisation.

Noch bis Ende der Achtzigerjahre war das Geschäftssystem der Börsen weitgehend unverändert gegenüber seiner Ursprungsvariante: Anbieter und Nachfrager von Wertpapieren trafen sich täglich einige Stunden, um per Zuruf Preise zu ermitteln, zu denen ein Wertpapier seinen Besitzer wechseln sollte. Die Kunden der Börsen – die Banken und Börsenmakler – waren zugleich ihre Eigentümer. Dementsprechend hatten sie oft wenig Interesse am Gewinn und an der finanziellen Entwicklung der Börsen als Unternehmen; Überschüsse wurden oft und gerne als Rückerstattung an die Marktteilnehmer verteilt. Größere Investitionen waren selten und wurden im Zweifel durch Umlagen der Marktteilnehmer finanziert. Kein Wunder, dass dieses Geschäft auch seine Manager prägte: Hoch angesehen in der jeweiligen Business Community, waren sie vielfach auf institutionelle und persönliche Arterhaltung programmiert. Die Geschäftsführung der Börse war der Verwaltung einer Behörde sehr ähnlich. In der Tradition der von ihnen geführten Institutionen erschöpfte sich ihr strategisches Denken oft in der Extrapolation der Vergangenheit. In einer weitgehend statischen Branche schien das auch ausreichend. Vor über einhundert Jahren hielt der Physiker Michelson lakonisch fest:»Unsere künftigen Entdeckungen muss man an der sechsten Stelle nach dem Komma suchen.« Im übertragenen Sinne hätte man diese selbstbewusste Aussage auf jedem Treffen des europäischen Börsenverbands bis in die letzten Jahre hinein hören können, wenn jeweils der strategische Veränderungsbedarf der Verbandsmitglieder auf der Tagesordnung stand. Man hätte die Diskussionsergebnisse oft so zusammenfassen können:»Die Zukunft wird etwa so wie die Vergangenheit. Nur mehr davon.«

Erst in den Neunzigerjahren kam größerer Veränderungsdruck auf die Börsen zu. Zum einen ermöglichte der Fortschritt der Technologie, dass elektronische Transaktionen mit variablen Kosten nahe null abgewickelt werden konnten, auch grenzüberschreitend. Zum anderen öffneten sich die Kapitalmärkte im Rahmen der europäischen und weltweiten Deregulierungswelle. So wurde ein globaler Wettbewerb der Marktteilnehmer sowie der Börsen- und Abwicklungsorganisationen Realität. Seither verstärkt eine anhaltende Konsolidierungswelle unter den international agierenden Großkunden der Börsen insbesondere in Europa deren Forderungen nach einem grenzüberschreitenden Börsenhandel. Diese Plattform soll weltweit agierende Banken und ihre ebenso globalen Kunden mit Kapitalhandelsmöglichkeiten und Informationen weltweit bedienen können.

Die Auswirkungen dieser Trends auf die internationale Börsenlandschaft sind bekannt: Der Übergang zu weitgehend elektronischem Handel, ein stark wettbewerbsorientiertes Verhalten der Börsen- und Abwicklungsorganisationen sowie höhere Innovationsraten, vor allem im Terminmarkt, waren die Folge. Während sich so das Geschäftssystem innerhalb einer Dekade fundamental veränderte, blieb die Struktur der Eigentümer der Börsen- und Abwicklungsorganisationen weitgehend unverändert. So entstanden zunehmend Spannungen. Folgende Fragen wurden gestellt:

• Ist die Börse wie ein Verein der Marktteilnehmer oder wie ein modernes Unternehmen eigentümerorientiert zu führen? Wovon soll der Einfluss der Teilnehmer auf die»Corporate Governance«, also die geschäftspolitischen und strategischen Entscheidungen, abhängig gemacht werden: von den gesellschaftsrechtlichen Anteilen, die ein Teilnehmer an der Betreibergesellschaft der Börse hat, oder vom Geschäftsvolumen, das er der Börse als Kunde zuführt?

- Welche Rolle sollen die Eigentümer bei der Führung der Börse spielen? Sollen sie ins tägliche Management eingreifen oder vielmehr, zum Beispiel in der Rolle klassischer Aufsichtsräte, eine Führung »at arm's length« wahrnehmen?

- Sollte das so genannte »Remote Trading and Clearing«, die Möglichkeit zur Handels- und Abwicklungsteilnahme von Orten außerhalb des Börsenplatzes, eingeführt werden? Sollte diese Option gleichberechtigt auch Marktteilnehmern, die nicht zum lokalen »Verein der Teilnehmer« gehörten, zugestanden werden? Was sollte die Rolle der traditionellen Floorbroker und Börsenmakler, die auf dem Parkett der Börsen agierten, in der Zukunft sein?

- Wie soll die Preispolitik einer wettbewerblich orientierten Börse aussehen? Ist die Börse eine »Utility«, die Marktinfrastruktur als Monopolist im Auftrag ihrer Teilnehmer und Eigner effizient betreibt, oder ist sie ein gewinnorientiertes Unternehmen?

- Und schließlich: Wie sollte die durch den Übergang zum elektronischen Handel zunehmende Zahl großer IT- und Infrastrukturprojekte finanziert werden? Sollte eine Börse, wie andere Unternehmen auch, Investitionen aus dem Cashflow oder einbehaltenen Gewinnen finanzieren, oder sollte jede Investition auch weiterhin unmittelbar von den »profitierenden« Marktteilnehmern im Umlageverfahren finanziert werden?

Während der 90er Jahre vollzog die Deutsche Börse eine rasante Entwicklung, die sie wie ein »Fast Forward« aus dem Dornröschenschlaf in die moderne Welt geführt hat. Am Ende dieser Entwicklungsphase steht ihr IPO, das zugleich ein neues Kapitel in der Entwicklungsgeschichte dieser Institution aufgeschlagen hat. Das IPO der Deutschen Börse AG kann als Schritt dazu verstanden werden, Eigentümerschaft, Corporate Governance und Finanzierung des Unternehmens Börse mit einer neuen strategischen Ausrichtung und, daraus abgeleitet, einem neuen, moderneren Geschäftssystem in Einklang zu bringen.

Jede Entwicklungsphase eines Unternehmens
hat ihre geeigneten Aktionäre

Das IPO der Deutschen Börse AG Anfang des Jahrs 2001 kam aus heutiger Sicht zum richtigen Zeitpunkt. Ein deutlich früherer Börsengang wäre problematisch gewesen.

Im Licht der oben beschriebenen Trends mussten zunächst eine völlig neue Unternehmensstrategie und ein aus ihr abgeleitetes neues Geschäftssystem entwickelt werden. Auf diesem Weg zogen die maßgeblichen Kräfte unter den deutschen Finanzdienstleistern – die drei inländischen Großbanken, der Sparkassen- und der Genossenschaftssektor sowie die privaten Banken – an einem Strang. Sie taten dies durchaus auch aus Eigennutz: Um im profitablen und rasch wachsenden Wertpapiergeschäft im internationalen Vergleich aufzuholen, brauchten sie einen selbstbewussten und integren Finanzplatz, natürlich auch eine leistungsfähigere, technisch führende Börsenorganisation und vor allem eine deutlich höher entwickelte Aktienkultur.

Um zu diesen Zielen zu gelangen, hat der Aufsichtsrat der Deutschen Börse unter der Führung von Rolf E. Breuer über fast zehn Jahre hinweg die Weiterentwicklung der Deutschen Börse konsequent vorangetrieben und unterstützt; zum Teil unter Hintanstellung von kurzfristigen Interessen der eigenen Häuser. Die Umwandlung der Frankfurter Wertpapierbörse im Jahr 1990 in eine Aktiengesellschaft darf dabei als erster wichtiger Schritt hin zu einem auf Kapital- und Arbeitsproduktivität ausgerichteten Unternehmen verstanden werden. Die Tatsache, dass dieser Schritt rund zehn Jahre vor vergleichbaren Bewegungen an anderen wichtigen Finanzplätzen Europas stattfand, hat unter anderem dazu beigetragen, dass sich die Deutsche Börse zur führenden Börsen- und Abwicklungsorganisation entwickeln konnte.

Dabei wurden frühzeitig die Weichen richtig gestellt: Unter einem Dach wurden alle wertschöpfungskritischen Funktionen – Handel und Abwicklung, Kassa- und Terminmarkt, der Vertrieb von Marktinformationen, das IT-Systemhaus mit der elektronischen Handelsplattform – zusammengefasst. Diese Bündelung von Märkten und Wertschöpfungsstufen ist bis heute einmalig in der Welt der Börsen- und Abwicklungsorganisationen. Der Aufsichtsrat setzte auch ein neues Führungsteam ein, dessen Erfahrung weniger aus der Leitung von Börsen oder börsenverwandten Institutionen stammte, sondern im operativen und strategischen Management in den unterschiedlichsten Branchen lag.

1994/95 unterstützten Aufsichtsrat und die Financial Community die Deutsche Börse in einem breit angelegten Strategiefindungsprozess (»ZEUS«). Im Rahmen dieses Prozesses wurden notwendige strategische und organisatorische Initiativen der Deutschen Börse sowie darüber hinaus Entwicklungsnotwendigkeiten für den Finanzplatz Frankfurt und den europäischen Kapitalmarkt aufgezeigt.

Beispielhaft seien nur einige Ergebnisse der ZEUS-Strategie genannt: Für den Kassamarkt wurde der Übergang zum offenen Orderbuch (vollelektronischer Handel ohne Intermediation) beschlossen; die Umsetzung dieser Entscheidung führte zur Entwicklung des elektronischen Handelssystems Xetra; für den Terminmarkt, der dem Kassamarkt in Bezug auf internationale Strukturen des Handels um einige Jahre voraus war, wurde eine konsequente Internationalisierung befürwortet, die letztlich zum ersten grenzüberschreitenden Zusammenschluss von zwei Börsenorganisationen, der deutsch-schweizerischen Eurex, führte.

In einer Zeit, in der Deutschland zum europäischen Schlusslicht in Bezug auf relative Marktkapitalisierung und Börseneinführung gehörte, wurde die Schaffung eines Wachstumssegments, heute bekannt unter dem Namen »Neuer Markt«, beschlossen. Neben einem auf junge Unternehmen ausgerichteten Handelsablauf wurden auch spezielle Informationsanforderungen für Emittenten und Zielbranchen definiert sowie eine »konzertierte Aktion« gemeinsam mit Banken, Investoren und Emittenten gestartet.

Auch die Abwicklungsdienstleistungen der Deutschen Börse sollten modernisiert und in Bezug auf Risiko und Kosten auf europäisch führendes Niveau gebracht werden; die klare Zielsetzung, damit einer europäischen Abwicklungslösung näher zu kommen, führte schließlich auch zum Zusammenschluss der Deutschen Börse Clearing (vormals Deutscher Kassenverein) mit Cedel International zu Clearstream. Die zügige Internationalisierung der Serviceleistung und des Teilnehmernetzwerks waren gemeinsamer Nenner vieler Initiativen des ZEUS-Programms.

Zusätzlich wurde das Geschäftssystem der Börse neu definiert: Die Grundidee des »Bauens«, »Betreibens« und »Beladens« von Handels- und Abwicklungssystemen sollte der Tatsache Rechnung tragen, dass Börsen- und Abwicklungsorganisationen Skalengeschäfte sind. Das bedeutet: Umsatzwachstum führt regelmäßig zu deutlich unterproportionalem Kostenanstieg. Das Management der – vor allem IT-getriebenen – Fixkosten stellt die Kernherausforderung für die Unternehmensleitung dar.

ZEUS sah über den »Tellerrand« der Börse hinaus: So wurde bereits Mitte der Neunzigerjahre erkannt, dass eine stärkere Bündelung der Kräfte am Finanzplatz (Gesetzgeber, Aufsichtsorgane, Banken, Investoren, Emittenten, Interessenvertreter, Bundesbank bzw. Europäische Zentralbank sowie Börsen- und Abwicklungsorganisationen) erforderlich sein würde, um zur »Hauptstadt des Euro« zu werden. Verbesserte Rahmenbedingungen (zum Beispiel die Finanzmarktförderungsgesetze, ein modernisiertes Rentenversicherungssystem, international kompatible Rechnungslegungsvorschriften etc.) sollten die Initiativen, um im Wettbewerb der europäischen Finanzplätze besser bestehen zu können, abrunden.

Die damaligen Eigner der Deutschen Börse waren die richtigen, vielleicht sogar die idealen Aktionäre für diese Entwicklungsphase. Sie verhielten sich wie »Venture Capitalists«. Sie unterstützten die Finanzierung aller großen Infrastrukturprojekte und gewährten erhebliche immaterielle Unterstützung bei der Entwicklung der elektronischen Handelsplattformen und des internationalen Teilnehmernetzwerks. Sie mussten dennoch nicht auf eine attraktive Verzinsung ihres Investments verzichten und partizipierten allein zwischen 1997 und 1999 mit ca. 100 Millionen Euro Gewinnausschüttungen am profitablen Wachstum der Deutschen Börse AG.

Auch am Markt gab der Erfolg der Deutschen Börse AG Eigentümern und Management Recht: Die Deutsche Börse wurde in nur wenigen Jahren zur führenden Börsenorganisation. Sie ist die Nummer 1 weltweit im Terminmarkt, gemeinsam mit der Londoner Börse LSE die Nummer 1 im europäischen Kassamarkt und mit ihrer 50-Prozent-Beteiligung Clearstream die Nummer 1 bei europäischen Abwicklungsdienstleistungen. Der Umsatz der Deutschen Börse AG stieg von 1997 bis 2000 von 247 Millionen Euro auf über 700 Millionen Euro, im gleichen Zeitraum wuchs die EBIT-Marge von 22 Prozent auf über 30 Prozent und das Betriebsergebnis[84] von 57,8 Millionen Euro auf 218,9 Millionen Euro.

Logische Weiterentwicklung statt Paradigmenwechsel: ein IPO als Voraussetzung für den weiteren Erfolg

Eine veränderte Bewertung des strategischen Umfelds und der Wettbewerbslandschaft nach 1998 war schließlich die Basis für eine Modernisierung der Eigentümer- und Corporate-Governance-Struktur der Deutschen Börse AG.

Erster wichtiger Grund war die *mangelnde Konsolidierungsfähigkeit* der europäischen Wertpapierbörsen. Entgegen vielfach geäußerter Wünsche der Marktteilnehmer und einiger Börsenmanager erwies sich das Unterfangen, einen einheitlichen – oder mindestens einen dominanten – europäischen Kassamarkt zu schaffen, als schwer durchführbar. Die Konzentration des deutschen Kassamarkts auf Xetra war noch nicht abgeschlossen; die Durchsetzung von Xetra oder eines anderen wichtigen elektronischen Handelssystems (zum Beispiel NSC aus Frankreich, SETs aus London oder die EBS der Schweiz) als europäische Handelsplattform für die liquidesten Aktien (»Blue Chips«) war und ist nicht absehbar.

Das Ziel eines einheitlichen europäischen Kassamarkts schien nicht durch die Entscheidung von Gremien erreicht werden zu können, sondern nur im langwierigeren Kostenwettbewerb der Systeme und Anbieter. Unterschiedliche regulatorische Regimes, vielfältige regionale und nationale politische Interessen, nicht kompatible Systemwelten und eine auf »Arterhaltung« ausgerichtete Anreizstruktur der Börsenmanager verhinderten eine schnelle und konsequente Konsolidierung der Marktinfrastrukturen.

Würde die Lösung nicht mehr von den einzelnen Börsen selbst, sondern von den großen Marktteilnehmern erzwungen werden, entweder durch gleich gerichtete Entscheidungen in den entsprechenden Börsengremien oder die Umleitung von Orderströmen auf alternative Handelsplattformen? In beiden Fällen müssten sich allerdings die treibenden Kräfte einig sein. Gleichzeitig verfolgten die kleineren, national ausgerichteten Wertpapierhandelshäuser systematisch andere Interessen als die wenigen großen internationalen Marktteilnehmer. Letztlich kam eine Konsolidierung durch die Marktteilnehmer selbst auch deshalb nicht zustande, weil viele befürchteten, dass mit einer effizienten konsolidierten europäischen Handels- und Abwicklungsinfrastruktur die Profitchancen der heutigen Marktineffizienzen erodiert würden.

Zwei Beispiele beleuchten die Schwierigkeiten des Entscheidungsfindungsprozesses auf dem Weg zu einer harmonisierten europäischen Handelsinfrastruktur: zum Ersten die überwiegend politisch motivierten Kooperationen der europäischen Börsen wie die europäische Equity-Allianz aus dem Jahr 1998. Hier standen dem erheblichen Aufwand der Börsen nur begrenzt Vorteile für deren Eigentümer und Teilnehmer gegenüber. So scheiterte die Allianz. Zum Zweiten die Lehren, welche die Deutsche Börse aus dem missglückten Fusionsversuch mit der London Stock Exchange im Jahr 2000 zog: Die Zeit für (auch) politisch motivierte,

an Marktgegebenheiten und -erfordernissen nicht ausreichend reflektie-
rende »Deals« schien endgültig vorbei.

Zudem wurde auch das Thema »Corporate Governance« dringlicher. Die
Unterschiede in der Ausrichtung der Alteigentümer nahmen zu: Ursachen
waren die zunehmend starke Integration der Teilnehmer über die Länder-
grenzen hinweg, die Konzentration im Finanzgewerbe durch Fusionen und
Übernahmen und die technologiegetriebene Entstehung neuer Formate für
den Wertpapierhandel – wie die der Direktbanken und E-Broker –, die
rasch Marktanteile gewannen. In einem Satz: Die Auflösung der bisherigen Arbeitsteilung zwischen Börsenorganisationen und Marktteilnehmern begann sich abzuzeichnen.

Die Zeit war gekommen, um den künftigen Kurs zwischen den möglichen Polen »Public Utility«, also der halbstaatlichen Marktinfrastruktur,
und »Shareholder-Value-Driven Company« zu präzisieren. Der Vorstand
der Deutschen Börse AG fühlte sich verpflichtet, den Auftrag der Marktteilnehmer zur Konsolidierung der europäischen Infrastruktur auszufüh-
ren und darüber hinaus einen effizienten Zugang zum amerikanischen
Markt herzustellen.

Der Vorstand verfolgte diese Ziele unter der Nebenbedingung, dabei
durch Allianzen mit anderen Börsen so wenig Aktionärswert wie möglich
aufzugeben. Stattdessen sollte vielmehr Shareholder Value geschaffen
werden. Der Merger von DTB und Soffex zur Eurex ist ein überzeugendes
Beispiel dafür. Aber auch werthaltige Projekte wie der Zusammenschluss
der Deutschen Börse Clearing AG mit Cedel zu Clearstream trafen auf
eine Situation, die aus Sicht weniger, aber bedeutender Aktionäre einen
»Trade-off« erforderlich machte.

Sollte die Gruppe Deutsche Börse den strategischen Konsolidierungs-
kurs in Europa fortsetzen, dabei aber die Interessen einiger ihrer größeren
Aktionäre in deren ureigensten Geschäften tangieren? Oder: Ist der Beitrag der Gruppe Deutsche Börse zur europäischen Konsolidierung und
damit auch der Wert der Deutschen Börse zweitrangig gegenüber den Ge-
schäftsinteressen ihrer Aktionäre?

Die Beantwortung dieser Frage wurde dadurch erschwert, dass die Effekte auf die Teilnehmer und Aktionäre der Deutschen Börse AG asymme-
trisch wirkten. Einige der größeren Aktionäre und Aktionärsgruppen, deren Marktanteile in Handel und Abwicklung geringer sind als ihre
Beteiligungshöhe, vertraten deutlich andere Interessen als diejenigen
Marktteilnehmer, die nicht oder nur geringfügig an der Deutschen Börse

AG beteiligt sind, aber in einigen Marktsegmenten führende Positionen innehatten. Die Eigner der Deutschen Börse mussten sich zwischen zwei Paradigmen entscheiden:

- »*Public-Utility-Orientierung*«: Für Schnelligkeit und Konsequenz einer europäischen Konsolidierung wären Aktionäre bereit, Aktionärswerte der Deutschen Börse aufzugeben, also beispielsweise das Handelssystem Xetra zugunsten eines anderen europäischen Systems aufzugeben. Folgende Nebenbedingungen wären sicherzustellen: Die Effizienz der Organisation Deutsche Börse und die sich daraus ergebenden strategischen Freiheitsgrade für Teilnehmer und Aktionäre müssten intakt bleiben. Die Abstimmung zwischen den zunehmend divergierenden Interessen der Teilnehmer und Aktionäre müsste effizient erfolgen; ein entsprechendes Gremium müsste gebildet werden und genügend Zeit dafür aufbringen. Gleichzeitig müsste die Dominanz eines einzelnen Global Players (analog zu J. P. Morgan bis vor kurzem bei Euroclear) vermieden werden. Es müsste sichergestellt werden, dass die langfristige Konsolidierung der Märkte Vorrang vor den kurzfristigen Ergebniszielen der Teilnehmer hat.

- »*Shareholder-Value-Orientierung*«: Ein durchgängig gelebtes Shareholder-Value-Ziel bestimmt den Weg, auf dem die Deutsche Börse Konsolidierung und Expansion vorantreibt. Dazu müssten folgende Konsequenzen gegebenenfalls akzeptiert werden: Die Deutsche Börse könnte aus Skalen- und Marktanteilsüberlegungen heraus in Geschäftsfelder der Teilnehmer und Aktionäre eintreten, zum Beispiel durch eine direkte Zulassung von Investoren zum Handel. Partikularinteressen einzelner Teilnehmer oder Aktionäre können nicht immer geschützt werden. Wenn ein »Shareholder-Value-Ziel« nicht mit einem Eigentümerwechsel einherginge, müssten die heutigen Aktionäre bereit sein, bei den zentralen strategischen Entscheidungen die geschäftlichen Interessen der eigenen Häuser in den Hintergrund zu stellen und als reiner Aktionär zu entscheiden.

In Summe war den Aktionären der Deutschen Börse nur zu empfehlen, am »Arm's-Length-Prinzip« festzuhalten und auf ein durchgängiges »Shareholder-Value-Ziel« zu setzen. Eine aktienrechtliche Einheit, die die ihr zugedachte Verantwortung übernimmt, und ihr Management sind in der Entscheidungsfindung und Umsetzung innovativer, flexibler und effizienter als jeder aus Marktteilnehmern zusammengesetzte »Lenkungsausschuss«.

Die Attraktivität einer »Shareholder-Value«-orientierten Unternehmung für gute Manager und Mitarbeiter ist gleichzeitig erheblich höher als bei einer »Public Utility«. Neben wettbewerbsfähigen Handels- und IT-Systemen sind »Talente« der wichtigste Erfolgsfaktor einer Börsen- und Abwicklungsorganisation. Und schließlich: Mit der mittlerweile gut ausgebauten Komiteestruktur im Aufsichtsrat der Deutschen Börse AG sowie den Beiräten sollte es gelingen, eventuelle Gegensätze zwischen den Interessen der Teilnehmer und der Aktionäre wie bisher klein zu halten.

Die jüngsten Entwicklungen drängten auf eine konsequente Entscheidung zwischen den beiden Paradigmen. Eine Vielzahl strategischer Projekte war abhängig von einem derartigen Richtungsentscheid, so zum Beispiel dem Beschluss über den Aufbau von nicht börslichen Handelssystemen, so genannten »ECNs«, durch die Gruppe Deutsche Börse. Denn das Management der Deutschen Börse AG hatte erkannt, dass sich auf Basis ihrer mittlerweile entwickelten Stärken künftiges Wachstum auch in anderen Geschäften als Handel und Abwicklung und mit anderen Mitteln als bisher erschließen lassen könnte. Zu nennen sind in diesem Zusammenhang die Gründung so genannter »B2B Exchanges«, das Angebot von Dienstleistungen des Systemhauses auch außerhalb der Gruppe und eine Erweiterung der Informationsdienstleistungen. Zum Verfolgen dieser Wachstumsoptionen benötigte die Gruppe zusätzliche Freiheitsgrade in der rechtlichen und ökonomischen Ausgestaltung von Partnerschaften mit anderen Anbietern.

Marktteilnehmer, einige Eigner und die Führungskräfte der Gruppe erwarteten eine verbindliche Klärung durch den Aktionärskreis. Insgesamt wurde die Veränderung der Eignerstruktur zum strategischen Imperativ, um die Wachstumsdynamik der Gruppe nicht zu behindern. Der äußere Druck durch den Kapitalmarkt wurde erforderlich für weitere Produktivitätssteigerungen, und für anstehende M&A-Pläne war eine Marktbewertung der Deutschen Börse ebenso erforderlich wie eine Akquisitionswährung.

Das Timing eines IPO kann Wettbewerbsvorteile bieten

In einem von wenigen Wettbewerbern bestimmten oligopolistischen Markt wie dem Markt für Börsen- und Abwicklungsdienstleistungen kann dem Timing eines Börsengangs eine große strategische Bedeutung zukommen. Eine Öffnung der Eigentümerstruktur bedeutete für die Wettbewerber, dass die Deutsche Börse auch in Konkurrenz um deren Eigentümer trat. Ein IPO schuf außerdem bessere Finanzierungsmöglichkeiten für absehbare Großprojekte. Eine Akquisitionswährung bedeutete eine Herausforderung für die Wettbewerber, insbesondere nach Öffnung ihrer eigenen Eigentümerstruktur.

Ende 1999 bestand unter dem Arbeitstitel »Euroboard« die realistische Möglichkeit, die beiden strategischen Herausforderungen »mangelnde Konsolidierungsfähigkeit der europäischen Kassamärkte« und »Lösen der Governance-Problematik« in einer einzigen Strategie zu verbinden. Durch eine Öffnung des bisher überwiegend deutschen Eignerkreises für die größten global agierenden Marktteilnehmer sollte der deutsche Charakter der Organisation aufgegeben und damit die Basis geschaffen werden für die europäische Konsolidierung der Börsendienstleistungen.

Die zahlreichen Beteiligungen globaler Intermediäre an anderen europäischen Börsen- und Abwicklungsorganisationen sowie an marktteilnehmergesteuerten Unternehmen wie Tradepoint und Brokertec sollten gegebenenfalls übernommen werden. So sollte zum einen Eigentümern eine maßgebliche direkte Beteiligung an diesen Geschäften ermöglicht und zum anderen auch institutionell in Europa aufgeräumt werden.

Die neuen Eigentümer würden sich verpflichten, transparente, von der Liquidität her konzentrierte Märkte sicherzustellen. Die neue Einheit würde nach Bedarf auch nicht börsliche Märkte für »geschlossene Nutzergruppen« (ECNs) aufbauen. Auf diese Weise sollten sowohl Technologieinvestitionen mehrfach genutzt als auch die Börse den Bedürfnissen von Teilgruppen von Marktteilnehmern besser gerecht werden. Dafür sollten spezifische und geschlossene Märkte zur Verfügung gestellt werden.

Mit einem solchen Schritt sollte den nationalen Eignern die Gelegenheit gegeben werden, den in den verschiedenen Börsen- und Abwicklungsorganisationen gebundenen Wert zu realisieren, ohne vorerst ein IPO durchführen zu müssen. Gleichzeitig bestand die Hoffnung, mit diesem Konsolidierungsschritt Europa schneller zu hoch effizienten Marktstrukturen zu führen.

Auch wenn dieser Ansatz utopisch klingen mochte, konnte er vermittelt werden. Gespräche mit den wesentlichen globalen Intermediären zeigten positive Resonanz auf das Konzept. Wesentlicher Grund dafür war, dass die Alternative eines harten Zeit- und Kostenwettbewerbs der nationalen Börsen und Abwickler untereinander und gegen die entstehenden ECNs wenig attraktiv erschien.

Schließlich gelang der Versuch: Mit der *Ankündigung des IPO* und des so genannten »Euroboard-Konzepts« Anfang des Jahrs 2000 wurde der Hauptwettbewerber London Stock Exchange zu Fusionsverhandlungen veranlasst. Leider entschied sich die Londoner Community letztlich nicht zu diesem für Europa wegweisenden Schritt, obwohl die deutsche Community zustimmen wollte; die europäischen Fusionspläne wurden im Herbst 2000 aufgegeben.

Vor diesem Hintergrund wurde das IPO der Deutschen Börse für Anfang 2001 erneut ins Auge gefasst. Dem Ziel, durch einen schnellen Prozess gegenüber den Hauptwettbewerbern Euronext und London Stock Exchange einen »First Mover Advantage« zu erringen, wurde dabei entscheidende Bedeutung zugemessen; unbedingt wollte man den Wettbewerbern bezüglich einer neuen, klar ausgerichteten Corporate Governance, der Finanzierungsmöglichkeiten des Unternehmens, der Verfügbarkeit einer Akquisitionswährung und einer »echten« Marktbewertung voraus sein.

Dafür wurde auch das schwierige Marktumfeld ab Mitte 2000 in Kauf genommen. In Zahlen: Der DAX stand im Januar 2001 bei 6 580 Punkten, nur 18 Prozent über seinem 21-Monats-Tiefststand im August 2001, und die durchschnittlichen monatlichen Börsenumsätze im Januar und Februar betrugen auch nur ca. 60 Prozent der durchschnittlichen Monatsumsätze des Vorjahrs.

Es bestand die Gefahr, dass in diesem Umfeld ein geplanter Börsengang würde verschoben werden müssen oder dass mit einem wenig erfolgreichen Börsengang (zum Beispiel mit einem sehr niedrigen Emissionspreis oder einer Notierung unterhalb des Emissionspreises) zu rechnen war. Schon damals galt für Vorstand und Aufsichtsrat der Börse die Devise »Performance ist kein Schicksal«.

Professionelle Vorbereitung für den Börsengang ernst nehmen

Gerade wenn es gilt, in einem widrigen Marktumfeld erfolgreich zu sein und die Konkurrenz hinter sich zu lassen, kommt einer professionellen Vorbereitung eines IPO zentrale Bedeutung zu.

Über einige Jahre hinweg hat sich die Gruppe Deutsche Börse in Bezug auf Struktur und Steuerung bereits zielstrebig auf den Kapitalmarkt vorbereitet: So wurde das Unternehmen bereits im Jahr 1999 steueroptimierend umstrukturiert. Zudem wurde schon ab Januar 1999 eine konsequent wertorientierte Planungs- und Controllingsystematik eingeführt; diese erlaubt für alle Geschäftsfelder und strategischen Projekte der Gruppe eine aktuelle Cashflow-basierte Bewertung und ein zeitnahes Reporting aller wesentlichen Werteinflussfaktoren, zum Beispiel zu Markt- und Wettbewerbsumfeld, Marktposition, wichtigen Mitarbeiterzahlen und Kernprojekten. Zum 1. Januar 2001 wurde mit Mathias Hlubek ein CFO in den Vorstand berufen.

Zudem wurde ein »Stock-Options-Plan« für die Führungskräfte der ersten und zweiten Ebene erarbeitet, der sich an der Wertsteigerung der Aktie der Deutschen Börse AG relativ zum Euro-Stoxx-Technology-Index orientiert. Dieser sollte über die geplante garantierte Zuteilung neuer Aktien an alle Mitarbeiter der Börse hinaus sicherstellen, dass die Leistungsträger an das Unternehmen gebunden und die Interessen und Zielsetzungen des Managements mit denen der Shareholder harmonisiert werden.

Insgesamt wurde für den Börsengang ein höchst ambitionierter *Zeitplan* beschlossen und durchgezogen. Nur elf Wochen nach der Grundsatzentscheidung für das IPO der Börse sollte die Notierungsaufnahme im amtlichen Handel erfolgen. Wie bei allen strategischen Projekten galt auch hier, dass das richtige Team Erfolgsvoraussetzung war. Für die gesamte Führungsmannschaft wurde das Projekt »IPO« zur Priorität Nummer 1. CEO und CFO übernahmen persönlich die operative Leitung des Projekts. Vielversprechende jüngere Mitarbeiter wurden als Projektkoordinatoren eingesetzt; Abteilungen wie Finance und Legal intensiv in das Projekt eingebunden.

Aber auch ein eingespieltes Team externer Berater trug zum Erfolg bei: Als Global Coordinators wurden die Deutsche Bank und Goldman Sachs ausgewählt. Mit beiden Häusern hatte die Börse schon zuvor eng zusammengearbeitet. Das Konsortium wurde ergänzt durch die im Aufsichtsrat vertretenen Banken; so konnte eine natürliche Stärke der Deutschen Börse genutzt werden. Zusätzlich unterstützte McKinsey & Company das Projektmanagement sowie alle Arbeiten, die im Zusammenhang mit der Ausarbeitung, Umsetzung und Vermittlung der Strategie der Börse standen. Die Wirtschaftsprüfer und Anwälte der Deutschen Börse (KPMG, Hengeler Mueller) vervollständigten das Team der Externen.

Ziel des Managements war es, durch einen »Kapitalmarkt-Thriller« auch in einem schwierigen Marktumfeld neue Investoren zu einem für Alteigner attraktiven Einstiegspreis zu gewinnen. Es wurde eine Equity Story mit den folgenden Elementen entwickelt:

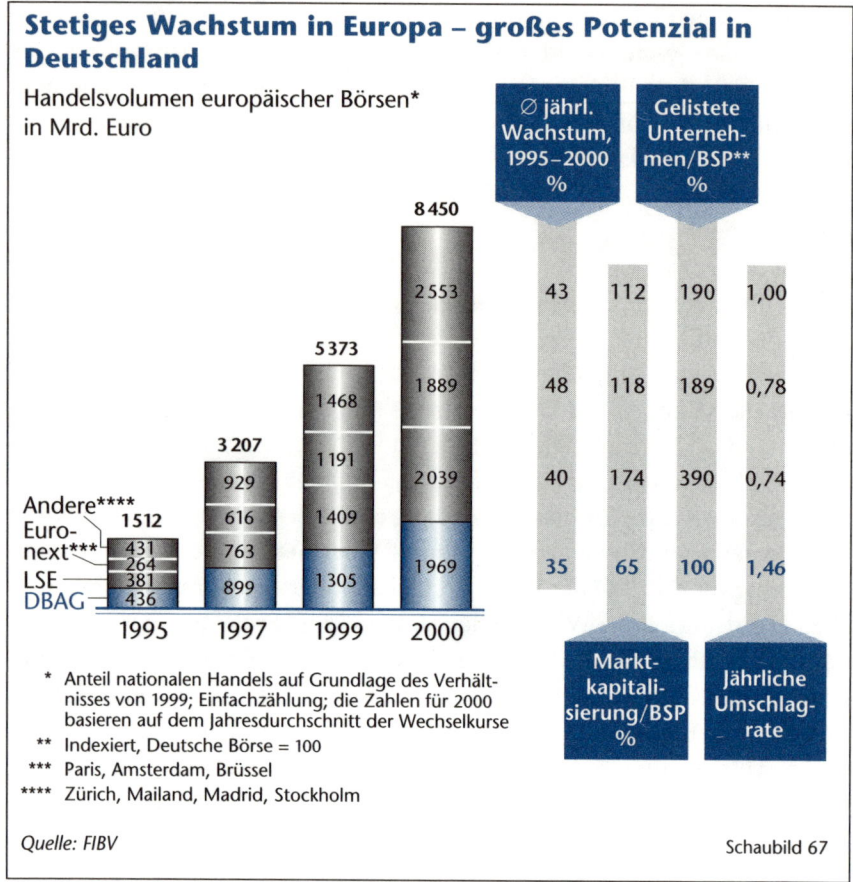

Stetiges Wachstum in Europa – großes Potenzial in Deutschland

Handelsvolumen europäischer Börsen*
in Mrd. Euro

Quelle: FIBV

* Anteil nationalen Handels auf Grundlage des Verhält-
nisses von 1999; Einfachzählung; die Zahlen für 2000
basieren auf dem Jahresdurchschnitt der Wechselkurse
** Indexiert, Deutsche Börse = 100
*** Paris, Amsterdam, Brüssel
**** Zürich, Mailand, Madrid, Stockholm

Schaubild 67

- *Fundamentales Wachstum der zugrunde liegenden Kapitalmärkte.* Insbesondere die »Heimatmärkte« in Deutschland weisen noch deutlichen Aufholbedarf im Vergleich zu anderen Industrieländern auf; Renten- und Steuerreform, weitere Privatisierungen und andere fundamentale Trends lassen – trotz der derzeit schwächeren Börsenkonjunktur – mittel- und längerfristig attraktive zweistellige Wachstumsraten erwarten. Wie in Teil 2 beschrieben, wurde hier ein »Metatrend« genutzt, um die Attraktivität der Branche insgesamt zu untermauern.
- *Ein diversifiziertes Portfolio kapitalmarktnaher Geschäfte* (Kassa- und Terminmarkt, Aktien und Renten, Handel und Abwicklung sowie System- und Informationsdienstleistungen) verspricht eine Unabhängigkeit der Ergebnissituation von der Performance einzelner Märkte. Dies hat sich

durch die absolut gestiegenen und oberhalb der Analystenerwartungen liegenden Ergebnisse der Quartale I und II im Jahr 2001 bestätigt.

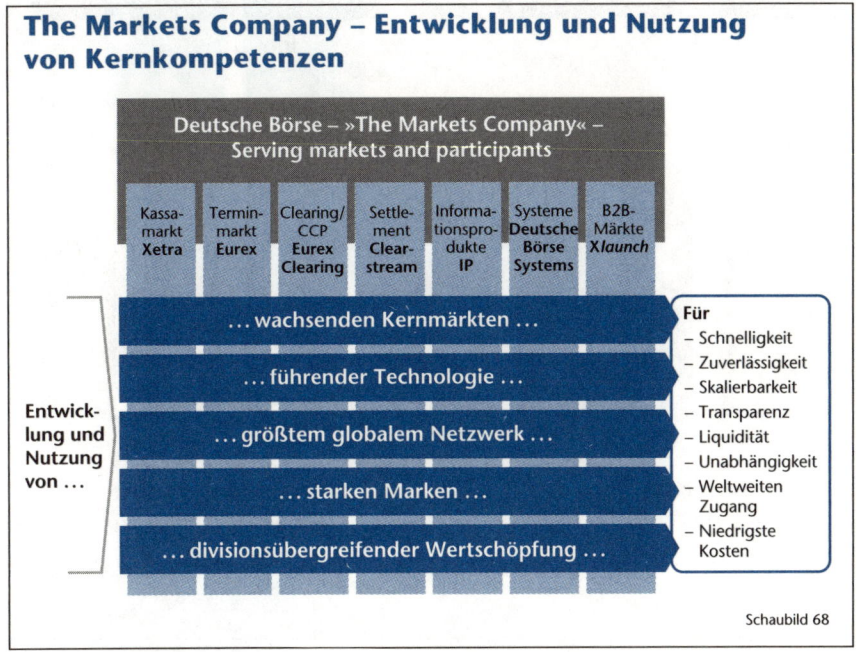

The Markets Company – Entwicklung und Nutzung von Kernkompetenzen

Schaubild 68

- *Ein skalierbares, hoch profitables Geschäftssystem:* Die leistungsfähigen elektronischen Handels- und Abwicklungssysteme der Börse erlauben eine weitgehende Skalierbarkeit des Geschäfts. Dies ist sowohl der Kundschaft wie auch den Anteilseignern zugute gekommen: Über viele Jahre hinweg wurden die Transaktionskosten für Teilnehmer deutlich gesenkt. Gleichzeitig konnte das Ergebnis kontinuierlich gesteigert werden.
- *Attraktive Wachstumsmöglichkeiten für die Gruppe:* Sowohl in ihren Kerngeschäften Handel und Abwicklung als auch in den Geschäftsfeldern Systemhaus, Informationsdienstleistungen und B2B-Märkte (Xlaunch) verfügt die Börse über überdurchschnittliche Wachstumsmöglichkeiten. Diese basieren sowohl auf weiteren Schritten zur Industriekonsolidierung (Übernahme von oder Zusammenschlüsse mit verwandten Unternehmen) als auch auf der Ausdehnung des Dienstleistungsangebots beziehungsweise der Verlängerung der Wertschöpfungskette in neue Geschäftsfelder hinein (z. B. Clearinghouse).

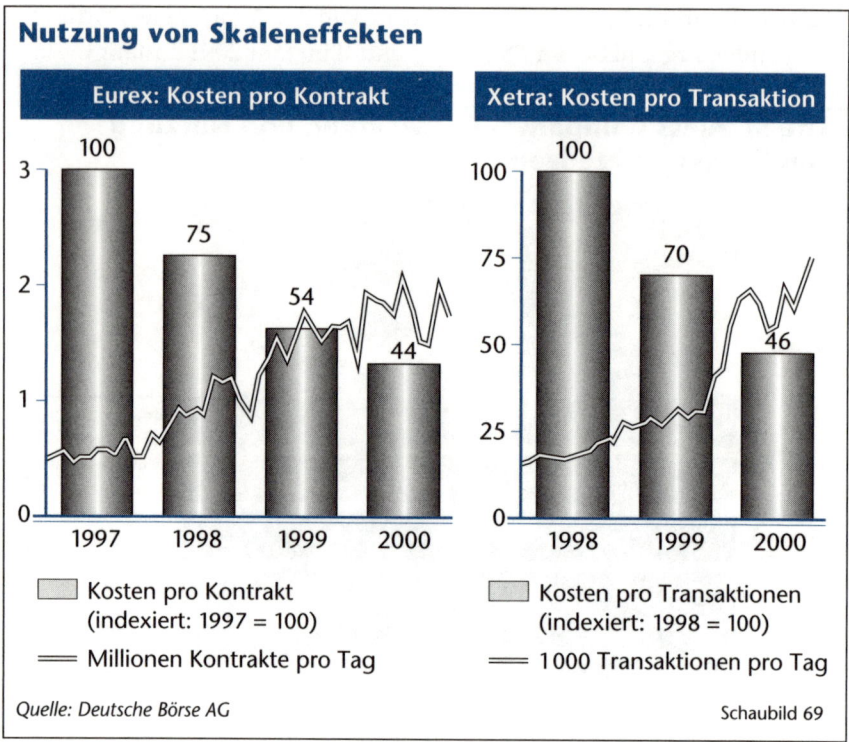

Nutzung von Skaleneffekten

Eurex: Kosten pro Kontrakt

Kosten pro Kontrakt
(indexiert: 1997 = 100)

Millionen Kontrakte pro Tag

Xetra: Kosten pro Transaktion

Kosten pro Transaktionen
(indexiert: 1998 = 100)

1 000 Transaktionen pro Tag

Quelle: Deutsche Börse AG   Schaubild 69

- Last, but not least ein *Management mit einem Track Record* in der strategischen und operativen Führung des Unternehmens sowie im frühzeitigen Erkennen von Trends und im erfolgreichen Management von Großprojekten.

Neben der Equity Story galt es, die *Struktur des IPO* festzulegen: Als Marktsegment wurde der amtliche Handel ausgewählt; die zu erwartende Marktkapitalisierung ließ eine Aufnahme in den MDAX-Index erhoffen. Um Verzögerungen durch mögliche Widerstände einzelner Aktionäre oder die Erfüllung notwendiger formaler Erfordernisse zu vermeiden, entschloss man sich zu einer Kapitalerhöhung ohne Ausschluss von Bezugsrechten. Auf einen Aktiensplit, der die Aktie von Beginn an »leichter« gemacht hätte, wurde zunächst verzichtet. Die Alteigentümer wurden aber gebeten, auf die Ausübung ihrer Bezugsrechte zu verzichten, um den für einen liquiden Handel erforderlichen Free Float und die gewünschte Erweiterung des Aktionärskreises zu ermöglichen.

Die Monate Dezember 2000 und Januar 2001 standen ganz im Zeichen der ersten externen »Feuerproben« von Equity Story und Struktur des IPO. Im Dezember wurden den Analysten der Konsortialbanken im Rahmen einer Analystenkonferenz Equity Story und Neunmonatszahlen vorgestellt. Auf dieser Basis verfassten die Analysten ihre ersten Reports, die schließlich auch zur Festlegung der Pre-Marketing Price Range dienten.

Es folgte Ende Januar die so genannte »Roadshow«, bei der zwei Teams der Deutschen Börse (unterschiedlich zusammengesetzt aus CEO, CFO, drei weiteren Vorstandsmitgliedern und dem Leiter der Finanzabteilung) auf dem Weg zu insgesamt über 100 Gesprächen mit Vertretern der Investoren in nur zwei Wochen Tausende von Flugkilometern zurücklegten. Die Investorenkommunikation wurde von intensiver PR-Arbeit begleitet; zahlreiche Pressetermine mit Vertretern in- und ausländischer Medien sowie eine Werbekampagne sollten institutionellen Anlegern die Aktie der Börse näher bringen. Das Managementteam der Deutschen Börse setzte sich das Ziel, »pro Tag 1 Milliarde Euro Nachfrage« für die Aktie zu erzeugen. Dieses Ziel wurde mehr als erreicht – die Aktie war beim IPO vielfach überzeichnet.

Die Equity Story der Börse schien verstanden zu werden und anzukommen: Sehr großes Interesse der Investoren – auch oder gerade wegen der geringen sonstigen Emissionstätigkeit am Markt – sowie die nun eingehenden Orders bei den Global Coordinators versprachen eine positive Aufnahme der Emission durch den Markt.

Gleichzeitig wurde klar, dass auch die Börse *Aufklärungs- und Überzeugungsarbeit bei den Analysten* zu leisten hatte: So waren deutliche Unterschiede in den ersten Werteinschätzungen ebenso zu beobachten wie ein sehr unterschiedlich ausgeprägtes Verständnis des Geschäftsmodells und der Wettbewerbsbedingungen in dieser Branche. Es gab zum einen zu Beginn des Jahrs 2001 kaum Vergleichsunternehmen – im Fachjargon so genannte »Peers« –, die die Analysten zum Vergleich hätten heranziehen können: OM in Schweden verfügt über ein deutlich kleineres Börsengeschäft und positioniert sich zunehmend als Technologieprovider mit geringeren Geschäftsschwerpunkten im Transaktionsgeschäft. Die Hongkong Stock Exchange operiert in dem zum Teil wenig vergleichbaren asiatischen Offshore-Markt, die australische Börse (ASX) ist ein wesentlich kleineres Unternehmen, das zudem nur über einen Teil der von der Deutschen Börse AG betriebenen Geschäfte verfügt.

Zum anderen war die Zuordnung der Deutschen Börse AG zu einem Branchensektor nicht eindeutig: Während einige Banken die Betreuung durch Analysten mit Schwerpunkt Banken und Wertpapierhandelshäuser übernehmen ließen, entschieden sich andere für Analysten mit Schwerpunkt Technologiesektor, wieder andere für Analysten von Finanzdienstleistern »der neuen Art« (Discountbroker, Abwicklungsunternehmen).

Welches waren die *Zielinvestoren dieses IPO?* Der Charakter der Aktie legte einen Fokus auf institutionelle Anleger nahe; für Privatanleger, die nicht aktiv umworben wurden (zum Beispiel durch bevorzugte Zuteilung, Frühzeichnerrabatte oder Ähnliches), war das Geschäftsmodell des Unternehmens mutmaßlich zu unbekannt und zu komplex, um dafür ein großes Interesse zu erregen. Gleichzeitig bestand mit den Alteigentümern, von denen insgesamt eine geringe Verkaufsbereitschaft erwartet wurde, ein Aktionärskreis, der ohnehin mit seinen Aktien eher strategische Ziele verfolgte und daher einen geringen künftigen Aktienumschlag erwarten ließ.

Bei den Altaktionären handelte es sich vorwiegend um deutsche Banken und Wertpapierhandelshäuser; sowohl bei den Marketingmaßnahmen als auch bei der späteren Zuteilung der Aktien standen daher institutionelle Investoren (Nicht-Banken) aus dem Ausland, vor allem aus Großbritannien, der Schweiz, Italien, Spanien und den Vereinigten Staaten im Vordergrund. Bei der Auswahl der individuellen Aktionäre wurde Wert auf Investoren gelegt, die

• besondere Expertise hinsichtlich Investments in technologieorientierte Wachstumswerte aufwiesen,
• die einen Track Record als »intelligente« Partner des Managements hatten und
• die aufgrund ihrer Größe und Marktposition in der Lage sein würden, auch weitere strategische Schritte der Börse mitzugehen.

Eine weitere wichtige Zielgruppe des IPO waren Mitarbeiter der Börse, die die Möglichkeit hatten, für bis zu 30 000 Euro Aktien zum normalen Ausgabepreis zu zeichnen; im Durchschnitt wurden pro Mitarbeiter der Börse Aktien für 9 000 Euro gezeichnet. Auch dieses Ergebnis bestätigte das Vertrauen der Mitarbeiter in die künftige Wertentwicklung des Unternehmens.

Der Erfolg all dieser Bemühungen um Investoren war der lebendige Beweis für das Credo dieses Buchs – »Performance ist kein Schicksal«: Die Emission war 23fach überzeichnet. Mit den vorliegenden Kaufaufträgen hätte zum Beispiel die Möglichkeit bestanden, die gesamte Emission allein bei Privatanlegern oder aber das gesamte neue Kapital ausschließlich in Großbritannien, den Vereinigten Staaten oder Italien zu platzieren.

Die hohe Überzeichnung machte das Thema »Preisfestsetzung« nicht einfacher. Schon die »Bookbuildingspanne«, also die denkbare Preisspanne, die den Investoren auf der Roadshow in Aussicht gestellt wird, war in Anbetracht des Marktumfelds hoch angesetzt; das Management und der Aufsichtsrat hielten jedoch daran fest, ein zwar für neue Investoren attraktives Angebot machen zu wollen, aber keinesfalls Wert der Alteigentümer zu »verschenken«. Hierzu hatte es ein zähes Ringen mit den Konsortialbanken gegeben, die neben der Wahrung der Interessen des Emittenten bei der Preissetzung auch sicherzustellen hatten, dass genügend Investoreninteresse vorhanden sein würde. Am Wochenende vor dem ersten Handelstag, dem 5. Februar 2001, wurden schließlich gemeinsam mit den Konsortialbanken und Vertretern des Aufsichtsrats der Ausgabepreis und die Zuteilung der Aktien festgelegt. Auch hier entschied sich das Management, seinen eigenen Überzeugungen zum Wert des Unternehmens zu folgen, und legte diesen Ausgabepreis mit 335 Euro am maximalen Wert der so genannten »Bookbuildingspanne« fest, die von 285 bis 335 Euro reichte.

Die erste Preisfestsetzung lag bei 367 Euro und damit bereits 9,6 Prozent über dem Ausgabepreis; auch die weitere Kursentwicklung bis August 2001 unterstreicht den Erfolg des IPO: Als bisher mit Abstand erfolgreichster Börsengang in Deutschland im Jahr 2001 notiert die Aktie nach Höchstständen über (nach Aktiensplit 1:10) 40 Euro im Bereich um 39 Euro und hat den DAX, den MDAX sowie den Euro-Stoxx-Technology-Index damit erheblich übertroffen. Auch die anderen Ziele des Börsengangs wurden erreicht. Eine deutliche Verbreiterung mit nun über 40 000 Aktionären und die Internationalisierung mit heute über 30 Prozent der Eigentümerschaft wurden ermöglicht.

Am Morgen danach: wenig hat sich verändert als Publikumsgesellschaft

Was hatte sich nun für das Management des Unternehmens geändert? Die gute interne Vorbereitung des Unternehmens auf einen späteren Börsengang (Steuerungsmechanismen, interne Organisation, Finanzwesen) machte sich bezahlt. Hier bestand also nach erfolgtem Börsengang kein großer Änderungsbedarf mehr.

Eine große Gruppe der Mitarbeiter und alle Führungskräfte der Börse waren nun persönlich an den Erfolg des Unternehmens gebunden; in der großen Eingangshalle kann minutengenau und für jedermann sichtbar der aktuelle Kurs des Unternehmens auf einer großen Anzeigetafel verfolgt werden. Für alle Mitarbeiter wurde spürbar, dass man nun – mehr noch als zuvor – im Visier des Kapitalmarkts stand. Das oberste Ziel der Börse war nun glasklar festgeschrieben: Aktionäre, Kunden und Mitarbeiter waren zu gleichberechtigten »Stakeholdern« geworden, deren Bedürfnisse es zu befriedigen galt.

Von Anfang an hatte sich die Deutsche Börse vorgenommen, Markterwartungen bezüglich ihrer finanziellen Performance aktiv zu steuern. Die Markterwartungen sollten so gelenkt werden, dass sie mindestens erfüllt, wenn möglich leicht übererfüllt werden könnten. Diese Vorgaben konnten mit den ersten Unternehmenszahlen – den Ganzjahreszahlen 2000 sowie den Quartalsergebnissen QI und QII des Jahrs 2001 – erreicht werden. So lagen bei den Finanzanalysten die Konsensschätzungen der EPS für 2000 bei knapp unter 17 Euro, erreicht wurden tatsächlich 19,88 Euro und damit über 15 Prozent mehr. Auch die Quartalsergebnisse QI und QII des Jahrs 2001 konnten die Markterwartungen übertreffen.

Bereits im Mai 2001 wurde durch einen Aktiensplit (1:10) eine »leichtere« Aktie geschaffen, die damit in ihrem absoluten Wert mit anderen Unternehmen des MDAX besser vergleichbar war und die eine bessere Handelbarkeit ermöglichen würde.

Eine wichtige Änderung im Alltag des Unternehmens Deutsche Börse AG: Seit dem Börsengang reagiert der Kapitalmarkt neuerdings unmittelbar auf wichtige Vorkommnisse oder Entscheidungen. Diese richtig antizipieren und lesen zu können, gehörte zu den neuen Herausforderungen für das Management und die Verantwortlichen für Investor Relations. Ein Beispiel: Bei der Beteiligung Clearstream wurden Geschäftsvolumina mit einem großen Kunden aufgrund eines Kommunikationsfehlers überschätzt. Die Aufdeckung dieses Missstands führte umgehend zu einer vorübergehenden Kurskorrektur.

Offensichtlich machte sich der Markt ein Bild darüber, ob ein bestimmtes Vorkommnis die wirtschaftliche Situation des Unternehmens fundamental betreffen könnte. Aus ähnlichem Grund führte auch die Ankündigung einer Regel zum Delisting von so genannten »Penny Stocks« am Neuen Markt zu einer Kurskorrektur; bis sie aufgeklärt wurden, befürchteten angelsächsische Anleger Schadenersatzprozesse gegen die Börse.

Und die Strategie? Die Börse hat durch das IPO strategische Optionen hinzugewonnen. Weitere Bemühungen um profitables Wachstum aus eigener Kraft können nun ergänzt werden um die gesamte Palette der Mergers&Acquisitions-Maßnahmen, zum einen durch die nun verfügbaren liquiden Mittel und zum anderen durch die Möglichkeit, mit eigenen Aktien Unternehmen zu erwerben.

Mehr als zuvor geht es beim Bewerten solcher und weiterer Optionen darum, unmittelbare Einflüsse auf die kurzfristige ökonomische Situation des Unternehmens (Dilution, Synergien) abzuwägen mit den sich bietenden strategischen Chancen: Die Deutsche Börse AG hat eine Reihe von Handlungsmöglichkeiten, die die Wettbewerbslandschaft oder das eigene Geschäftssystem so fundamental verändern, dass ein völlig neues strategisches und ökonomisches »Spiel« entstehen könnte. Der Kapitalmarkt setzt für das Management des Unternehmens neue Regeln und zum Teil auch Grenzen; er eröffnet jedoch zugleich auch ganz neue, weitreichende strategische Möglichkeiten. Zudem lässt er die Optionen, die ernsthaft diskutiert werden, nicht unkommentiert, sondern gibt dem Management laufend und ungefiltert Feedback.

Und weil das so ist, ist Performance am Kapitalmarkt kein Schicksal, sondern harte, professionelle, von Kreativität und strategischer Vision gleichermaßen getragene Arbeit.

Anmerkungen

1 Levine und Zervos, 1998; Rajan und Zingales, 1998.
2 Seifert und Voth, 2000.
3 Vgl. Athanasoulis, Shiller und van Wincoop, 1999.
4 Economist, 17.5.2001.
5 Michaely und Womack, 1999.
6 Dieser Wert stellt den Median dar. Der am häufigsten zu beobachtende Wert – der Mode – ist exakt bei null.
7 Jorion und Goetzmann, 1999. Nicht mitgerechnet sind hierbei die Dividenden.
8 Mattern et al., 1997.
9 Die Logik der Anlageberater und vieler populärer Bücher argumentiert so. Folgt man dem CAPM, sollte natürlich das Verhältnis von Aktien zu Anleihen konstant bleiben. Je nach Risikoneigung sollte stattdessen der Anteil an Bargeld im Portfolio variiert werden.
10 Diese Schlussfolgerung ist nur dann infrage zu stellen, wenn in erheblichem Umfang Pensionsrückstellungen, die bisher zur Investitionsfinanzierung in den Unternehmen verblieben sind, aus den Bilanzen ausgelagert werden. Da diese Mittel allerdings in Kapitalgütern angelegt worden sind, wäre dafür eine sehr erhebliche Neuverschuldung der Unternehmen bei Banken bzw. an den Anleihenmärkten notwendig.
11 Eine der bekanntesten Studien ist Malkiel, 1995.
12 Zwischen 1986 und 1994.
13 Beneish und Whaley, 1996.
14 LaPorta et al., 1996.
15 LaPorta et al., 1996.
16 Wir verwenden hier nur eine von vielen möglichen Definitionen der Markteffizienz, die so genannte »Informationseffizienz« – sämtliche öffentlich verfügbaren Informationen sind bereits im Preis enthalten.
17 Kindleberger, 1996. Die Irrationalität der Tulpenspekulation ist allerdings infrage gestellt worden (Garber, 1989).
18 Berechnet auf der Grundlage des MSCI-Performance-Index für 12 Industrieländer (bereitgestellt von Global Financial Data).
19 Kahnemann und Tversky, 1974.

20 Olivari, 2001.

21 Shiller, 2000. Goetzmann, Ibbotson und Peng (2000) berechnen beispielsweise, dass der Wert von US-Aktien (preisbereinigt) zwischen 1815 und 1925 nur um 1,24 Prozent anstieg. Berücksichtigt man auch die Dividenden, so steigt dieser auf 4,6 Prozent (in der deutlich wahrscheinlicheren Variante der Dividendenberechnung).

22 Kahnemann und Tversky, 1974.

23 DeBondt und Thaler, 1987.

24 Lowenstein, 2001.

25 Verlust ist »income available to common«. EBITDA war -0,52 Milliarden USD.

26 Jedes Jahr sollen nach der auch als »dogs of the Dow« bekannten Strategie diejenigen Aktien gekauft werden, die die höchste Dividendenrendite aufweisen. Auch bei Berücksichtigung der Handelskosten schlägt dieser Investmentansatz die Ergebnisse einer Haltestrategie für den Dow. Vgl. Higgins, 1991.

27 Shiller, 2000.

28 Plitch, 2001.

29 Burrough und Helyar, 1990, S. 622.

30 Baker und Smith, 1998, S. 114.

31 Ebd., S. 119.

32 Ebd., S. 118.

33 Reed, 2000.

34 DAI, 2001.

35 FAZ, 2001.

36 Outperformance meint dabei den Abnormal Stock Return im Rahmen des Standard CAPM, berechnet auf monatlicher Grundlage. Die erzielte Rendite ist somit bereits vollständig volatilitätsbereinigt. Vgl. Morck, Shleifer und Vishny, 1989.

37 Der einfache Vergleich beider durchschnittlicher Wachstumsraten setzt eine gleichförmige Verteilung der übernommenen Firmen auf die Branchen voraus. Dies ist nicht exakt richtig – die durchschnittliche Differenz zum Branchendurchschnitt beträgt 0,8 Prozent, während der Unterschied der ungewichteten Durchschnitte nur 0,68 Prozent beträgt. Genau genommen ist der Beschäftigungsverlust damit noch geringfügig größer.

38 Wie bereits bei den Beschäftigungszahlen ist es ungenau, den durchschnittlichen Industry Abnormal Return von -8,5 Prozent mit dem Durchschnitt für Hostile Takeovers (-11,3 Prozent) zu vergleichen. Da die von Hostile Takeovers betroffenen Firmen etwas häufiger in Branchen mit weniger schwacher Performance vertreten waren, beträgt der Unterschied zum Branchendurchschnitt eigentlich sogar 5,3 Prozentpunkte.

39 Allerdings gibt es im Falle Englands Hinweise darauf, dass übernommene Firmen teilweise ähnlich gute Ergebnisse lieferten wie ihre nicht übernommenen Konkurrenten. Vgl. Schmidt und Tyrell 1997, S. 346.

40 Durchschnitt von 254 Firmen, die in den Jahren 1958 bis 1984 von Tender Offers betroffen waren.

41 Damit liegt die kumulierte überdurchschnittliche Auswechselfrequenz bei 41,7 Prozent.

42 Nach entsprechender Bereinigung um Unterschiede der Branchenstruktur. Berechnet als Unterschied zwischen dem letzten Jahr vor der Übernahme und dem dritten Jahr danach. Vgl. Denis und Denis, 1995.

43 Während im Mergerstat Review (1993) für das Jahr 1988 insgesamt 462 Übernahmen registriert wurden, waren es 1991 nur noch 148. Vgl. Mikkelson und Partch, 1997.

44 Basierend auf einem Zufallssample von 240 an der NYSE gehandelten Firmen. Performance wurde dabei definiert als Operating Income per Assets, bereinigt um Größeneffekte und Branchenzusammensetzung. Vgl. Mikkelson und Partch, 1997.

45 Die Differenz ist statistisch nicht signifikant. Ursache für die Wechselfrequenz in erfolgreichen Firmen dürfte die Abwerbung erfolgreicher Manager sein.

46 Auch wenn die beiden Gruppen von Unternehmen nach Aktienkursrendite unterschieden werden, zeigt sich eine Abnahme des Zusammenhangs von Performance und der Existenz eines aktiven Markts für Corporate Control – die oberen 25 Prozent sahen in 33,3 Prozent aller Fälle einen neuen CEO, während es in den unteren 25 Prozent nur noch 39,2 Prozent waren, 5,5 Prozent weniger als zuvor. Vgl. Mikkelson und Partch, 1997.

47 Achleitner, P., 1999.

48 Siehe hierzu z. B. Copeland, Koller und Murrin.

49 Copeland, Koller und Murrin, 2000.

50 Reuters, 28.1.2000.

51 Stuttgarter Zeitung, 20.6.2000.

52 www.3sat.de.

53 FAZ, 12.5.2000.

54 Schüttler und Reinboth, 2000.

55 Dobbs und Koller, 1998.

56 Schulz, 2000.

57 Fernando, Krishnamurthy und Spindt, 1999.

58 Mackenbrock, 2000.

59 DAI, 2001.

60 Brand, 2001.

61 Schwerdtle, 2001.

62 Siemens-Pressearchiv.

63 Handelsblatt, 12.3.2001.

64 www.sap.com.

65 NYSE, The Exchange, 11/1998.

66 Dobbs und Koller, 2000.

67 Fortune, 31.3.1997.

68 Capital, 1998.

69 Thomas and North, 1976.

70 Alternative Indikatoren sind die langfristige durchschnittliche Überrendite oder die Dividendenrendite.

71 Dies ist teilweise durch die verwandte Methode bedingt; Elkins und McSherry, deren Daten von vielen Analysten verwendet werden, messen Preisabweichun-

gen vom »besten Preis« im Laufe des Tages. Der beste Markt weist dabei keine Variation auf; würde beispielsweise nur eine Auktion pro Tag abgehalten, würde ein Aktienmarkt die Höchstnote erhalten. Dies ist jedoch nicht wünschenswert, weil so beispielsweise fortlaufender Handel immer »ineffizienter« aussieht als eine Auktion pro Tag.

72 Domowitz und Steil, 2000.

73 Bhattacharya und Daouk, 2000.

74 Economist, 1.3.2001.

75 Arnold et al., 1999.

76 In jüngster Zeit ist allerdings eine deutliche Zunahme der Korrelationen zu beobachten, die die Diversifikationsvorteile unterminiert. Vgl. Brooks und Catao, 2000.

77 Stulz, 1999.

78 Dies gilt, solange $\frac{\sigma_{SmallCountry}}{\sigma_{World}} > \rho$, wobei σ die Varianz der Renditen bezeichnet und ρ die Korrelation der Renditen. Auch wenn es theoretisch somit die Möglichkeit einer Zunahme der Kapitalkosten als Folge zunehmender Kapitalmarktintegration gibt, ist dies in den wenigsten Fällen von praktischer Relevanz. Vgl. Stulz, 1999.

79 Henry, 2000.

80 Voth, 2001.

81 Stulz, 1999.

82 Bekaert und Harvey, 2000.

83 Vgl. die Bemerkungen von Lamfalussy beim Jahrestreffen der International Organization of Securities Commissions, Compliance Reporter, 1.7.2001.

84 Vor Steuern.

Literaturverzeichnis

Vorbemerkung: Eine Vielzahl von Werken der Fachliteratur hat unsere Arbeit beeinflusst. Im Folgenden ist eine Selektion der uns besonders relevant erscheinenden Bücher und Artikel aufgeführt.

Achleitner, A. K.; Bassen, A.: Investor Relations am Neuem Markt, Handelsblatt Bücher, 2001.

Achleitner, P.: Bewertung von Akquisitionen. In: Picot, A. et al.: Management von Akquisitionen, 1999.

Arnold, T.; Hersch, P.; Mulherin, J.; Netter, J.: Merging Markets. Journal of Finance, 65/1999.

Athanasoulis, S.; Shiller, R.; Wincoop, E. van: Macro Markets and Financial Security. FSBNY Economic Policy Review, 1999.

Baker, G. P.; Smith, G. D.: Kohlberg Kravis Roberts and the Creation of Corporate Value, Cambridge, 1998.

Bekaert, G.; Harvey, C.: Foreign Speculators and Emerging Equity Markets. Journal of Finance, 55/2000.

Beneish, M.; Whaley, R.: An Anatomy of the S&P Game: The Effects of Changing the Rules. Journal of Finance, 1996.

Berglöf, E.: Reforming Corporate Governance: Redirecting the European Agenda. Economic Policy: A European Forum, 1997.

Bhattacharya, U.; Daouk, H.: The World Price of Insider Trading. Kelley School of Business, Indiana University Working Paper, 2000.

Brand, A.: Global Investing: Little European union over the appeal of a US listing. Financial Times, 19.3.2001.

Brooks, R.; Catao, L.: The New Economy and Global Stock Returns. IMF Working Paper 216, Dezember 2000.

Brost, M.; Niejahr, E.: Kapitalisten im Blaumann. DIE ZEIT, 8.3.2001.

Bruckner, K.; Leithner, S.; McLean, R.; Taylor, C.; Welch, J.: What is the market telling you about your strategy? McKinsey Quarterly, 03/1999.

Burrough, B.; Helyar, J.: Barbarians at the Gate: The Fall of RJR Nabisco, New York, 1991.

Capital: Die neue Offenheit, 09/1998.

Comment, R.; Jarrell, G.: Corporate focus and stock returns. Journal of Financial Economics, 37/1995.

Compliance Reporter: Lamfalussy Predicts Single European Regulator, 7.1.2001, http://www.compliancereporter.com.

Copeland, T.; Koller, T.; Murrin, J.: Valuation: Measuring and Managing the Value of Companies, 2000 (deutsche Ausgabe: Unternehmenswert. Methoden und Strategien für eine wertorientierte Unternehmensführung, Frankfurt/New York, 1998).

DAI: Die Bedeutung von Aktienindizes für die börsennotierten Unternehmen, 05/2001.

DAI: Factbook, Frankfurt, 2001.

DeBondt, W.; Thaler, R.: Further Evidence on Investor Overreaction. Journal of Finance, 1987.

Denis, D.; Denis, J.: Performance Changes Following Top Management Dismissals. Journal of Finance, 1995.

Denis, D.; Denis, J.; Sarin, A.: Ownership Structure and Top Executive Turnover. Journal of Financial Economics, 1997.

Dobbs, R. F. C.; Koller, T. M.: The Expectation Treadmill. McKinsey Quarterly, 03/1998.

Domowitz, I.; Steil, B.: Innovation in Equity Trading Systems: The Impact on Transaction Costs and Cost of Capital, 2001.

DPA: Goldman Sachs Investmentbanker fordert Stärkung der Wertpapieraufsicht, 28.6.2001.

FAZ: Fonds stellen Kurssünder an den Pranger, 21.4.2001.

Fernando, C. S.; Krishnamurthy, S.; Spindt, P. A.: Is share price related to marketability? Evidence from mutual fund share splits. Financial Management, Herbst, 1999.

Garber, P.: Tulipmania. Journal of Political Economy, 1989.

Goetzmann, W.; Jorion, P.: Global Stock Markets in the Twentieth Century. Journal of Finance, 54/1999.

Goetzmann, W.; Ibbotson, R.; Peng, L.: A New Historical Database for the NYSE 1815 to 1925: Performance and Predictability. Yale School of Management, mimeo 2000.

Hellwig, M.: Unternehmensfinanzierung, Unternehmenskontrolle und Ressourcenallokation: Was leistet das Finanzsystem? In: Gahlen, B. et al. (Hrsg.): Finanzmärkte, Tübingen, 1997.

Henry, P. B.: Stock Market Liberalization, Economic Reform, and Emerging Market Equity Prices. Journal of Finance, 55/2000.

Higgins, M.: Beating the Dow, New York, 1991.

Hoshi, T.; Kashyap, A.; Scharfstein, D.: Corporate Structure, Liquidity, and Investment. Quarterly Journal of Economics, 1991.

Huberman, G.: Familiarity Breeds Investment. Columbia Business School Working Paper, 1998.

Ikenberry, D.; Lakonishok, J.; Vermaelen, T.: Market underreaction to open market share repurchases. Journal of Finance, 1995

Junker, M.; Pinker, J.: Equity Carve-outs als Instrument zur Steigerung des Unternehmenswerts, 2001.

Kahnemann, D.; Tversky, A.: Judgement under Uncertainty: Heuristics and Biases. Science, 1974.

Kahnemann, D.; Tversky, A.: Prospect Theory: An Analysis of Decision Making Under Risk. Econometrica, 1979.

Kaplan, S.: Top Executive Rewards and Firm Performance: A Comparison of Japan and the US. Journal of Political Economy, 1994a.

Kaplan, S.: Top Executives, Turnover and Firm Performance in Germany. Journal of Law, Economics and Organization, 1994b.

Kaplan, S.; Zingales, L.: Do Investment Cash-Flow Sensitivities Provide Useful Measures of Financing Constraints? Quarterly Journal of Economics, 1997.

Kindleberger, C.: Manias, Panics, and Crashes. A History of Financial Crises, New York, 1989.

La Porta, R.; Lopez-de-Silanes, F.; Shleifer, A.: Corporate Ownership Around the World. Journal of Finance, 1999.

La Porta, R.; Lopez-de-Silanes, F.; Shleifer, A.; Vishny, R.: Law and Finance. NBER Working Paper, 1996.

Levine, R.; Zervos, S.: Stock Markets, Banks and Economic Growth. American Economic Review, 88/1998.

Lombardo, D.: The Cost of Poor Institutions. Stanford Economics Department, Working Paper, 2001.

Lowenstein, R.: When Genius Failed, London, 2001.

Mackenbrock, T.: Aktienrückkauf und Kursentwicklung in Deutschland, Diplomarbeit Handelshochschule Leipzig, 2000.

Malkiel, B.: Returns from Investing in Equity Mutual Funds 1971 to 1991. Journal of Finance, 1995.

Mattern, F.; Seifert, W. G.; Streit, C. C.; Voth, H.-J.: Aktie, Arbeit, Aufschwung. Wie der Finanzplatz Wirtschaft und Gesellschaft wieder in Schwung bringt, Frankfurt/New York, 1997.

Michaely, R.; Womack, K.: Conflict of Interest and the Credibility of Underwriter Analyst Recommendations. Review of Financial Studies, 1999.

Mikkelson, W.; Partch, M.: The Decline of Takeovers and Disciplinary Managerial Turnover. Journal of Financial Economics, 1997.

Miller, D. P.: The market reaction to international cross-listings; Evidence from Depository Receipts. Journal of Finance, 51/1999.

Mitchell, M.; Lehn, K.: Do Bad Bidders Become Good Targets? Journal of Political Economy, 1990.

Morck, R.; Shleifer, A.; Vishny, R.: Alternative Mechanisms for Corporate Control. American Economic Review, 1989.

North, D.; Thomas, R.: The Rise of the Western World. A New Economic History, Cambridge, 1976.

Odean, T.: Are Investors Reluctant to Realize Their Losses? Journal of Finance, 1998.

Olivari, N.: Tech Stocks May Need Years to Recover. Reuters News Bulletin, 14.4.2001.

Picot, A.; Nordmeyer, A.; Pribilla, P.: Management von Akquisitionen, 1999.

Plitch, P.: U.S. Manager Zeros in on Governance Ground is »More Fertile« for a Bigger Push Overseas. Wall Street Journal, 20.3.2001.

Rajan, R.; Zingales, L.: The Great Reversal: The Politics of Financial Development in the 20th Century, 2001.

Reed, S.: KKR is Seeking Greener Pastures. Business Week, 3.4.2000.

Rosen, R. von: Transparenz ist Voraussetzung für Vertrauen. Die Welt, 5.3.2001.

Ross, S.; Westerfield, R.; Jaffe, J.: Corporate Finance, 1996.

Safieddine, A.; Titman, S.: Leverage and Corporate Performance: Evidence from Unsuccessful Takeovers. Journal of Finance, 1999.

Schmidt, R.; Tyrell, M.: Financial Systems, Corporate Finance and Corporate Governance. European Financial Management, November, 1997.

Schranz, M.: Takeovers Improve Firm Performance: Evidence from the Banking Industry. Journal of Political Economy, 1993.

Schulz, P.: Stock Splits, Tick Size and Sponsorship. Journal of Finance, 02/2000.

Schüttler, H.; Reinboth, M.: Virtuelles Spin-off-IPO: Tracking Stocks kommen nach Europa. FINANCE, 12/2000.

Schwerdtle, W.: Chancen und Risiken einer internationalen Doppelnotierung. In: Achleitner, A. K.; Bassen, A.: Investor Relations am Neuen Markt, 2001.

Seifert, W.; Achleitner, A. K.; Mattern, F.; Streit, C. C.; Voth, H.-J.: European Capital Markets, Houndmills, 2000.

Shiller, R.: Macro Markets, Oxford, 1993.

Shiller, R.: Irrational Exuberance, Princeton, 2000 (deutsche Ausgabe: Irrationaler Überschwang. Warum eine lange Baisse an der Börse unvermeidlich ist, Frankfurt/New York, 2000).

Simonson, I.; Tversky, A.: Choice in Context: Tradeoff Contrast and Extremeness Aversion. Journal of Marketing Research, 1992.

Smith, M.: Shareholder Activism by Institutional Investors: Evidence from CalPERS. Journal of Finance, 1996.

Stulz, R.: Globalization of Equity Markets and the Cost of Capital. NYSE Working Paper 99-02, New York, 1999.

Voth, H.-J.: Convertibility, Currency Controls, and the Cost of Capital in Western Europe, 1950-2000. Universitat Pompeu Fabra Working Paper 552, Barcelona, 2001.

Zweig, J.: Splitsville. Money, New York, 03/2001.

Register